교육, 심리, 상담연구를 위한

통계적 분석방법 해설

-구조방정식 모형의 논리와 적용-

임성택 저

도서출판 원미사

저자 서문

이 책 [통계적 분석방법 해설]은 필자의 그동안 대학교수로서의 고민이 반영된 결과물이다. 통계적 분석방법이 필자의 주 전공 영역은 아니다. 하지만, 연구를 위해서는 꼭 필요한 것이었고, 경우에 따라서는 현실적 이유로 대학원 수업에서 통계적 방법의 강의를 담당해야 할 경우도 있었다. 이러한 이유들 때문에 통계적 분석방법은 필자가 관심을 가지지 않을 수 없었던 영역이었으며, 동시에 부담스런 것이기도 하였다.

통계적 분석방법을 연구에 적용할 때는 그런대로 부담이 적은 편이었으나 통계적 분석방법과 관련된 강의를 하는 경우에는 그 부담이 적지 않았다. 단순히 통계적 분석방법을 이해하고 사용하는 수준을 넘어서 수강생들에게 그것의 논리와 원리들을 설명하고 이해시켜야 하는 부담이 가볍지 않았기 때문이다. 물론 이 경우에도 수강생들이 통계적 분석방법의 기본원리나 논리에 대한 이해보다는 주로 그것의 적용에만 관심을 가졌으므로, 교수자인 필자도 실용적 차원에서 통계분석 컴퓨터 프로그램을 이용하여 자료의 분석방법과 해석방법을 학생들에게 전달하면 그만 일수도 있었다.

그러나 그럴 때 문제가 발생하였다. 통계분석 컴퓨터 프로그램이 혁신적으로 개발되어 이용자의 편의성에 잘 맞추어져 있다 보니 제한적으로나마 수업 중에 간간히 설명하는 통계적 분석방법의 기본개념과 원리들조차 수강생들에게 번거로운 것이 되어 관심을 보이지 않았다. 그 결과 다소 무차별적인 통계적 분석이 사람주도보다는 컴퓨터 프로그램의 주도하에 이루어지고 있는 경우를 관찰하게 되었다.

특히 산출된 분석결과를 해석하는 과정에서 문제가 발생하였다. 수강생들이 컴퓨터 프로그램을 통해 분석한 결과가 무엇을 의미하는지를 해석함에 있어서 다시 통계적 분석방법의 기본개념과 원리에 대한 이해가 필요함을 관찰하게 되었을 뿐만 아니라 연구설계에 있어서도 대학원생들이 통계적 분석방법의 기본개념과 원리의 이해는 필수적일 수밖에 없다는 점을 인식하게 되었다. 그리고 그렇지 않을 경우에 연구결과의 해석과 연구설계의 과정에서 발생하는 문제들도 관찰하게 되었다.

이 세상에는 다양한 통계적 분석방법에 관한 원론서들이 있다. 또 다른 한편에서는 통계적 기본개념과 원리를 이해함이 없이 곧바로 통계분석이 가능하도록 컴퓨터 통계분석 프로그램의 사용에 관한 매뉴얼들이 시판되고 있다. 전자의 경우에는 원론에 너무 충실한 나머지 수학이나 통계학 관련 전공자가 아니면 어려워서 접근을 기피하는 문제가 있고, 후자의 경우에는 너무 친절하게 분석을 대행해 주어서 통계적 분석방법의 기본개념과 원리에 대한 궁금증을 자극하여 이해시키지 못하는 문제가 있다.

본서는 이와 같은 두 가지 문제를 줄여보고자 시도한 결과이다. 즉, 통계분석 방법의 기본개념과 원리들을 직관적 수준에서나마 이해할 수 있고 실제에 적용할 수 있는 해설서의 필요성이었다. 그래서 본서의 책 제목에 '해설'이라는 제목을 추가하였다.

축구경기를 관람할 때 세 가지 유형의 사람들이 있을 수 있다. 첫 번째는 거의 축구 전문가라서 비전문가로서는 이해하기 어려운 용어들을 사용하여 경기를 분석하면서 즐기는 사람이 있다. 일반인이 이러한 사람들과 경기를 관람하면 경기에 대한 관심이 위축될 수 있다. 두 번째 유형은 축구경기 자체에 대해서는 관심이 별로 없고, 경기결과에만 관심을 가지는 사람들이다. 그냥 자국의 팀이 몇 골을 넣어 겼거나 졌거나하는 결과에만 관심을 가지는 경우일 것이다. 마지막 유형은 방송사들이 축구경기를 쉬운 용어로 적절하게 설명하는 해설자를 두어 대중들로 하여금 경기의 전체적인 맥락과 게임을 구성하는 기본 개념과 원리들을 잘 이해할 수 있도록 안내하는 경우일 것이다. 아마도 이 세 번째 유형의 경우에 시청자들은 축구경기의 흥미와 의미를 잘 이해할 것이고, 그 결과 측구경기는 더욱 더 활성화 될 수 있을 것이다.

통계적 분석방법의 영역도 마찬가지가 아닐까 생각한다. 지금까지 다양한 통계적 분석방법의 원론서들이 발간되어 왔다. 그러나 일반 연구자들이 접근하기에는 부담되는 것이 사실이다. 한편, 경험적 연구자들에게 필수적으로 요구되는 통계적 분석방법의 기본개념과 원리에 대한 이해의 필요성을 자극하지 않는 편리한 도구와 사용 매뉴얼들도 이 세상에 넘쳐난다. 더 이상 편리성을 추구할 여지가 없을 정도로 편리하게 분석결과를 산출해주는 통계분석 컴퓨터 프로그램이 개발되어 연구자로 하여금 분석결과에만 관심을 갖도록 한다.

그러나 전공자가 아닌 일반 연구자로서 통계적 분석방법의 기본개념과 원리를 직관적으로 이해하고 적용할 수 있도록 해설해주는 책을 찾아보기는 힘들다. 필자는 혹시 본서가 그러한 책이 될 수 있지는 않을까 기대하는 마음으로 이 책을 썼다.

이 책은 교육, 상담, 심리학 분야의 연구에서 주로 사용되는 통계적 분석방법들 선별해서 다루었다. 독자들의 직관적 이해를 돕기 위하여 통계적 분석방법의 기본개념과 원리에 대한 설명은 논리적이기 보다는 가급적 직관적인 형태를 취했고, 그것이 불가능한 경우에 제한적으로 수학적 논리를 추가하였다.

탈고할 시점이 되고 보니 걱정할 일이 한 두 가지가 아니다. 우선 통계의 기본개념과 원리들을 과연 필자조차도 제대로 이해하고 쓴 것일까 하는 지적을 받는 것이 가장 큰 걱정거리이고, 두 번째는 필자의 잘못된 해설이 가져올 대중의 오해이다. 독자의 오해는 필자의 개인적 문제이상의 문제일 수 있다. 혹시 잘못된 해설이 아닐까 걱정이 돼서 컴퓨터 프로그램을 통해 여러 번 검증해 보기는 했다. 그러나 경험적으로 검증된 것이 반드시 원론적으로 옳다는 것을 보장하지는 않을 수도 있다. 따라서 필자는 감히 독자들에게 이 책을 읽을 때 수용적 자세보다는 검열적 자세로 임해주길 바란다. 무책임한 변명일 수도 있지만 그런 점에서는 이 책은 통계적 방법에 대한 독자의 이해의 폭을 넓히는데 도움이 될 수 있을 것으로 기대한다.

그동안 원고를 마무리할 수 있도록 성심을 다해 도와준 대학원생 어성민 선생에게 감사한다. 그는 수업자료로만 사용되던 원고를 책으로 출간할 것을 권하였고, 원고의 편집뿐만 아니라 내용 검토에 이르기까지 많은 도움을 주었다. 마지막으로 부실한 원고를 믿고 출판을 허락해 주신 도서출판 원미사 박준식 사장님께도 깊은 감사의 마음을 전한다.

2012년 7월 26일 춘천에서

落 花 有 意 隨 流 水
流 水 無 情 送 落 花

떨어진 꽃은 흐르는 물에 마음을 주건만,
흐르는 물은 떨어진 꽃을 무정히 흘려 보내네... (續傳燈錄 제 29권 중)

목 차

제 7 장 경로분석 • 129

[개 요]

자료의 통계적 분석은 연구를 통하여 얻은 양적 자료(Quantitative Data)를 의미 있는 형태로 기술하고, 종합하고, 요약하고, 분석하고, 해석하는 일련의 과정을 의미한다. 여기서 말하는 '의미 있는 형태'란 연구자가 탐구할 가치가 있다고 판단하여 설정한 연구문제 및 연구가설을 의미한다. 따라서 분석에 적용될 통계적 방법은 연구의 목적 및 연구문제 그리고 연구가설의 성격에 따라 결정되어야 한다.

통계적 자료분석은 크게 기술통계(Descriptive Statistics)와 추리통계(Inferential Statistics)로 구분되는데 이는 주로 자료의 분석 목적이 무엇이냐에 따라 구분된다. 기술통계는 연구자가 얻은 자료의 특징을 일목요연하게 정리하여 표현할 목적으로 사용된다. 예컨대, 교사가 특정 학교의 2학년 3반 학생들의 수학성적을 조사하였다고 가정하자. 그 교사는 자신이 얻은 자료를 일목요연하게 정리하고 그 특징을 파악하기 위해 수학성적의 각 학생들의 수학성적의 원점수와 표준점수 그리고 학급의 평균치, 표준편차, 최대치, 최소치등을 계산하였으며, 남녀학생간의 수학성적에서의 평균치 차이를 구하였다. 또한 연구자는 지능과 수학학업성취수준과의 관계를 알기 위해 상관계수도 산출하였다. 이때 각각의 수치들은 2학년 2반 학생들의 수학성적에서의 특징들을 있는 그대로 보여주는 지표일 뿐 2학년 2반을 떠나서는 아무런 의미를 가지지 못한다.

이와는 대조적으로 추리통계의 목적은 기술통계방법을 통해 얻은 통계치들이 전집의 현상이나 특징을 얼마나 정확히 예견할 수 있을 것인지를 검증하는데 있다. 예컨대, 연구자가 전국 고등학교 2학년 수학성적에서 남녀 학생간에 차이가 있는지를 밝히는 연구문제를 가지고 있다고 가정하자. 이 연구문제를 정확히 밝히기 위한 최선의 방법은 앞의 기술통계의 예에서처럼 전국에 있는 고등학교 2학년 학생들을 대상으로 표준화된 수학력검사를 실시하여 남자 평균과 여자 평균 값을 비교해 보는 것이다. 이때 미세한 평균치의 차이도 우리는 실제적인 차이로 받아들여야 한다.

하지만 많은 경우에 전집을 대상으로 학력검사나 심리검사를 실시하기에는 연구여건상 불가능한 경우가 많다. 이때 연구자는 차선의 방법으로 전집에서의 수학성적에서의 성차를 예견하기 위해 전집을 가장 잘 대표할 수 있는 적절한 수의 사례들(학생들)을 추출한 표집단을 대상으로 수학학력검사를 실시하게 된다. 그리고 연구자는 기술통계와 마찬가지로 우선 표집단에서 얻은 자료들의 통계치들을 구할 것이다. 하지만 표집단의 특징이 전집의 특징을 완벽하게 대표할 수 없기 때문에 표집단에서 얻은 통계치들은 모집단에서 존재할 모수치와 반드시 일치할 수 없다. 이때 표집단에서 얻은 통계치들이 현재 연구자가 알고자하는 모수치를 얼마나 잘 예견하는지를 검증하는 통계적 방법을 추리통계라 한다. 다시 말하여 표집단을 통해 얻은 자료들의 통계 분석을 통해 전집에서 존재할 자료들의 특징을 예견하는 통계적 방법을 추리통계라 한다.

본서에서는 교육, 상담, 심리학 분야의 연구에서 비교적 많이 사용되고 있는 통계적 자료분석법들을 소개할 것이다. 특히 본장은 각각의 통계적 개념과 기법들이 내포하고 있는 이론적 근거나 수학적 논리와 공식들을 세세히 제시하기보다는 각각의 통계적 개념들과 기법들이 언제 그리고 어떠한 경우에 적용될 수 있는가에 역점을 두고 설명함으로서 수리 통계학을 전공하지 않는 교육연구자들도 쉽게 자신의 연구설계와 자료의 특성에 적합한 통계적 방법을 선택하여 자료분석을 할 수 있도록 돕는데 그 목적을 두고 기술되었다. 과거와는 달리 최근 들어 SPSS와 SAS 및 Lisrel과 Amos 등과 같은 통계적 자료 분석을 위한 편리한 프로그램이 개발되어 연구자들이 굳이 복잡하고 구체적인 계산절차를 거치지 않고 자료를 분석할 수 있게 되어 많은 수고를 덜게 되었다. 따라서 연구자는 각각의 통계적 기법들이 포함하고 있는 수학적 논리와 공식들을 일일이 알 필요는 없다.

하지만 이러한 편리성의 도모가 각 통계적 자료분석법들이 내포하고 있는 기본가정과 주요개념들에 대한 이해의 필요성까지 해결해 주지는 못한다. 아무리 효과적이고 편리한 자료분석 프로그램이 개발된다 하더라도 연구문제를 해결하기에 적합한 자료분석방 법을 선택하고 특정 분석방법을 통하여 얻은 분석결과를 해석하는 과정은 여전히 연구자의 몫으로 남아 있기 마련이다. 아무리 연구설계가 잘 되었더라도 부적절한 자료분석 방법의 선택은 부적절한 결과와 결론을 가져온다. 따라서 연구자는 자신이 연구를 통해 얻은 자료를 연구문제와 결부시켜 적절하게 분석할 수 있는 통계적 방법을 선택할 수 있어야 한다. 자료분석에 사용될 통계적 방법들은 그 종류와 복잡성에 있어서 다양하다. 지금까지 교육연구에서 양적 자료를 분석하기 위해 사용되고 있는 통계적 방법들은 수십 종에 이를 뿐만 아니라, 단순히 가감승제 연산에 의존해 할 수 있는 통계적 자료분석 방법에서부터 표집 자료 분석 결과의 일반화 가능성을 검증하기 위해 고도의 추론과정이 동원되는 통계적 방법에 이르기까지 자료의 통계적 분석법은 그 복잡성에 있어서도 다양하다.

흔히 사람들은 각 통계적 방법들의 복잡성을 기준으로 고급통계와 기초통계로 분류하고, 고급통계를 기초통계에 비해 더 진보된 자료분석 방법으로 여기기도 한다[1]. 하지만 복잡한 통계기법의 사용이 반드시 보다 과학적인 자료분석법은 아니다. 오히려 단순한 통계적 자료분석이 복잡한 자료분석보다 더 적절한 경우[2]가 있을 수 있다.

---

1) 통계적 자료처리 방법들은 현상을 설명하기 위한 일종의 방식과 언어로 이해하는 것이 보다 타당할 것이다. 흔히 일상대화에서 사람들은 변량분석 보다는 회귀분석을 그리고 단순회귀분석보다는 중다회귀분석을 그리고 중다회귀분석 보다는 구조방정식이 보다 진전된 고도의 자료처리 방법이라고 말하는 것을 들을 수 있다. 물론 회귀분석은 변량분석의 기능을 포함할 수 있고, 구조방정식을 통해서 변량분석과 회귀분석의 기능을 모두 소화해 낼 수 있다. 하지만 각각의 방법은 현상을 담아내는 독특한 논리와 구조 그리고 양식이 있다. 자료를 분석하는 중요한 이유 중의 하나는 난삽한 원자료를 이해하기 쉽게 잘 정리하고, 요약하고, 종합하고, 정돈하여 그 결과의 일반화 가능성을 검증하는 있다. 그렇다면, 연구 설계와 연구문제에 부합하는 한 그 자료를 담아내는 방법인 통계적 분석이 이해하기 쉬운 것일수록 자료의 특징과 구조는 잘 파악되고 이해될 수 있다. 연구설계와 연구문제의 특성상 복잡한 통계적 자료분석 방법이 동원될 필요성이 있을 수 있다. 하지만 그 경우가 아니라면, 굳이 복잡한 방법을 택할 이유가 없다.

2) 예컨대, A라는 연구자와 B라는 연구자가 공히 "지난 20년간 미국의 흑인과 백인간의 소득격차가 줄었는지 아니면 더 벌어졌는가?"라는 연구문제를 가졌다고 가정하자. A와 B 연구자 모두 1980년도의 미국 흑인의 일인당 평균 소득이 10000불이고 백인의 연평균 소득이 20000불이라는 정보와 20년 후인 2000년도에 흑인의 일인당 평균 소득이 20000불이고, 백인의 연평균 소득이 35000불이라는 자료를 입수했다. 이때 A라는 연구자는 가감승제에 모두에 능하므로 연구문제를 해결하기 위해 가감승제를 모두 동원하여 소득증가율(%)을 계산한 결과 흑인의 소득증가율 100%와 백인의 소득증가율 75%라는 통계치를 구했다. 그리고 이 연구자는 다음과 같이 결론을 내렸다. "흑인의 소득증가율이 백인의 소득증가율보다 높았으므로 지난 20년간 흑백간의 소득격차는 개선되었다."

반면 B연구자는 A 연구자보다 계산능력이 떨어져 단순히 뺄셈만을 동원하여 1980년도의 흑백간의 소득차이가 10000불 (=20000불(백인)-10000(흑인))이었다는 사실과 20년 뒤인 2000년도의 소득차이가 15000불(35000(백인)-20000(흑인))이라는 사실만을 발견하여 오히려 흑백간에 소득격차가 더 벌어졌다고 결론 내렸다. 똑같은 자료를 분석했음에도 불구하고 두 연구자가 서로 다른 결론을 내리게 된 것은 이들이 각기 다른 분석법을 적용했기 때문이다.
여기서 우리는 두 연구자 모두 자료를 왜곡하였다거나 계산과정에 잘못이 있었다고 말할 수 없다. 하지만 우리는 두 연구자중 누가 연구문제를 해결하는데 더 적절한 분석법을 사용하였는지를 따져볼 필요가 있다. 연구문제가 '흑백간의 소득격차'였으므로 복잡한 계산 절차를 적용하여 두 집단간의 소득증가율에서의 차이를 밝힌 A 연구자보다는 단순히 뺄셈을 동원하여 두 시기에서의 소득격차를 계산한 B 연구자의 분석이 보다 연구문제를 해결하는데 있어 보다 더 적절했다고 할 수 있다.

제 1 장 기술통계치; 개념, 논리, 산출방법

1. 중앙경향치
2. 변산도
3. 상대적 비교치
4. 관련성 측정치

제 1 장 기술통계치; 개념, 논리, 산출방법

이 장에서 소개되는 기술통계치들은 교육연구 장면에서 흔히 사용되는 것들이다. 본서에서 소개되는 기술통계치들은 크게 중앙경향치, 분산도, 상대적 비교치, 관련성 측정치 등으로 구분된다. 각 기술통계 유형별 구체적인 통계치들과 통계치들의 기본적인 개념을 소개하면 다음과 같다.

1. 중앙경향치

중앙경향치들은 각 개별 측정치에서의 특징 보다는 개별 측정치들이 모여 형성된 집단 전체의 평균적 혹은 대표적인 점수를 알아보고자 할 때 계산된다. 중앙경향치의 대표적인 지수로 사용되는 통계치로는 평균치, 최빈치, 중앙치 등이 있다. 이들 각각의 지수들은 측정 척도의 유형에 따라 그 용도의 적절성이 결정된다. 명명척도의 경우 최빈치가 가장 적절한 중앙경향치 지수이며. 서열척도의 경우에는 중앙치가, 그리고 동간척도 및 비율척도의 경우에는 평균치가 가장 적절한 중앙경향치 지수이다. 대부분의 교육연구에서 사용되는 척도 유형이 동간척도이므로 평균치는 교육연구에서 가장 흔히 사용되는 중앙경향치이다. 각 척도의 유형별로 적절한 중앙경향치의 지수가 다른 이유는 앞으로 각 통계치들의 개념을 설명하면서 보다 분명해질 것이다.

〈표 Ⅰ-1〉 A고등학교 2학년 3반 영어성적

영어점수	학생수(빈도)	누가빈도
68	1	1
70	3	4
72	5	9
74	7	16
76	7	23
78	9	32
80	10	42
82	11	53
84	10	63
86	9	72
88	7	79
90	5	84
92	4	88
94	4	92
96	2	94
98	1	95
계	95	

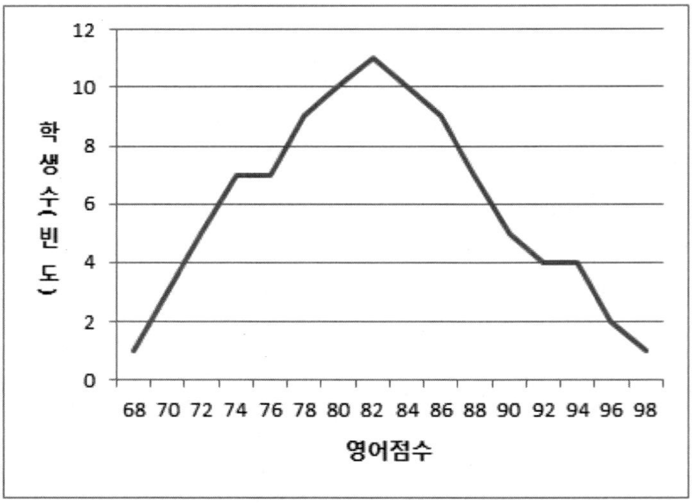

[그림 Ⅰ-1] A고등학교 2학년 3반 영어성적

가. 최빈치

최빈치는 가장 많은 수의 사례들이 얻은 점수를 말한다. 〈표 I -1〉과 [그림 I -1]에 제시된 자료에서의 최빈치는 82점이 된다. 왜냐하면 82를 받은 학생 수가 가장 많기 때문이다. 이처럼 최빈치는 계산을 통해서 결정되지 않는다. 다만 그것은 가장 빈도가 높은 점수를 확인함으로서 찾을 수 있다. 따라서 최빈치는 중앙경향치 지수로서 몇 가지 약점을 가진다. 첫째, 하나의 표집속에서 두 개 이상의 최빈치가 발생할 가능성이 있다. 또 다른 문제점은 최빈치가 불안정한 지수라는 점이다. 다시 말하여 같은 전집으로부터 같은 수를 여러 번 무선표집한 경우들 마다 각기 다른 최빈치를 발생할 가능성이 높다. 하지만 최빈치는 측정치가 단순히 명명척도일 경우에 적절한 중앙경향치로서 사용될 수 있다. 예컨대 한반에 가장 많은 성은 김씨이다와 같은 경우에 최빈치가 적절하다. 그도그럴것이 김씨 이씨 박씨 등과 같은 명명척도들은 가감승제 할 수 없기 때문이다.

나. 중앙치

중앙치는 특정 측정치상에서 전체 사례수를 2분하는 점수를 말한다. 중앙치를 찾기 위해서는 우선 전체 사례수를 2분하는 빈도수를 확인해야 하는데 이를 확인하는 공식은 다음과 같다.

[식 I -1] $$\text{중앙치위치} = \frac{N+1}{2}$$

주: N=전체 사례수

[식 I -1]을 이용하여 〈표 I -1〉에 제시된 자료분포에서의 중앙치 위치를 확인하게 되면 다음과 같다. 우선 영어성적을 기준으로 했을 때 전체사례를 2분하는 중간순위는 48위이다(왜냐하면 $\frac{95+1}{2}=48$ 이므로). 그리고 48위에 해당하는 사례의 영어점수는 82점에 해당하므로 이 분포에서 82점

이 중앙치가 된다. 다시 말하여 중앙치 82점을 기준으로 82점을 초과하는 사례수와 82점 미만의 사례수가 같아진다. 하지만 중앙치는 점수들의 분포에서 중간의 위치를 알려주지만 모든 점수들 각각이 가지는 값은 고려되지 않는다. 예를 들어 점수분포에서 극단적으로 높은 값과 극단적으로 낮은 값의 비중을 무시하게 된다. 예컨대, 점수가 비교적 고르게 분포된 60, 62, 65, 67, 72의 점수분포에서 중앙치는 65일뿐만 아니라, 60, 62, 65, 67, 89와 같이 극단적으로 높은 점수가 있는 경우에도 중앙치는 역시 65이다. 특히 자료의 척도 유형이 서열척도일 경우 중앙치는 복잡한 계산 없이 간단하게 중앙경향치를 확인할 수 있는 편리한 지수이다. 왜냐하면 서열척도의 경우 점수간 간격이 일정하여 동간 척도 및 비율척도에서 발생할 수 있는 극단적인 점수가 발생하지 않기 때문이다.

다. 평균치

평균치는 실제적인 산술적 중앙치로서 가장 흔히 사용되는 중앙경향치 지수이다. 익히 알고 있듯이 평균치는 모든 점수들을 더하여 그 합을 사례수로 나눈 값이다. 평균치가 이와 같이 계산되는 까닭으로 평균치는 중앙치와는 달리 모든 점수와 모든 점수들의 값에 영향을 받는다. 특히 평균치는 극단적인 점수 하나가 발생할 경우 이에 의해 영향을 쉽게 받는다. 그러므로 이런 경우에는 극단적인 점수에 의해 영향을 덜 받는 중앙치가 평균치보다 더 적절한 중앙경향치 지수로 사용될 수 있다. 예컨대, 우리가 96, 96, 97, 99, 100, 101, 102, 104, 155로 구성된 IQ점수를 가졌다고 가정하자. 이 점수에 대해 최빈치는 96이고, 중앙치는 100이며, 평균치는 105.6이다. 이 경우에 중앙치는 가장 적절한 중앙경향치이다. 왜냐하면 IQ 검사는 본래 100을 중앙치와 평균치 그리고 최빈치로 하는 정상분포상의 점수분포를 산출하도록 고안되었기 때문이다. 따라서 최빈치의 경우는 너무 낮게 그리고 평균치는 극단적인 점수(155)하나 때문에 너무 높게 산정되었다. 하지만 중앙치는 극단적인 점수의 비중이나 값을 무시하기 때문에 가장 적절한 중앙경향치를 산정할 수 있었다.

그러나 평균치는 자료가 동간척도나 비율척도일 경우 중앙치나 최빈치에 비해 가장 정확하고 가장 안정된 그리고 많이 사용되는 중앙경향치 지수이다. 예컨대, 같은 전집으로부터 같은 크기의 표집을 여러 번 했을 경우, 여러 표집들에 걸친 각각의 평균치들은 같은 경우의 최빈치나 중앙치들보다 서로간에 훨씬 더 유사하여 상대적으로 더 안정된 중앙 경향치로 볼 수 있다.

2. 변산도

변산도란 위에서 제시한 중앙경향치의 하나인 평균치를 중심으로 전체 사례들이 어느 정도 퍼져(떨어져) 존재하는지를 파악하기 위한 지표이다. 따라서 변산도는 특정 집단의 동질성 정도를 나타낸다. 변산도가 높으면 그 집단은 이질성을 나타내며, 변산도가 낮을수록 동질적인 집단을 나타낸다. 다음의 예는 A라는 집단과 B라는 집단의 스트레스 정도를 조사한 결과이다.

집단 A: 2, 3, 3, 3, 4

집단 B: 1, 2, 3, 4, 5

1=매우 낮음, 2=낮음, 3=보통, 4=높음, 5=매우 높음

위의 경우 두집단 모두 평균치는 3으로 같다. 하지만 집단 A의 경우 모든 구성원들의 스트레스 수준이 평균치 3(보통수준)주변에 몰려 있는 반면, 집단 B의 경우는 각 구성원 스트레스의 수준이 서로 달라 각 구성원의 스트레스 수준이 평균 스트레스 수준으로부터 이탈한 정도가 집단 A보다 더 심하다. 요컨대, 집단 A는 스트레스와 관련하여 동질적인 집단인 반면, 집단 B는 스트레스와 관련하여 이질적인 집단이라 할 수 있다.

이처럼 특정 측정치에서의 평균치를 중심으로 전체 사례들의 이질성 정도를 나타내는 것을 변산도라 하는데 이를 나타내는 지수로서 범위, 사분편차, 변량 및 표준편차 등이 있다.

가. 범위(Range)

범위는 단순히 최대값에서 최소값을 뺀 값이다. 앞의 예에서 집단 A의 범위는 2(4-2)이고, 집단 B의 경우는 4(5-1)이다. 범위가 작을수록 점수들의 분포는 중앙경향치를 중심으로 몰려있음을 의미하고, 반대로 범위가 클수록 점수들의 분포는 중앙경향치를 벗어나 널리 퍼져 있음을 의미한다. 하지만 범위는 변산도를 간편하고도 빨리 알아보기 위한 지수이지만 안정성을 결여하고 있다. 예컨대, 집단 A의 점수분포가 1, 2, 3, 4, 5, 6, 7, 8, 9, 20이고 집단 B의 점수분포가 1, 2, 3, 4, 5, 6, 7, 8, 9, 10라면 집단 A의 범위는 19인 반면 집단 B의 범위는 9이다. 이처럼 두 집단이 비슷한 변산도를 가졌음에도 불구하고 범위의 크기에서 두 집단간에 2배 이상 차이가 발생하는 것은 집단 A의 마지막 숫자인 20이 집단 A의 범위를 지나치게 확장시킨데 있다. 이처럼 한 집단내에서 특정 사례의 점수가 지나치게 특이할 경우 범위는 변산도를 나타내는 지수로서 적절치 않은 단점을 가진다. 또한 변산도를 나타낼 때 범위는 점수의 실질적인 값을 반영할 수 없다. 앞서 밝힌 집단 A에서 20이라는 숫자가 변산도에 영향을 미칠 정도로 그 값이 크지만 범위는 점수의 크기 보다는 단순히 최대값과 최소값에 의해 결정되므로 점수의 실질적인 값들을 고려하지 못한다는 단점이 있다.

나. 사분편차(Quartile deviation)

사분편차란 앞서 밝힌 범위를 4등분하여 상위 25%에 해당하는 점수에서 하위 25%에 해당하는 점수를 뺀 뒤 이를 2로 나눈값을 말하는데 사분편차의 값이 적을수록 변산도가 낮은 것을 의미한다. 예를 들어 A 집단의 점수분포가 1, 2, 3, 4, 5, 6, 7, 8, 9, 10, 11, 12이고 집단 B의 점수분포가

1, 3, 5, 7, 9, 11, 13, 15, 17, 19, 21, 23이라면, A집단의 사분편차는 7(10-3)이고 집단 B의 사분편차는 14(19-5)이다. 이때 우리는 집단 A의 변산도가 집단 B의 변산도보다 낮다고 말할 수 있다. 그리고 집단 A는 집단 B에 비해 더 동질적인 집단이라고 말 할 수 있다. 사분편차는 범위에 비해 보다 안정된 변산도 지수이다. 하지만 사분편차 역시 범위와 마찬가지로 점수의 크기 보다는 점수의 서열에 의해 결정되므로 실질적인 변산도를 왜곡할 수 있다는 단점이 있다.

다. 변량(Variance)과 표준편차(Standard Deviation)

점수의 분포가 얼마나 동질적인가를 알기 위한 가장 안정되고 확실한 지수는 변량과 표준편차이다. 다음과 같은 두 집단의 점수분포를 가졌다고 가정하자.

〈표 Ⅰ-2〉 변량 및 표준편차 계산절차(예시)

집단 A			집단 B		
원점수	편차$(X_i - \overline{X})$	편차자승$(X_i - \overline{X})^2$	원점수	편차$(Y_i - \overline{Y})$	편차자승 $(Y_i - \overline{Y})^2$
1	-2	4	2	-1	1
2	-1	1	2	-1	1
3	0	0	3	0	0
4	1	1	4	1	1
5	2	4	4	1	1
ΣX_i=15	$\Sigma(X-\overline{X})$=0	$\Sigma(X_i-\overline{X})^2$=10	ΣY_i=15	$\Sigma Y_i-\overline{Y}$=0	$\Sigma(Y_i-\overline{Y})^2$=4
평균$(\overline{Y})$ = 3			평균$(\overline{Y})$ = 3		

변량과 표준편차를 구하는 공식은 각각 다음과 같다.

[식 Ⅰ-2] $$변량(Variance) = {S_x}^2 = \frac{\Sigma(X_i - \overline{X})^2}{N-1}$$

[식 I-3] 표준편차 (*Stasndard Deviation*)

$$= SD = \sqrt{S_x{}^2} = \sqrt{\frac{\Sigma(X_i - \overline{X})^2}{N-1}}$$

앞선 두 공식을 살펴보면 표준편차는 변량에 제곱근을 취한 것에 해당한다. 이처럼 표준편차가 전적으로 변량에 의해 결정되기 때문에 변량 개념을 살펴보면 자동적으로 표준편차의 개념이 이해될 것이다.

앞서 제시한 표의 자료를 변량 구하는 공식에 대입하면, 집단 A의 변량은 2.5($\frac{10}{4}$이므로)이고, 집단 B의 변량은 1($\frac{4}{4}$이므로)이다. 따라서 우리는 집단 A가 집단 B에 비해 상대적으로 더 이질적인 집단으로 해석할 수 있다. 〈표 I-2〉에서 보여주듯이 두 집단의 평균치와 사례수가 동일하고 편차의 합은 공히 0이다. 그럼에도 불구하고 두 집단의 변량이 다른 것은 두 집단간에 평균치에서 이탈한 거리를 나타내는 '편차'의 절대값이 서로 다르기 때문이다. 변량을 구하는 공식에서 편차의 합을 구하기보다는 편자자승의 합을 취하는 이유는 편차의 합은 항상 0이어서 편차가 발생해도 각 점수들이 평균치에서 이탈한 정도를 파악하기 불가능한 반면, 편차의 자승합은 모든 편차값을 양의 부호(+)로 바꾸어 주기 때문에(절대값의 의미를 살려주기 때문에) 실제로 각 점수들이 평균치에서 이탈한 정도를 나타내 줄 수 있다. 다만 변량을 구하는 공식이 편차값의 부호를 통일하기 위해 자승한 값을 취했으므로 이를 다시 환원할 필요가 있다.

이때 표준편차는 변량을 제곱근 처리함으로서 변량을 구하는 과정에서 취했던 제곱을 환원시킨다. 앞서 구한 변량을 표준편차로 환원하면, 집단 A의 표준편차는 1.58이고 집단 B의 표준편차는 1이다. 요컨대 표준편차의 의미는 한 집단내에서 각 점수들이 평균치로부터 이탈한 거리들의 평균치에 해당한다.

하지만 주목할 것은 변량과 표준편차공식의 분모가 사례수(N)가 아닌 자유도인 $N-1$이므로 정확한 평균치로 보기는 힘들다. 하지만 사례수가 늘어날수록 사례수 N과 자유도 $N-1$간의 차이가 가지는 계산상의 의미가 작아지므로 평균치로 보아도 무방하다. 실제로 위에서와 같이 표집단이 아닌 모집단에서의 변량과 표준편차를 구하는 공식은 $N-1$이 아닌 N 이다.

3. 상대적 비교치

지금까지 우리는 특정 집단의 전체적 특징을 파악하는데 사용되는 지수로서 중앙경향치와 변산도에 대해 살펴보았다. 지금부터 설명하는 상대적 비교치는 전반적인 집단의 특징이 아닌 집단내에서 각 개별 점수들이 가지는 속성을 나타내는 지수들이다. 각 점수들이 한 집단내에서 차지하는 상대적 크기를 나타내는 지수로서 가장 많이 사용되는 것으로는 백분위 점수(percentile scores), 표준점수(z-score, t-score)점수, Stanine 점수 등이 있다.

가. 백분위점수

백분위 점수는 전체 사례수중 특정 점수보다 낮은 점수들의 수(빈도)가 차지하는 비율(%)을 의미한다. 따라서 만일 철수의 국어성적이 65점인데 이점수가 학급에서 80의 백분위 점수를 가졌다면 이는 곧 그 학급의 80%가 65점 이하의 점수를 받았다는 것을 의미하는 것이다. 달리 표현하면 영이가 GRE시험에서 95의 백분위 점수를 받았다면, 영이는 같은 시험을 본 전체 학생중 95%의 다른 학생들보다 시험을 잘 보았다는 것을 의미한다. 백분위 점수는 서열척도를 대표하는 척도에서 사용되는 것이 일반적이다. 특히 이 점수는 일반인이 쉽게 이해할 수 있는 점수이기 때문에 학교에서 상급학교 진학시 학생들의 학교성적을 보고하거나 특정 시험에서 특정인의 상대평가를 위해 널리 사용되지만 연구에서 사용되는 경우는 적다.

나. 표준점수(z-score)

표준점수란 특정 집단내에서 특정 점수가 표준편차단위를 기준으로 평균치로부터 얼마나 떨어져 있는가를 나타낸 숫자를 말한다. 앞의 〈표 I-2〉에서 우리는 각 점수들이 평균치에서 떨어진 거리를 의미하는 편차점수를 계산하는 방법에 대해 알아보았다. 표준편차는 편차 점수와 마찬가지로 각 점수가 평균치에서 이탈한 거리를 의미한다. 다만 표준편차가 편차와 다른 것은 편차가 원점수를 기준으로 하는 반면 표준점수는 편차점수를 표준편차 단위로 환원시켜 나타낸다는데 있다.

대표적인 표준점수인 z점수를 구하는 공식은 다음과 같다.

[식 I-4] $$z-score=\frac{\text{편차점수}(d)}{\text{표준편차}(SD)}$$

이 공식을 이용하여 〈표 I-2〉에 제시된 집단 A에 속한 점수들의 $z-score$를 계산하면 다음의 〈표 I-3〉과 같다.

〈표 I-3〉 $z-score$ 계산 예

집단 A			
원점수	편차$(X_i-\overline{X})$	$z-score$	표준편차
1	-2	-1.27	1.58
2	-1	-0.63	
3	0	0	
4	1	0.63	
5	2	1.27	
평균 = 3			

그렇다면 독자들은 왜 굳이 편차점수이외에 우리가 표준점수를 필요로 하는지에 대해 궁금할 것이다. 앞선 〈표 I-2〉에서와 같이 하나의 측정치만을 가지고 특정 점수가 집단에서 가지는 상대적 위치를 파악하는 경우에는 편차점수만으로도 무리가 없다. 하지만 우리는 같은 대상자들에 대

하여 여러 개의 검사를 실시하여 각 대상자들이 여러 검사에 걸쳐 얻은 점수들이 집단내에서 차지하는 상대적 위치들을 비교할 필요가 있다. 예컨대, 다음의 〈표 I -4〉와 같이 한 연구자가 A 라는 회사에 근무하는 직원들을 대상으로 각 개인의 IQ검사와 각 개인에 대한 업무평정이라는 두 가지 검사를 실시하였다고 가정하자.

〈표 I -4〉 원점수, 편차점수 및 표준점수($z-score$)의 비교

A 회사						
직원	업무평정 점수	업무평정 편차점수	업무평정 z −점수	IQ	IQ 편차점수	IQ z −점수
A	1	-2	-1.27	80	-20	-1.27
B	2	-1	-0.63	90	-10	-0.63
C	3	0	0	100	0	0
D	4	1	0.63	120	20	1.27
E	5	2	1.27	110	10	0.63
평균	3	0	0	100	0	0
표준편차	1.58	1.58	1	15.81	15.81	1

우리가 만일 〈표 I -4〉의 사례 E에 대해서 z점수 없이 편차점수만 알고 있다면, 사례 E가 업무평정에서 가지는 점수의 상대적 위치와 IQ에서 가지는 상대적 위치를 비교하는 것이 불가능하다. 다시 말하여 사례 E가 A회사 전 직원들과 비교하여 IQ에서 더 뛰어난지 아니면 업무평정에서 더 뛰어난지를 밝힐 수 없다. 사례 E가 IQ에서 10의 편차점수를 가졌고 업무평정에서 2의 편차점수를 가진다는 사실은 그가 두 검사 모두에서 평균 이상의 점수를 받았다는 사실(두 편차점수 모두 양수이므로)만을 알 수 있을 뿐 그의 IQ편차점수가 업무평정 점수보다 5배 더 높은 위치에 있다고 말할 수는 없다. 오히려 〈표 I -4〉에서 보여주듯이 사례 E는 전체 집단 구성원과 비교하여 IQ 보다는 업무성적 순위가 더 높음을 알 수 있다. 사례 E의 IQ편차 점수가 그의 업무평정점수보다 5배 높았던 것은 그

의 IQ가 그의 업무성과에 비해 5배 높았기 때문이 아니라 IQ의 측정단위가 업무평정의 측정단위보다 월등히 크다는 사실에서 연유한다. 이처럼 업무성적의 단위와 IQ간의 단위가 다르기 때문에 편차점수만으로 두 검사결과간의 상대적 비교를 하는 것은 불가능하다.

바로 이러한 문제점을 개선하기 위해 고안된 것이 대표적인 표준점수인 z점수이다. z점수의 특징은 편차점수를 표준편차로 나누어 값을 얻는다는데 있다. 다시 말하여 편차점수를 표준편차로 나눔으로서 단위가 달라서 발생하는 편차단위에서의 차이를 표준화하는 것이 z점수의 가장 기본적인 특징이다. 그리고 z점수는 여러 검사를 통해 얻은 점수들의 단위를 통일시킬 수 있어 두 검사결과간의 상대적 비교를 가능하게 한다는 장점을 가진다.

보다 구체적으로 z점수는 항상 다음과 같은 특징을 지닌 점수이다.

첫째, z점수의 합은 0이다. 그러므로

둘째, z점수의 평균은 0이다.

셋째, z점수의 변량은 1이다.

마지막으로 표준점수의 표준편차는 1이다.

지금까지 우리는 대표적인 표준점수인 z점수에 대해 알아보았다 사실 표준점수는 z 점수 이외에도 다른 종류의 점수들이 있는데 그중의 하나가 t점수이다. t점수는 z점수와 형태만을 달리하는 표준점수이다. t점수는 z점수에 10을 곱하고 50을 더하면 된다. 다시 말하여 t점수 $= 10z + 50$인 셈이다. 따라서 z 점수 평균인 0은 t점수에서는 50에 해당하며, z점수의 표준편차 1은 t 점수에서는 60에 해당한다. 다시 말하여 t점수는 z점수를 50의 평균과 10의 표준편차를 가진 새로운 모양의 분포로 바꾸어 준다. 이처럼 z점수를 t점수로 변환하는 이유는 z점수가 소숫점과 $-$부호와 같이 생경하게 표현되는 것과는 달리 t점수는 평균을 50으로 하고 표준편차를 10으로 하며 모두 양의 부호로 표현되기 때문에 일반인들이 이해하기에 거부감이 없다는 장점 때문이다.

t점수 이외에도 또다른 표준점수로 Stanine 점수라는 것이 있다.

Stanine이라는 용어는 Standard Nine 이라는 말의 약자이다. 다시 말하여 Stanine 점수는 전체 분포를 9 등분한 표준점수이다. Stanine 점수를 구하는 공식은 $2z+5$ 이다. 하지만 Stanine 점수는 1부터 9까지의 정수만을 사용하므로 앞의 공식을 사용하여 얻은 값이 소숫점을 포함할 경우 이를 반올림하여 가장 가까운 정수로 변환하게 된다. Stanine 점수의 중간점수인 5는 정상분포상황에서 평균점수를 중심으로 20% 내의 점수분포를 차지하며, Stanine 4와 6은 각각 17%씩을 대칭적으로 차지하고, Stanine 3과 7은 각각 12%, Stanine 2와 8은 각각 7%, 마지막으로 Stanine 1과 9는 각각 4%를 차지한다. 백분위 점수와 함께 Stanine 점수는 미국의 학교에서 가장 널리 쓰이는 지수이다. 하지만 t점수와 stanine 점수는 z점수의 변용한 것에 불과하므로 연구에서는 대표적인 표준점수로 z점수를 사용하는 것이 일반적이다.

4. 관련성 측정치

관련성 측정치란 흔히 공변량 혹은 상관계수로 불리는 측정치로서 이는 두 개 혹은 그 이상의 양적 변수들간의 관련성 정도를 나타내는 지수이다.

우리가 학생들의 IQ와 그들의 학업성적이 얼마나 밀접한 관련성을 가지는가에 관심을 두고 있다면 우리는 두 쌍(두 변수)의 점수들간의 관련성을 나타내는 상관계수를 산출해 봄으로서 그 관계를 확인해 볼 수 있다.

공변량(covariance)과 상관계수(correlation coefficient)를 구하는 공식은 다음의 식과 같다.

[식 Ⅰ-5] $$\text{공변량}(Cov_{12}) = \frac{\Sigma x_1 x_2}{N}$$

주: x_1=한 변수(X_1)의 편차점수, x_2=또 다른 변수(X_2)의 편차점수

[식 Ⅰ-6]

$$상관계수(r_{xy}) = \frac{\Sigma(X_i - \overline{X})(Y_i - \overline{Y})}{\sqrt{\Sigma(X_i - \overline{X})^2}\sqrt{\Sigma(Y - \overline{Y})^2}}$$

$$= \frac{COV_{xy}(X와\ Y의 공변량)}{S_x(X의\ 표준편차) \times S_y(Y의\ 표준편차)} = \frac{\Sigma Z_x Z_y}{N}$$

주: Z_1=한 변수(X_1)의 표준점수, Z_2=또 다른 변수(X_2)의 표준점수

상관계수는 우리에게 두 가지 정보를 준다. 하나는 두 변수간의 관계가 얼마나 밀접한 것인가에 관한 정보이고, 두 번째는 그 관계의 방향이 어떠한 것인가에 관한 정보이다.

상관계수는 +1.00에서 -1.00까지의 값을 가진다. 이때 두 변수간의 관련성의 밀접도는 상관계수의 부호와 관계없이 절대값을 기준으로 1에 가까울수록 관련성이 높다고 해석하며, 0에 가까울수록 관련성의 밀접도는 낮다고 말한다. 다시 말하여 상관계수의 수치가 부호와 상관없이 +1.00이나 -1.00에 가까울수록 관련성이 높은 것을 의미한다. 예컨대, IQ점수와 학업성적이 .75의 상관계수를 가지고, 학생들의 무력감과 학업성취가 -.75의 상관계수를 갖는다면 두 경우 모두 상관의 정도는 같다고 할 수 있다.

하지만 두 상관계수는 그 관계의 방향이 서로 다르다. 전자의 경우처럼 양의 상관계수는 두 쌍의 점수들이 서로 같은 방향으로 증감한다는 사실을 반영하는 반면, 후자의 경우처럼 상관계수가 음수인 경우에는 두 변수들의 점수의 증감방향이 서로 반대로 이루어져 있다는 것을 의미한다. 다시 말하여 양의 상관계수 .75는 IQ가 높은 학생일수록 그들의 학업성취도 높다라는 해석 혹은 IQ가 낮은 학생일수록 그들의 학업성취도 낮다는 의미를 가지는 반면, 음의 상관계수 -.75는 무력감이 높은 학생일수록 그들의 학업성취도는 낮고, 무력감이 낮은 학생일수록 그들의 학업성취도 높다고 해석되어야 한다. 두 변수간에 양의 상관계수가 존재할 때 우리는 그것을 정적상관관계라 하며, 음의 상관계수를 부적상관관계라 부른다. 다음의 그림들은 상관계수의 대표적인 형태들을 도시하고 있다.

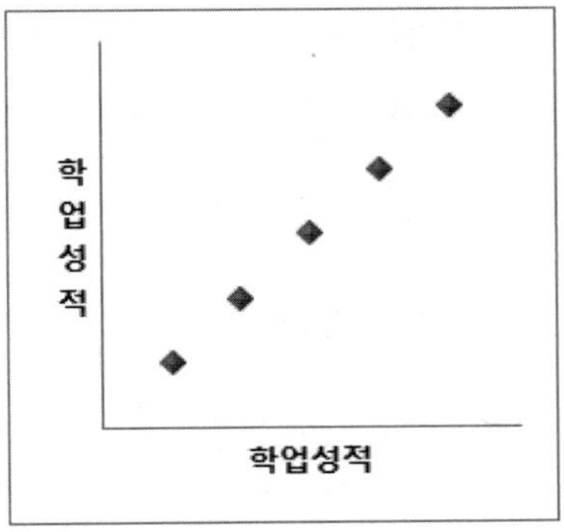

[그림 Ⅰ-2] 완전정적상관(1.00)의 예

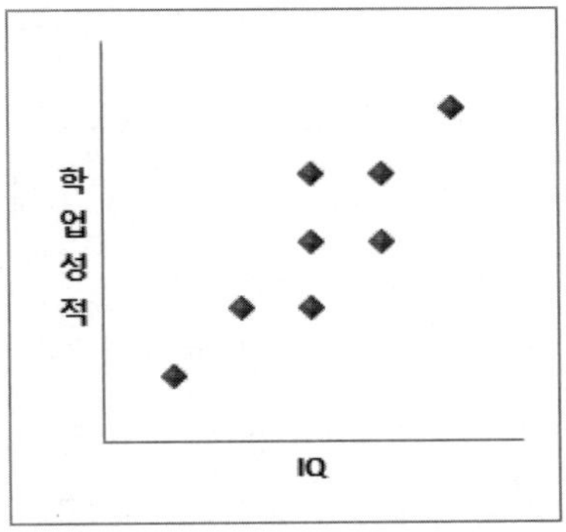

[그림 Ⅰ-3] 정적상관(0.75)의 예

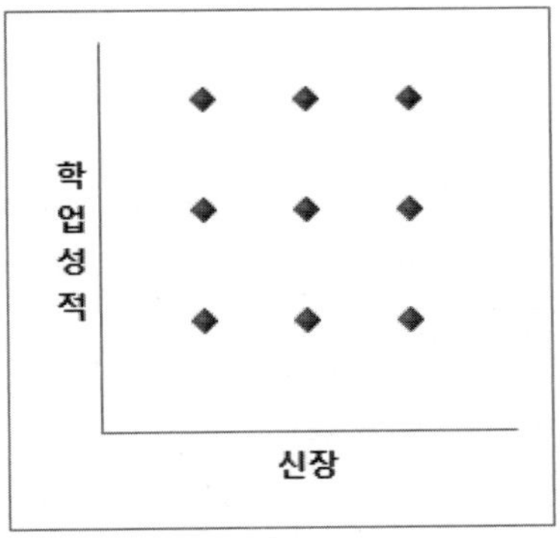

[그림 Ⅰ-4] 무상관(0.00)의 예

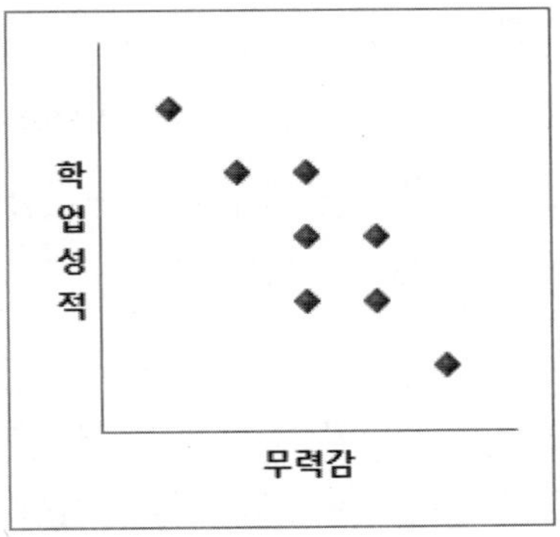

[그림 Ⅰ-5] 부적상관(-0.75)의 예

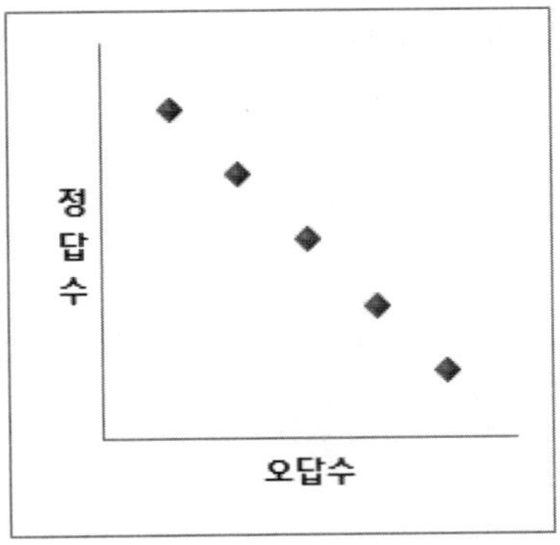

[그림 Ⅰ-6] 완전부적상관(-1.00)의 예

앞의 그림에서 제시한 5가지 유형의 상관관계 중 [그림 Ⅰ-4]는 신장과 학업성취와의 관계는 전혀 상관이 없음을 나타내고 있다. 두 변수간의 점수분포관계가 보여주듯이 어떠한 경향성도 존재하지 않는다. 이 경우에 우리는 한 변수의 점수를 안다고 해서 다른 변수에서의 점수를 예측할 수 없다. 그러므로 우리는 두변수간에 전혀 상관이 없다고 말한다. 반대로 [그림 Ⅰ-2]와 [그림 Ⅰ-6]의 경우에는 두 변수간의 점수분포관계가 완전한 일직선상에 놓여있다. 그러므로 이 경우에는 한 변수의 점수를 알면 다른 변수의 점수를 정확히 예측할 수 있다. 이러한 경우를 완전상관이라 한다. 다만 [그림 Ⅰ-2]는 한 변수점수의 증감방향과 다른 변수 점수에서의 증감이 같은 방향이 같은 반면, [그림 Ⅰ-6]에서는 그 증감의 방향이 서로 다르다. 따라서 전자의 경우를 완전정적상관이라 하며, 후자의 경우를 완전부적상관이라 한다.

하지만 지금까지 설명한 무상관과 완전상관의 경우는 이론적 혹은 논리적으로만 가능한 경우이다. 실제로 자료를 수집하여 상관계수를 산출할 경우 이와 같이 완전상관이나 무상관의 경우가 나타나는 경우는 거의 없다. 대부분의 경우는 [그림 Ⅰ-3]과 [그림 Ⅰ-5]의 경우처럼 완전상관이나 무상관이 아닌 다양한 수준의 상관계수를 나타낸다.

상관계수는 측정 자료의 유형이 무엇이냐에 따라 다른 공식으로 계산된다. 일반적으로 동간척도나 비율척도의 경우 Pearson의 적률상관계수(r)가 계산되며, 서열척도의 경우에는 Spearman의 상관계수(rho)가 산출된다. 각각의 상관계수 계산공식 및 절차에 대한 설명은 다른 통계관련 교재를 참고하기 바란다.

제 2 장 추리통계

1. 추리통계의 필요성
2. 추리통계의 기본 개념들
   (정상분포, 표집분포 및 표준오차)
3. 표집분포 및 표준오차와 추리통계
4. 의의도 검증
5. 양방(Two-Tailed)검증과 일방(One-Tailed)검증
6. 가설검증의 기본 논리와 가정
7. 자유도(degree of freedom/df)
8. 추리통계의 유형

제 2 장 추리통계

1. 추리통계의 필요성

저자는 지금까지 다양한 유형의 기술통계치들을 설명하면서 다양한 예들을 들어왔는데 그 예들이 가지는 공통된 특징은 몇 개의 한정된 사례점수들이 개별적으로 혹은 집단적으로 가지는 특징들을 있는 그대로 표현하는 것이었다. 따라서 어떠한 경우에도 계산된 통계치들을 가지고 추정이나 예측을 하지는 않았다. 하지만 교육연구는 단순히 주어진 자료의 특징만을 기술할 목적으로 수행되는 것이 아니라 주어진 자료를 통하여 얻은 결과를 다른 장면 혹은 다른 연구대상에로 일반화하기 위해 많은 추론과정이 요구된다. 예컨대, 연구자가 한국의 도시와 농촌 학생들간에 학업성취도에서의 차이를 밝히는 연구를 수행한다고 가정하자. 이 연구과제를 가장 확실하게 수행하는 최선의 방법은 전국에 걸쳐 모든 학생들을 대상으로 표준화된 학업성취도 검사를 실시하여 평균치를 계산하여 그 차이를 나타내면 된다. 이 경우 우리는 어떠한 추리나 예측을 할 필요 없이 있는 그대로 결과를 제시하면 된다. 이 경우라면 우리는 지금까지 살펴본 기술통계만으로도 연구를 수행할 수 있으며 연구를 통하여 얻은 결과를 가지고 추측을 한다거나 예측을 할 필요 없이 있는 그대로 인정하면 된다.

하지만 많은 경우에 전국의 전체학생들을 대상으로 연구를 수행하기는 사실상 불가능하다. 따라서 차선의 방법으로 연구자들은 전형적인 도시학생과 농촌학생들의 특징을 지닌 제한된 수의 학생들만을 무선표집하여 이들을 대상으로 표준화된 학력검사를 실시하여 각 집단의 평균치를 구한 뒤 평균치에서의 차이를 가지고 연구문제를 해결하게 된다. 이때 표집단을 통해 얻은 모든 수치들을 통계치(Statistics)라 하며, 이러한 통계치들과 대응하여 전집에서 존재할 수치들을 모수치(Parameters)라 한다. 문제가 되는 것은 표집단을 통해 얻은 통계치들이 전집에서 존재할 모수치와 얼마나 일치할 것인지에 대한 의혹이 제기될 수 있다는 것이다. 그도 그럴 것이 아무리 철저한 무선표집과정을 통해 확정된 표집단이라 하더라도 그것이 반드시 전집을 완벽하게 대표할 수 있다고 말할 수는 없기 때문이다. 추리통계란 바로 이러한 경우에 표집단을 통해 얻은 결과가 전집에서도 얼마나 신뢰롭게 적용될 수 있을 것인지를 추론하고 예견하는 통계적 분석과정을 말한다.

구체적인 추리통계의 기법들을 소개하기 전에 추리통계를 가능하게 하는 기본적인 개념들을 소개하면 다음과 같다.

2. 추리통계의 기본 개념들(정상분포, 표집분포 및 표준오차)

정상분포, 표집분포 및 표준오차는 추리통계를 가능하게 하는 가장 기본적인 개념들이다. 이들 개념은 다소 추상적인 가정 내지 개념들이어서 초보자들의 입장에서는 이해하기 힘든 면이 있다. 하지만 이 세 개념은 추리통계를 이해하는데 있어 없어서는 안 될 중요한 개념들이므로 반드시 이해되어야 하며, 특히 세 개의 개념들은 서로 관련되어서 이해되어야 한다.

가. 정상분포(Normal distribution)

정상분포는 통계학에 있어서 가장 기본적인 개념일 뿐만 아니라 앞으로 우리가 다룰 추리통계를 이해하는데 있어서 필수적으로 요구되는 지식이다. 정상분포란 다음의 [그림 II-1]에 제시되었듯이 점수의 분포가 종 모양을 이루는 가설적 분포형태를 말한다. 통계학자들은 대부분의 측정치들이 표집단이 아닌 전집에서 이와 같은 정상분포로 존재할 것으로 가정하고 있다. 하지만 실제로 연구에서 표집단의 규모가 클수록 대부분의 변수들은 이와 같은 종모양의 분포를 이룬다. 앞서 [그림 I-1]에서 보여주었듯이 학생들의 학력검사나 지능검사 등은 피검자수가 많을수록 정상분포를 이룬다.

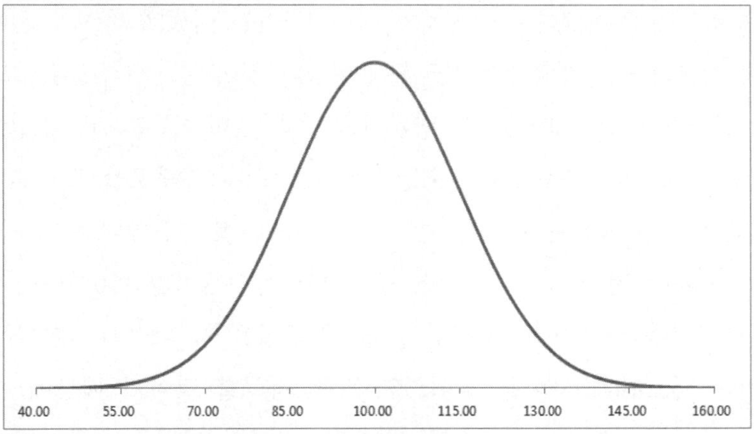

[그림 II-1] 정상분포 곡선

정상분포는 다음과 같은 특징을 가진다.

첫째, 정상분포는 평균치를 중심으로 분포의 50%가 평균치 아래에 그리고 나머지 50%가 평균치 위에 분포하는 것을 말한다.

둘째, 정상분포는 평균치, 최빈치, 중앙치가 모두 한 점에서 일치하는 분포형태를 말한다.

셋째, 정상분포는 대부분의 점수들이 평균치 주변에 몰려있고, 평균치를 이탈할수록 점수의 빈도가 작아지는 분포를 말한다.

정상분포의 반대말은 편포로서 위에 제시한 조건들을 하나 이상 만족시키지 못한 분포를 말한다.

나. 표집분포(Sampling Distribution)[3)]

표집분포란 특정 통계치와 관련하여 일정한 크기로 반복된 표집을 통해 얻은 값들의 분포를 말한다. 위에서 설명한 정상분포는 전집 혹은 표집단을 대상으로 각 개별 사례들에 대해 일회에 한하여 측정한 원점수들의 분포이다. 이와는 대조적으로 표집분포는 특정 전집을 대상으로 일정한 수의 표집을 수없이 반복하여 각 표집단에서 산출한 기술통계치들의 분포이다. 예컨대, 한 연구자가 전국학생들의 평균 영어 학업성취도를 알아보기 위해 100명씩 1000회에 걸친 반복된 표집을 실시하여 각 표집마다 영어학력 검사를 실시했다고 가정하자. 이 연구자는 이렇게 하여 얻은 평균치들의 평균치가 전집에서의 평균치에 해당할 것이라고 생각했다. 그러므로 이 연구자는 현재 1000개의 평균치를 가진 셈이다. 그리고 이 1000개의 평균치들을 정상분포에서의 원점수로 가정하여 그 분포를 도표로 그리면 앞서 보여준 정상분포와 비슷한 분포를 이룰 것이다(왜냐하면, 대부분의 평균치들이 평균치의 평균치를 중심으로 몰리겠지만 100이라는 수의 표집이 전집을 완벽하게 대표할 수 없어 표집을 할 때 마다 각 표집의 평균치는 다소간에 차이를 보여 변산도를 형성할 것이기 때문에).

Central Limit Theorem 은 평균치의 표집분포와 전집과의 관계를 다음과 같이 정의한다.

---

3) 표집 분포(sampling distribution)는 표집단 분포(the distribution of the sample)와 다른 개념이다. 표집단 분포는 전집에서 일정수의 사례들을 1회 추출하여 집단을 구성하고, 그 집단을 구성하고 있는 사례들의 점수의 분포인 반면, 표집분포는 그러한 표집단을 수없이 반복 구성하면서 각 표집단에서 산출된 통계치들의 분포이다.

Central Limit Theorem
전집의 평균과 변량을 알고 있다고 가정할 때, 표집단들이 발생한 평균치들로 구성된 표집분포의 평균(표집단 평균치들의 평균)은 전집의 평균과 같을 것이며, 표집분포의 변량(s^2) 은 전집변량을 사례수로 나눈 값($\frac{\sigma^2}{N}$)에 해당하고 따라서 표준편차는 $\frac{\sigma}{\sqrt{N}}$에 해당할 것이다. 그리고 표집단의 크기가 증가할수록 표집분포는 정상분포를 이룰 것이다.

위에서 제시한 central limit theorem를 분석해 보면, 우선 표집단들이 발생한 평균치들로 구성된 표집분포의 평균(표집단 평균치들의 평균)이 전집의 평균치로 가정할 수 있다는 것은 쉽게 이해할 수 있을 것이다. 하지만 왜 표집분포의 변량이 전집변량을 표집단의 사례수로 나눈값에 해당하는지에 대해서는 추가적인 설명이 필요하다. 우선 표집분포의 변량이 전집 변량을 사례수로 나눈값에 해당한다면 표집단의 크기가 증가할수록 표집분포의 변량이 줄어들 것이다. 그도 그럴 것이 표집단의 크기가 클수록 전집을 보다 잘 대표하여 그 평균치가 전집의 평균치(=표집단 평균치들의 평균치)에 보다 더 가까이 접근할 것이기 때문이다. 다음의 [그림 II-2]와 [그림 II-3]은 이러한 현상을 잘 나타내 주고 있다.

○ 표집수 5000개, N=5인 경우

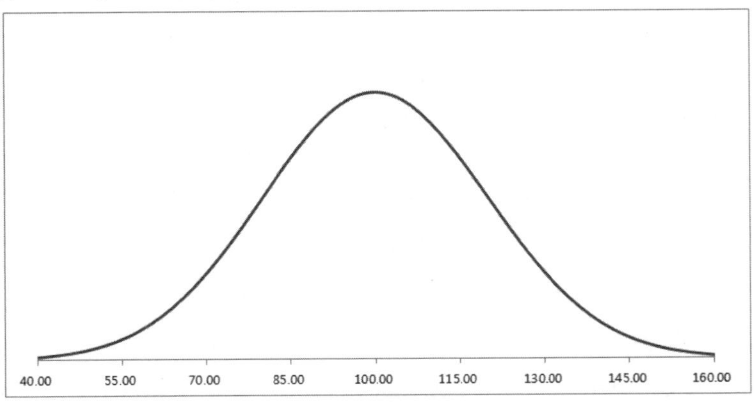

[그림 II-2] 사례수와 평균치 표집분포의 관계(N=5)

○ 표집수 5000개, N=30인 경우

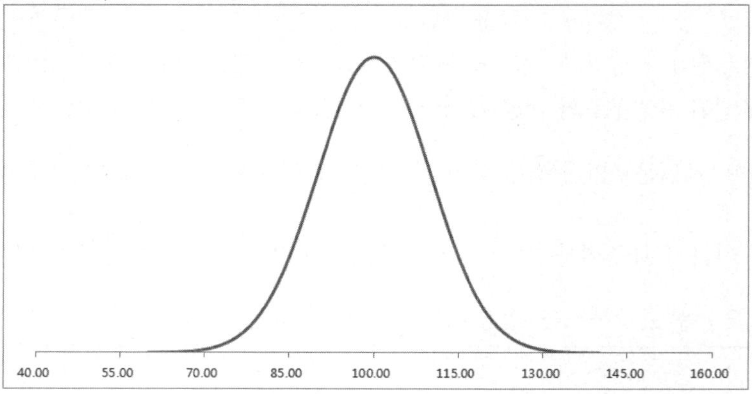

[그림 II-3] 사례수와 평균치 표집분포의 관계(N=30)

[그림 II-2]와 [그림 II-3]이 보여주듯이 표집 평균치들의 전집평균치에의 접근은 표집분포의 변량을 줄어들게 할 것이다(다시 말하여 표집평균치들이 전집평균을 보다 정확히 추산해준다). 극단적인 경우에 표집단들의 크기가 전집의 크기와 같아진다면(전집을 계속해서 표집한다면), 측정상의 오차가 없는한 논리적으로 표집분포의 변량은 0 이 되어야 한다. 반대로 표집단의 크기가 1이고 이를 전집의 수만큼 반복해서 표집한다면, 이때의 표집분포는 전집분포와 똑같은 형태가 될 것이다. 요컨대, 표집단의 크기가 클수록 표집분포의 변량이 줄어들어 전집 평균치 예측에서의 오차범위를 절감할 수 있다.

지금까지 우리는 평균치의 표집분포에 대해서 살펴보았다. 하지만 이와 같은 표집분포에 대한 가정과 원리는 다른 기술 통계치들 예컨대, 다른 유형의 중앙경향치(중앙치, 최빈치)와 변산도 지수, 상대적 비교치(편차 및 표준점수), 상관계수등에도 적용할 수 있으며, 우리가 앞으로 다룰 추리통계의 지수들 예컨대, F값, t값 등에 대해서도 적용할 수 있다. 이때 각 분포의 평균치는 1000개의 상관계수의 평균치, 1000개의 표준점수들의 평균치, 1000개의 편차점수의 평균치 등이 될 것이며, 각 표집분포의 변량은 앞서 설명한 central limit theorem이 밝히고 있는 원리와 같은 원리로 추정할 수 있을 것이다.

요컨대, 표집분포는 앞서 설명한 정상분포와 여러 면에서 차이가 있지만 가장 기본적인 차이는 앞서 설명한 정상분포는 원점수에 대한 분포인 반면, 표집분포는 각 개별 표집단의 통계치들(평균 혹은 표준점수 혹은 상관계수 등)의 분포라는 점이다.

다. 표준오차(Standard Error)

표준오차란 앞서 Central Limit Theorem에서 밝힌 표집분포의 표준편차를 의미한다. 다시 말하여 표준오차는 $\frac{\sigma}{\sqrt{N}}$에 해당한다. 하지만 대부분의 경우에 우리는 전집의 표준편차를 모르기 때문에 σ대신 표집단의 표준편차(SD)를 대입하고 전집이 아닌 표집단이므로 사례수 N 대신 자유도 $N-1$을 대입하여 다음과 같은 공식으로 전집에서의 표준오차를 예측한다.

[식 II-1] $$\text{표준오차}(SE) = \frac{SD}{\sqrt{N-1}}$$

앞서 밝혔듯이 표준오차는 표집분포의 표준편차를 의미한다.

그렇다면 왜 표준편차라는 용어 대신에 오차라는 용어를 사용하게 되었을까? 그것은 하나의 표집단에서 원점수를 가지고 구한 표준편차와 표집분포에서 발생한 표준편차가 질적으로 다르기 때문이다. 전자의 경우 표준편차는 평균치를 중심으로 분포된 실제 원점수들간의 차이에 의해 발생된 것인 반면, 표집분포에서의 표준편차는 표집수(규모)의 한계로 인한 모수치 예측상의 오류로 발생하기 때문이다. 앞서 설명하였듯이 전집을 반복적으로 표집하여 얻은 표집분포는 논리적으로 그 표준편차가 0 이어야 한다. 하지만 여러 가지 여건상 표집규모가 전집규모에 못미치기 때문에 모수예측상 오류가 발생하기 마련이다. 요컨대, 표준오차를 줄이려면 표집의 규모를 증가시켜야 한다.

3. 표집분포 및 표준오차와 추리통계

앞으로 다양한 추리통계의 방법들이 소개되겠지만, 일반적으로 그것들은 크게 두 부류로 나눌 수 있다 첫째는 실험 연구법에서 주로 밝히려는 집단간 차이와 조사연구에서 주로 탐구되는 변수들간의 관련성을 예측하는 것이다.

우리는 연구를 수행할 때 항상 전집을 대상으로 하지 않고 표집단을 통해서 하지만 궁극적으로 연구결과의 적용대상은 표집단이 아닌 전집이다. 그러므로 표집단에서 얻은 비교 집단간의 차이나 변수들간의 관련성이 실제로 전집에서도 존재할 것인지를 판정해야 한다. 만일 어떤 교사가 자기가 담당하는 학급을 대상으로 학업성취에서의 남녀차이와 IQ와 학업성적간의 관련성을 밝힐 목적으로 전 학급을 대상으로 조사를 실시하여 자료분석 하였다면, 예측의 과정없이 기술통계만으로도 충분하다. 이때 남녀학생간에 단 1점 혹은 0.5점의 차이도 실질적인 차이로 받아들여야 하며, 아주 미미한 상관계수도 실제로 관련성이 있는 것으로 보아야 한다.

하지만 연구자가 전집을 대상으로 남녀 학생들의 학업성취도 차이와 IQ와 학업성적간의 관련성을 밝히기 위해 일정한 수의 학생들만을 표집하여 조사를 실시하였다면 표집단에서 나타난 집단간 차이나 변수들간의 관련성이 실제로 전집에서도 존재할 것인지에 대한 추론 과정이 요구된다. 예컨대, 남녀 학생간에 1점의 평균치 차이가 존재한다면, 이러한 차이가 실제로 전집에서 존재하기 때문에 나타난 것인지 아니면, 전집이 아닌 제한된 수의 표집단의 특성 때문에 발생한 것인지에 대한 추리가 요구된다. 대부분의 경우(거의 모든 경우에) 표집단을 대상으로 조사를 실시하게 되면 집단간 차이나 변수들간의 관련성은 그 크기가 적든 크든 발생하기 마련이다. 하지만 우리는 전집에서의 모수치를 알 수 없기 때문에 표집단에서 얻은 통계치 즉, 집단간 차이나 변수간 관련성을 놓고 두 가지 가정을 하게 되는데 그 두 가지 가정을 영가설(null hypothesis)과 연구가설이라 일컫는다.

> **영가설** 표집단에서 나타난 통계치에서의 집단간 평균치의 차이나 변수간 관련성 등은 전집의 모수치에서 존재할 집단간 평균치의 차이나 변수간 관련성으로 볼 수 있을 정도로 의의있는 것이라기보다는 표집과정에서 발생한 오차일 뿐이다(예컨대, 학업성취에서 남학생과 여학생간에는 의의있는 차이가 존재하지 않을 것이다/ 혹은 IQ와 학업성취도간에는 의의있는 관련성이 존재하지 않을 것이다).

> **연구가설** 표집단에서 나타난 통계치에서의 집단간 평균치의 차이나 변수간 관련성 등은 표집과정에서 발생한 오차라기보다는 실제로 전집 모수치에서 존재할 집단간 평균치의 차이나 변수간 관련성으로 볼 수 있을 정도로 의의있다(예컨대, 학업성취에서 남학생과 여학생간에는 의의있는 차이가 존재할 것이다/ 혹은 IQ와 학업성취도간에는 의의있는 관련성이 존재할 것이다).

위에 제시된 두 가설은 서로 배타적인 관계에 있다. 다시 말하여 영가설이 사실일 경우 연구가설은 기각되어야 하며, 반대로 연구가설이 사실로 판정될 때 영가설은 기각될 수밖에 없다. 하지만 위의 두 가설은 공히 표집을 통해 얻은 특정 통계치(집단 간 차이 혹은 변수간 관련성)가 표집상의 오차로 인해 발생한 것이냐 아니면 실제로 모수치에 존재하는 의의있는 것이냐를 다루고 있다. 여기서 말하는 표집상의 오차란 앞서 설명한 표집분포를 의미하는 것이다. 예컨대, 영가설(두 집단간의 평균치 차이가 없는 전집)이 사실인 경우라 할지라도 집단 A의 50명과 집단 B의 50명으로 구성된 총 100명의 사람들을 무작위로 100회에 걸쳐 반복적으로 표집하여 이들에게 모종의 검사를 실시하게 되면 차이가 전혀 없거나 혹은 크든 작든 100개의 집단 AB간 평균치차이 점수들이 발생하기 마련이다. 이 100개의 평균치 차이값들의 분포는 앞서 제시한 바 있는 표집분포와 마찬가지로 정상분포를 이룰 것이다(그 이유는 앞서 표집분포와 표준오차에서 충분히 설명되었다).

영가설이 사실인 경우를 전제로 하면 100개의 남녀간 평균치 차이 점수는 실제적인 차이라기보다는 표집상의 오차들로 간주되어야 한다. 다시 말하여 영가설이 사실이라 하더라도 특정수의 표집을 반복하게 되면 두 집단간의 평균치 차이점수가 일정한 변산도를 이룬다. 따라서 반복된 표집과정에서 발생하는 이 오차들은 특정 검사나 특정 집단의 특징과는 상관없이 그리고 영가설이 사실인 경우에 확률적으로 이루어지는 표집분포의 가능성(probability)이다. 통계치(평균치차이, 상관계수, F값, t-값 등)마다 표집분포의 형태는 다르지만 모든 경우에 영가설이 사실인 경우에도 표집분포는 발생하기 마련이며, 이들 표집분포들은 추리통계에서 표집단을 통해 얻은 통계치들이 가지는 의의도를 결정하기 위한 준거가 된다.

실제로 한 연구자가 남학생과 여학생의 학업성취도에서의 차이를 검증하기 위해 앞의 예와 똑같은 수의 표집단인 남자 50명 여자 50명으로 구성된 총 100명을 일회 표집하여 두 집단간의 평균치 차이점수를 산출한 결과 남자가 여자보다 2점 더 높다는 점을 발견하였다고 가정하자. 연구자는 전집이 아닌 100명의 표집단을 대상으로 조사했으므로 이 2점의 차이가 실제로 전집에 대해서도 의의있는 값인지 아닌지를 판정할 필요가 있다. 다시 말하여 연구자가 전집이 아닌 100명의 표집단을 연구대상으로 표집하였으므로 밝혀진 2점의 평균치 차이가 전집에서 차이가 없는 경우(영가설이 사실인 경우)에도 발생하기 마련인 표집오차를 감안한 후에도 실제로 전집에서 차이를 나타낼 정도로 큰 값이냐를 검증할 필요가 있는 것이다. 이때 앞서 제시한 바 있는 영가설이 사실인 경우에도 표집과정에서 발생하는 표집오차의 분포는 현재 표집단을 통해 얻은 평균치 차이의 의의도를 결정하는 중요한 기준이 된다.

4. 의의도 검증

그렇다면 각 통계치들의 의의도는 어떻게 결정되는가? 〈표 II-1〉에 제시되었듯이 표집단을 통해 얻은 평균치 차이 2점은 영가설이 사실인 경우에 100명을 반복적으로 표집하여 얻게 될 표집분포상에서 상위 5%이내에 해당되는 값이다. 다시 말하여 영가설이 사실인 경우(전집에서 실제적인 차이가 없는 경우에)에 100명을 100회에 걸쳐 표집하여 얻을 수 있는 100개의 평균치 차이값들 중 2 이상의 값을 발생시킬 가능성이 5 % 이하라는 말이다. 환언하면 현재 얻은 2점의 평균치 차이값은 표집과정에서 발생할 수 있는 우연적인 집단간 평균치 차이로 볼 수 있는 가능성이 5%도 안 된다는 말이다. 일반적으로 표집단에서 얻은 통계치들이 영가설이 사실인 경우에 발생하는 표집오차 분포에서 5%이내의 극단적인 점수를 나타낼 경우 의의있는 것으로 판정하여 영가설을 기각하고 연구가설을 수락하게 된다. 하지만 보다 엄격한 판정을 요하는 경우에는 경우 1%를 영가설 기각 범위로 삼는 것이 일반적이다. 이처럼 영가설의 기각 여부를 결정하는 확률 수준을 의의도 수준이라 하며, 흔히 연구보고서에서는 확률 대신 소숫점 처리하여 p혹은 α로 표현한다($p < .05$, $p < .01$ 등).

지금까지 밝힌 표집분포, 표집오차 및 추리통계의 기본 전제 및 논리는 비단 평균치 차이의 검증에만 국한되는 것이 아니라 다른 모든 기술통계치들에도 적용된다. 지면상 각각의 통계치들에 대한 예는 생략되었지만 염두에 둘 것은 어떠한 형태의 통계치들도 추리통계가 적용되는 한 모두 표집분포와 표집오차의 개념을 준거로 하고 있다는 점이다.

5. 양방(Two-Tailed)검증과 일방(One-Tailed)검증

앞서 우리는 표집분포가 정상분포를 이룬다는 사실과 그 표집분포에 기초해서 의의도 검증을 하는 방법에 대하여 알아보았다. 그렇다면 방금 앞에서 언급한 보편적 의의도 수준인 $\alpha = .05$는 표집분포상에서 어떻게 적용되어야 하는가? 다음의 [그림 II-4]와 [그림 II-5]에 나타난 것처럼 단순히 전체 분포의 양극단 5%를 의미하는가 아니면, 한 극단의 5%만을 의미하는가?

○ 일방검증의 적용범위

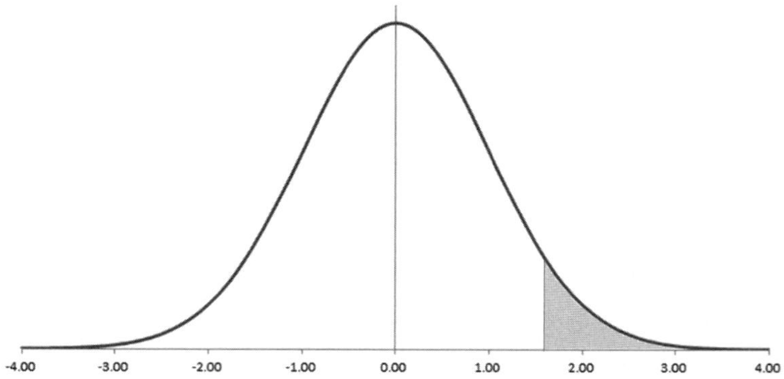

[그림 II-4] 표집분포상에서의 일방검증

○ 양방검증의 적용범위

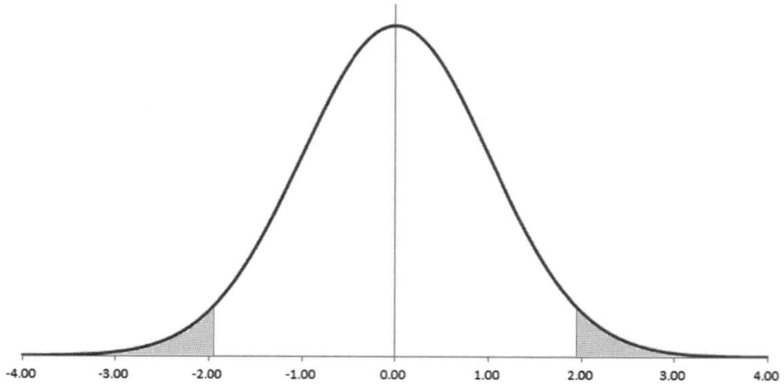

[그림 II-5] 표집분포상에서의 일방검증

의의도 검증시 양방검증과 일방검증 중 어떤 것을 적용할 것인지는 연구문제에 따라 결정된다. 예컨대, 연구자가 단순히 남녀간에 IQ에서 차이가 존재하는가?를 연구문제로 설정한 경우와 남자는 여자보다 IQ가 더 높은가?라는 연구문제를 설정할 경우 의의도 검증방식은 달라지게 된다. 전자의 경우 양방검증 방식이 적절하고 후자의 경우에는 일방검증 방식이 더 적절하다. 왜냐하면, 전자의 경우 그 차이의 방향이 가정되지 않았다. 다시 말하여 남자가 더 높을 것인지 아니면 여자가 더 높을 것인지에 대한 것 보다는 단순히 두 집단간에 차이가 존재할 것인지가 문제가 되고 있다. 반면 후자의 경우에는 의의있는 차이뿐만 아니라 구체적으로 차이의 방향이 정해져 있다. 즉 차이의 의의도 뿐만 아니라 남자가 여자보다 IQ가 더 높을 것인지에 대한 것이 문제의 핵심이 되고 있다. 따라서 이 경우에는 일방검증방식이 더 적절하다고 할 수 있다. 또 다른 예로 IQ와 학업성취간에는 의의있는 상관이 있을 것인가?와 IQ와 학업성취도간에는 의의있는 정적 상관이 존재하는가?를 들 수 있을 것이다.

집단간 평균차이 점수와 변수간의 관계의 방향은 모두 양수와 음수를 포함한다. [그림 II-4]와 [그림 II-5]와 같이 영가설이 사실인 경우(집단간 차이도 없고 변수간 상관관계도 없는)의 표집분포는 0의 평균을 중심으로 음수와 양수로 구분된 양쪽으로 정상분포를 이룬다. 그리고 이 표집분포를 기준으로 현재 의의도를 검증하려는 통계치가 표집분포상에서 어디에 위치하는지를 확인하여 의의도를 결정하게 된다. 이때 연구문제가 단순히 차이(혹은 상관성)가 존재하는지 아니면 차이(상관성)의 방향까지를 예측해야 하는지에 따라 검증방식이 달라진다.

하지만 의의도 수준은 어떠한 검증방식이든 변하지 않는다. 신뢰도 계수인 α를 .05에 설정하였을 경우 양방검증은 표집정상분포상의 양극단 2.5%에 해당하는 지점들이 의의도를 결정하는 임계치가 되고, 일방검증의 경우에는 어떠한 방향이든 분포의 한쪽 극단 5%에 해당하는 지점이 의의도를 결정하는 임계치가 된다. 그러므로 같은 의의도 수준에서 가설이 검증될 때, 양방검증은 일방검증에 비해 상대적으로 더 높은 절대값 임계치를 요구하게 된다.

6. 가설검증의 기본 논리와 가정

연구자는 의의도 검증에 기초하여 영가설을 기각할 것인지 아니면 수락해야 할 것인지에 대한 의사결정을 하여야 한다. 예컨대, 연구자들은 표집을 통해 얻은 평균치의 차이나 상관계수 등이 실제 전집의 특성을 나타내는 것인지 아니면, 표집과정에서 발생하는 표집오차인지에 대한 의사결정을 하여야 한다. 그리고 연구자의 의사결정은 다음과 같이 네 가지 유형의 가능성을 생각할 수 있다.

〈표 Ⅱ-1〉 가설검증 결과의 네 가지 논리적 가능성

		실제 사실(전집에서의 사실)	
		영가설 = 옳음	영가설 =틀림
연구자의 판정결과	영가설=옳음(수락)	1. 옳은 결정 $p = 1 - \alpha$	3. 제 2유형 오류 $p = \beta$
	영가설=틀림(기각)	2. 제 1유형 오류 $p = \alpha$	4. 옳은 결정 $p = 1 - \beta$
가능성의 합		$p = 1$	$p = 1$

〈영가설: 남녀간에는 IQ차이가 없을 것이다.〉

① 옳은 결정: 영가설이 실제로 옳은 것일 때, 그 영가설을 옳다고 판정하여 수락한 경우; 예) 전집에서 실제로 남녀간에 IQ차이가 없을 경우, 연구자가 표집조사를 통하여 남녀간에 IQ 차이가 없다고 판정한 경우

② 제 1유형 오류: 영가설이 옳은 것이 실제로 사실임에도 불구하고, 그 영가설을 그르다고 판정하여 기각한 경우; 예) 전집에서 실제로 남녀간에 IQ차이가 없음에도 불구하고 연구자가 표집조사를 통하여 남녀간에 IQ 차이가 있다고 판정한 경우

③ 제 2유형 오류: 영가설이 실제로 틀린 것임에도 불구하고, 그 영가설을 옳다고 판정하여 수락한 경우; 예) 전집에서 실제로 남녀간에 IQ 차이가 있음에도 불구하고 연구자가 표집조사를 통하여 남녀간에 IQ 차이가 없다고 판정한 경우

④ 옳은 결정: 영가설이 실제로 틀린 것일 때, 그 영가설이 틀렸다고 판정하여 기각한 경우; 예) 전집에서 실제로 남녀간에 IQ차이가 있을 경우, 연구자가 표집조사를 통하여 남녀간에 IQ 차이가 있다고 판정한 경우

위의 예가 보여주듯이 논리적으로 연구자의 가설검증과 관련된 의사결정(영가설을 기각 혹은 수락)은 옳은 것일 가능성과 틀린 것일 가능성을 모두 포함한다. 그리고 실제로 대부분의 경우에 연구자의 의사결정은 그 의사결정 결과가 옳을 가능성과 틀릴 가능성을 포함한다. 이처럼 추리통계에 있어서 어떠한 결정도 판정의 오류에서 자유로울 수 없다. 그도 그럴 것이 연구자들은 표집단을 가지고 연구하게 되므로 실제로 전집에서 영가설이 사실인지를 확인할 수 없다. 다만 연구자는 자신의 판정이 틀릴 가능성과 옳을 가능성을 추정할 뿐이며, 영가설에 대한 자신의 판정이 전적으로 옳다기보다는 옳을 가능성이 어느 정도 큰 것인가를 추정할 뿐이다.

〈표 II-1〉이 보여주듯이 특정 사실에 대해 연구자의 판정이 옳을 가능성과 틀릴 가능성은 서로 반비례의 관계에 있다. 즉, 영가설이 전집에서 실제로 옳은 경우와 틀린 경우 각각에 있어서 연구자의 판정이 옳을 가능성과 오류일 가능성의 합은 항상 1이다. 그러므로 옳은 판정과 오류판정을 범할 가능성은 서로 반비례의 관계에 있다. 영가설이 사실일 때, 오류판정(영가설 기각)의 가능성은 앞서 '의의도 검증' 에서 설명한 α값에 해당하며, 영가설이 사실이 아닐 때의 오류판정(영가설 수락)의 가능성을 β라 하며, 전자를 제 1유형의 오류 후자를 제 2 유형의 오류라 한다. 그러므로 영가설이 사실일 때 영가설이 사실이라는 옳은 판정을 할 가능성은 $1-\alpha$가 되며, 영가설이 사실이 아닐 때 영가설이 사실이 아니라는 옳은 판정을 할 가능성은 $1-\beta$가 될 것이다. 따라서 연구자가 정확한 의사결정

을 하려면, 두 가지 종류의 오류가능성, 즉, α와 β의 값을 모두 낮게 설정해야 할 것이다(하지만 이것은 이상일 뿐 실제로 불가능하다. 그 이유는 다음에서 설명될 것이다.).

만일 연구자가 가설검증을 위해 신뢰도 계수인 α값의 범위를 .05에 설정하였다면, 이는 그가 '영가설이 사실이 아니다'라는 자신의 판정 결과가 옳을 가능성이 95%이상이고 그것이 오류일 가능성이 5% 이하일 경우 자신의 판정 결과를 믿을 수 있지 않겠냐는 자신의 의사를 나타낸 것이다. 한편 연구자가 오류 가능성 5%가 너무 크다고 판단하여 α 값의 범위를 .01에 설정하였다면, 이는 자신의 판정 결과가 옳을 가능성이 99%이상이고 그 판단이 오류일 가능성이 1%이하일 경우 자신의 판정 결과를 믿을 수 있지 않겠느냐는 자신의 의사를 나타낸 것이다.

이러한 논리라면 연구자가 α 값의 범위를 낮게 설정하면 할수록 옳은 판정을 기대할 수 있을 것인가? 다시 말하여 연구자가 제 1유형의 오류를 줄이기 위해 α 값의 범위를 .0000000001에 설정한다면 그가 보다 엄격한 판정기준을 가졌다고 말할 수 있을 것인가?

위의 〈표 II-1〉은 표집이 아닌 실제 전집에서 영가설이 사실일 경우와 틀릴 경우를 알고 있는 것으로 가정하여 제 1유형의 오류와 제 2유형의 오류 가능성을 구분하였다. 만일 연구자가 전집에서 영가설이 사실이지 아니면 틀린 것인지를 알고 있다면, 굳이 가설검증을 할 필요성이 없는 것이고, 굳이 가설검증을 하겠다면 두 가지 유형의 오류가능성중 한 가지 유형의 오류가능성, 즉α 범위 혹은 β 범위만을 고려하면 될 것이다. 하지만 연구자는 실제 전집에서 영가설이 옳은 것인지 아니면 틀린 것인지를 확인할 수 없기 때문에 가설검증시 두 가지 유형의 오류판정 중 한 유형의 오류가능성만을 고려하기 보다는 두 가지 유형의 오류판정 가능성 모두를 고려하여야 오류 판정의 가능성을 줄일 수 있다.

하지만 문제는 제 1유형의 오류가능성을 줄이는 것이 제 2유형의 오류가능성을 증가시키는 결과를 가져온다는데 있다.

예컨대, 우리가 실제로 전집에서 남녀간 IQ점수 평균치의 차이가 8.0이라는 사실을 알고 있고 연구자는 이 사실을 모르는 상태에서 남녀간의

IQ차이를 밝히려는 상황을 가정해 보자. 이 연구에서 영가설은 '남녀간에 IQ에서 차이가 없을 것이다'가 될 것이다. 연구자는 남녀 각각 100명씩 무선표집하여 IQ검사를 실시하여 13점의 남녀간 평균치 차이점수를 얻었다. 그리고 연구자는 이 점수 차이가 의의있는 차이인지를 판정하기 위해 신뢰도 계수 α를 .05로 설정한 결과 11점 이상의 평균치 차이를 발견해야 한다는 사실을 알았다. 따라서 이 경우 연구자가 얻은 13점의 평균치 차이 점수는 기준치(임계치) 11점보다 높으므로 남녀간에 IQ에서 의의있는 차이가 발견되었다고 판정할 수 있었다. 그리고 이러한 판정은 실제 전집에서 남녀간에 IQ차이가 존재하기 때문에 옳은 판정이 된다.

하지만, 연구자는 .05의 신뢰도 계수가 제 1유형 오류판정 가능성을 너무 높게 허용한다는 이유로 신뢰도 계수를 .05에서 .00000001로 대폭 줄여 다시 분석하였다. 신뢰도 계수를 .00000001로 설정하였을 경우 평균치 차이점수가 의의있는 것이라고 판정하기 위해서는 기준치(임계치)가 25점 이상이 되어야 한다고 가정할 경우 이 연구자가 표집단으로부터 얻은 평균치 차이 점수인 13점은 의의있는 차이로 볼 수 없다. 따라서 이 연구자는 실제 전집에서 남녀간에 IQ에서 차이가 있음에도 불구하고 남녀간에 IQ에서 의의있는 차이가 존재하지 않는다는 제 2유형의 오류 판정을 범하게 된다. 그러므로 이 연구자는 제 1유형의 오류가능성을 줄일 욕심에서 α값의 범위를 무리하게 줄인 결과 제 2유형의 오류를 범하게 되었다. 마찬가지 논리로 제 2유형의 오류판정 가능성을 줄이기 위해 지나치게 높은 α 값을 설정하는 것도 제 1유형의 오류 판정 가능성을 증가시킨다.

그러므로 연구자는 적절한 수준에서 두 가지 오류 가능성 모두를 균형있게 줄여야 하는데, 이를 위해 대부분의 연구자들은 신뢰도 계수인 α를 .05(5%)에 설정하는 것이 보편적이며, 제 1유형의 오류 가능성을 보다 엄격하게 줄일 목적으로 .01(1%)이 권장된다.

7. 자유도(degree of freedom/df)

우리는 앞에서 표준편차, 변량, 표준오차 등의 통계치들을 계산하는 공식에서 전체 사례수 N을 대신하여 $N-1$을 사용하였다. 하지만 왜 전체 사례수 대신에 자유도인 N-1을 적용했는지에 대해서는 설명하지 않았다. $N-1$과 같이 전체 사례수에서 일정한 상수를 제한 값을 자유도라 한다.

자유도라는 개념을 언어로 설명하기는 매우 어렵다. 다만 그 기본 논리를 제시하면 다음과 같다. 아무런 조건 없이 5가지의 숫자를 말하라고 하면, 1,2,3,4,5 혹은 5,4,3,2,1 혹은 2,3,4,15,100과 같이 우리는 다양한 방식으로 숫자를 자유롭게 말할 수 있다. 하지만 여기에 5가지 숫자를 말하기 위해 1,2,3,4,…를 말하는 중간에 '잠깐 그 다섯 숫자의 평균치는 4가 되어야 한다'는 하나의 조건을 더 붙이게 되면 다섯 번째에 올 숫자는 선택의 여지없이 10으로 결정된다. 그러므로 5가지 숫자 중 1개의 숫자는 평균치 4점을 위해 선택의 대상이 아닌 정해진 수가 될 수밖에 없다. 따라서 이 경우 5가지의 자유도중 하나의 자유도를 잃게 되어 4 (5-1)의 자유도를 갖게 된다.

다양한 통계치들을 계산할 때 전체 사례수 대신 자유도를 적용하는 것은 우리가 표집단의 평균치를 통해 전집의 평균치를 추정해야 하기 때문이다. 예컨대, 우리가 전집의 변량을 추정하기 위해서 표집단의 변량을 계산할 때, 표집단의 평균치가 고정되어야 편차점수를 구할 수 있고 궁극적으로 변량을 구할 수 있다. 이때 일정한 평균을 유지하기 위해서는 여러 원점수들 중 적어도 하나는 자유도를 가질 수 없게 된다.

8. 추리통계의 유형

지금까지 추리통계를 가능하게 하는 기본 개념과 논리들에 대해 개괄적으로 살펴보았다. 다음으로 우리는 교육연구에서 대표적으로 사용되는 추리통계의 유형별로 구체적인 자료분석 방법 및 논리들에 대해 살펴볼 것이다. 다양한 통계적 방법들은 연구문제와 가설의 성격에 따라 선택될 문제이다. 그리고 각 통계적 분석방법들은 각기 나름대로의 독특한 논리와 개념을 포함하고 있으며 그 적용대상도 각기 다르다. 교육연구를 수행함에 있어 흔히 사용되는 통계적 방법들의 용도와 기본가정 그리고 주요개념 및 기법들을 개괄적으로 소개하면 다음의 〈표 II-2〉와 같다.

〈표 II-2〉 자료의 특성 및 연구문제의 유형별 통계적 자료분석 방법

자료의 유형	연구문제의 유형	독립변수수	종속변수수	비교집단(범주)수	통계적 검증방법
측정자료(서열, 동간 및 비율척도)	변수간 관련성	1(동간척도 이상)	1(동간척도 이상)	-	Pearson의 상관계수
		1(서열척도)	1(서열척도)	-	Spearman의 상관계수
	종속변수에 대한 독립변수의 설명력과 두변수간 함수관계	1	1	-	단순회귀분석
		2개 이상	1	-	중다회귀분석
	집단간 측정치에서의 비교	1	1	2개	$t-$검증
		1	1	3개 이상	일원변량분석
		2개 이상	1	2개 이상	다원변량분석
		1개 이상	2개 이상	2개 이상	(일원)다변량분석 혹은 (다원)다변량분석
분류형자료	이분변수들간의 관련성	1(이분변수)	1(이분변수)	-	biserial correlation

(명명척도)	범주별 빈도 비교	1	1	2개 이상	Chi-square 검증 (일원분류)
		2	1	2개 이상	Chi-square 검증 (이원분류)

본 절에서 위에 제시한 각각의 추리통계방법들이 내포하고 있는 수학적 논리와 각 통계치들을 계산하는 공식 그리고 적용 예들을 모두 제시하기는 불가능하다. 각각의 추리통계 방법들에 대한 보다 자세한 내용은 교육통계와 관련된 전문서적을 참조하기 바란다. 그리고 위에 제시한 추리통계방법들은 모두 SPSS나 SAS와 같은 자료분석을 위한 전문적인 통계전산 프로그램이 개발되어 사용되고 있으므로 번거로운 계산과정 없이 원하는 통계치들을 구할 수 있다. 다만 연구자는 각각의 통계적 기법들이 내포하고 있는 기본 논리와 개념, 그리고 적용범위와 한계 및 각 통계치들이 가지는 의미는 반드시 파악할 필요가 있다.

추리통계 방법은 크게 '차이'를 검증하는 것과 '유사성'을 검증하는 것으로 대별된다. 여기서 차이의 검증이란 비교하는 집단간(실험집단 및 통제집단)의 평균치나 빈도에서의 차이를 말하는 것으로 t검증, 변량분석, 공변량분석 등이 이에 해당되는데 주로 실험연구에서 대표적으로 적용된다. 유사성이란 비교하고 있는 변수들간의 유사성 즉 변수들간의 상관 정도를 의미하는 것으로 앞서 설명한 상관분석과 회귀분석 등이 해당되는데 주로 조사연구 자료의 분석에서 주로 사용된다. 물론 연구의 성격과 관계없이 모든 통계적 방법들이 모든 연구에서 적용될 수 있다. 하지만 앞서 밝혔듯이 연구의 성격과 유형별로 적절한 자료분석 방법을 선택하는 일은 매우 중요하다. 교육연구에서 자료분석을 위해 사용되는 대표적인 추리통계적 방법들의 특징을 다음 장에서 차례로 다룰 것이다.

제 3 장 t-검증

제 3 장

t-검증

<t검증의 기본가정>

① $t-$검증은 종속변인이 최소한 등간척도 이상의 측정값을 가져야 함.
② $t-$검증은 독립변인이 두 수준이어야 함(명목변인).
③ $t-$검증은 표본평균치의 분포가[1] 정상분포여야 함.
④ $t-$검증은 표본이 추출될 모집단이 같은 변량(혹은 분산)을 가져야 함(비교할 두 모집단이 같은 변량을 가져야 함).

t검증법은 두 개의 평균치가 일정한 의의도 수준에서 서로 의의있는 차이인지를 검증하기 위한 추리통계방법이다. 다시 말하여 t검증은 두 표집집단간에 존재하는 평균치의 차이가 표집과정에서 발생한 우연한 차이인지 아니면, 연구자가 추정하고자 하는 전집에서도 실제로 존재하는 차이인지를 밝히기 위한 통계적 방법이다. 예컨대, A와 B라는 집단의 수학성적에서의 차이가 3점이라면, 이 3점의 평균치 차이가 표집과정에서 발생한 우연한 차이에 불과한 것인지 아니면, 전집에서의 차이에서 기인한 차이인지를 검증해야 한다. 이를 검증하기 위해서는 우선 t값을 결정해야 한다.

t값을 구하는 공식은 다음과 같다.

[식 Ⅲ-1] $$t = \frac{\text{두 집단의 평균치 차}(D)}{\text{평균치 차의 표준오차}(S_{DX})}$$

t값은 두 표집단을 통해 얻은 실제 평균치 차이값(D)과 평균치가 같은 두 전집에서 각각 한 집단씩 순차적으로 표집하여(표집분포) 구한 평균치 차이값들의 표준편차(S_{DX}) 즉 표준 오차값을 비교한 비이다. 다시 말하여 [식 Ⅲ-1]에서 분자는 두 집단간의 실제적인 평균치 차이값에 해당하며, 분모는 영가설이 사실일 때(전집에서 두 집단간에 평균치가 다르지 않을 때) 우연히 나타날 수 있는 평균치 차이 값들의 표준편차(표준오차)에 해당한다.

그러므로 t값이 클수록 우리는 두 집단간의 평균치 차이가 우연히 얻은 값이 아닌 실제로 전집에서의 차이값일 가능성이 크다는 추측을 하게 되어 영가설을 부정하고 연구가설을 수락하게 된다. 일반적으로 의의도 수준이 5%에서 설정되므로 두 집단간 평균치 차이의 절대값이 표집분포상에서 5%범위내의 극단적인 값에 해당될 때, 우리는 영가설을 기각하고 연구가설을 수락하게 된다. 다시 말하여 우리가 얻은 두 집단간의 평균치 차이값의 크기가 영가설인 사실인 경우에 두집단을 표집하여 우연히 얻을 가능성이 5% 이하이므로 영가설이 옳지 않다고 추정하는 것이다. 환언하면, 우리가 얻은 두 표집단간의 평균치 차이값은 전집에서도 그러한 차이가 존재할 것으로 추정하는 것이다.

t값을 결정하는 요인은 크게 집단간 평균치 차이값과 사례수이다. [식 Ⅲ-1]을 살펴보면, 평균치차이의 표준 오차값이 일정하다고 했을 때 두 집단간의 평균치 차이값이 크면, t값은 증가하게 된다. 또한 두 집단간의 평균치 차이값이 일정하다고 했을 때, 표준 오차값이 감소하게 되면, t값은 역시 증가한다. 따라서 t값은 두 집단간의 평균치 차이의 절대값에 의해서만 결정되는 것이 아니라 영가설이 사실인 경우에도 우연히 발생할 수 있는 평균치 차이값의 표준편차 즉, 표준오차의 값에 의해서도 영향을 받게 된다. 앞서 central limit theorem에서 밝혔듯이 사례수가 증가하게 되면, 표집분포의 표준편차, 즉 표준 오차값이 감소하게 된다. 따라서 두 집단간에서 얻은 실제 평균치 차이값이 같다 하더라도 사례수가 클 경우 평균치 차이의 표준 오차값이 감소하게 되어 t값이 증가하게 된다. 실제로

부록에 제시된 t값을 살펴보면, 사례수가 적을수록 영가설을 기각하기 위한 t임계치가 커지고 있음을 알 수 있다.

t검증방법에는 두 가지 종류가 있다. 첫째 유형은 독립표집 t검증이고 두 번째 유형은 비 독립표집 t검증이다. 앞서 설명한 t검증은 두 전집에서 각각 한 집단씩 순차적으로 표집하여(표집분포) 구한 평균치 차이값들(S_{DX})의 표준편차 즉 표준 오차값을 가정했으므로 독립표집 t검증에 해당된다.

이와는 대조적으로 비독립표집 t검증은 비교하고자 하는 두 표집단이 시간을 달리하는 같은 표집단일 때 적용하는 방법이다. 예컨대, 한 교사가 협동학습방법이 학생들의 교우관계에 미치는 영향을 검증하기 위해 한 학급을 대상으로 협동학습 실시이전에 교우관계를 측정하고 협동학습 실시이후에 교우관계를 측정하여 두 평균치간의 차이를 검증하고자 한다. 이 경우 교사는 두 개의 평균치를 구할 수 있고 그 평균치간의 차이값을 결정할 수 있다. 그리고 실험효과의 의의도를 검증하기 위해 그 두 평균치간의 차이가 우연히 발생할 수 있는 차이에 불과한지, 아니면 실제적으로 의의있는 차이인지를 밝힐 필요가 있다. 이 경우 사전검사와 사후검사에 동원되었던 표집단은 실제로 같은 집단이므로 서로 독립적이지 않고 관련성을 가진다. 이 경우 t값을 구하는 공식의 분모 값은 독립표집 t검증에서의 분모값보다 작아지게 되고 그 결과 같은 평균치 차이값이 존재할 때 영가설이 기각될 가능성은 독립표집 t검증에 비해 커지게 된다. 그도 그럴 것이 같은 표집단을 대상으로 두 번 실시한 검사 평균치간의 차이는 서로 별개의 표집단간의 평균치 차이값보다 그 차이값의 신뢰도가 더 높을 것이기 때문이다.

다시 생각하기

연구자들은 왜 성차에 그렇게 많은 관심을 가지게 되는가?

교육연구에서 성차에 관한 분석 결과는 쉽게 찾을 수 있다. 연구마다 주제가 다양하고, 성차에 관한 분석이 주된 관심사가 아닌 연구의 경우에도 기초적인 분석으로 성차는 빠지지 않는다. 약방의 감초와도 같다. 연구자들은 거의 '관습적'이라고 할 정도로 성차에 관한 분석을 하고 있다. 특히 국내의 연구물들을 살펴보면 이러한 현상을 쉽게 발견하게 된다.

연구자가 성차에 관심을 가질 수는 있다. 하지만 연구를 통하여 성차를 확인하는 일이 어떠한 의미와 가치가 있는지에 대해서는 재고해볼 필요가 있다. 심리학 연구에서 성차가 언급될 때, 두 가지 성이 고려되어야 한다. 하나는 소위 생물학적 성으로서의 성(sex)이며, 또 다른 하나는 심리학적 성으로서의 성(gender)이다. 그러나 연구 장면에서 논의되는 대부분의 성차는 생물학적 차원의 성(Sex)이다. 생물학적 범주를 가지고 심리학적 연구를 수행하는 셈이다.

특히 교육심리학의 연구에서 성차가 가지는 의의와 가치를 심각하게 재고할 필요가 있다. 성차에 대한 분석은 가장 임의적인 초대형 2분법적 범주를 가지고 집단차를 확인하는 행위이다. 60억의 인구를 30억씩 임의적으로 구분하여 평균치를 내고 그 차이를 검증하는 행위는 다소 무모하다고 하지 않을 수 없다. 교육심리학은 개인차에 근거하여 교육적 처방을 제시하려는 학문이다. 따라서 진정한 교육심리학적 연구라면 집단차에 근거한 편견을 줄이고, 개인차에 관심을 가져야 한다. 따라서 성차에 관한 분석은 교육심리학적이지 않다고도 할 수 있다.

더욱 문제가 되는 것은 그러한 성차의 분석이 교육적 처방과 관련하여 순기능 보다는 역기능을 할 수 있다는 점이다. 예컨대, 심리학의 경우 지능에서의 성차에 대한 연구는 중요한 유산으로 남았다. 그로인해 지능 전체와 지능의 요인별로 성차에 관한 대중의 편견적 인식이 형성되었다. 지능에서의 성차는 연구자들의 개인적 관심사 일 수 있지만, 그것이 교육 미친 영향은 긍정적인 측면 보다는 부정적 측면이 지배적이다. 뿐만 아니라 성(sex)은 타고난 특성이며, 변경이 불가능한 개인의 생물학적 속성이다. 성차가 발견되어도 그것에 대해서 우리가 할 것은 아무것도 없다. 그래서 그것은 연구자의 관심사는 될 수 있지만 처방에 관심을 가지는 교육심리학적 연구로는 재고되어야 할 것이다.

특히, 심리적 특성에서의 성차가 있다는 판단에 요구되는 통계적 의의도(statistical significance)가 곧바로 임상적 혹은 교육적 의의도(clinical or educational significance)로 해석되어서는 안 될 것이다(임성택, 2011, p. 114-115).

제 4 장 변량분석

1. 일원변량분석
2. 다원변량분석(Factorial Analysis of Variance)

제 4 장 변량분석

<변량분석의 기본가정>

① 종속변수가 등간척도 이상의 양적변수여야 한다.
② 각 집단에 해당하는 모집단의 분포가 정규분포여야 한다.
③ 각 집단에 해당하는 모집단의 변량(혹은 분산)이 같아야 한다.
④ 각 모집단 내의 오차나 모집단 간의 오차는 서로 독립적이어야 한다.

변량분석은 심리학 연구, 특히 실험연구에 기초한 심리학 연구에서 가장 많이 사용되는 분석법이다. 앞서 설명한 t검증은 비교하고자 하는 집단 수가 2이하인 경우에로 제한되지만 변량분석은 비교집단의 수에 제한을 받지 않는다는 특징이 있다. 따라서 3개 이상의 집단비교를 할 경우 t검증은 불가능하지만 변량분석은 가능하다. 또한 t검증이 하나의 독립변수에서의 평균치 차이만을 검증할 수 있는 반면, 변량분석은 두 개 이상의 독립변수를 동시에 다룰 수 있다. 요컨대 변량분석은 비교하고자 하는 집단의 수와 변수 수에 제한되지 않는 매우 포괄적인 분석기법이다.

변량분석은 크게 일원변량분석과 다원변량분석으로 구분되는데 그 구분의 기준은 연구에서 다루고 있는 독립변수의 수에 의해 결정된다.

변량분석은 다음과 같은 두 가지 기본 가정이 만족된다고 가정될 때에만 적용 가능하다.

첫째, 정상분포에 대한 가정이다. 이는 비교하는 집단들의 분포가 중앙치 최빈치 평균치가 일치하는 정상분포일 때 변량분석이 가능하다는 것이다.

둘째, 변량의 동질성(Homogeneity of Variance)이다. 이는 비교하는 집단들의 변량이 같다고 가정할 수 있을 때($\sigma_1^2 = \sigma_2^2 = \sigma_3^2 = ... = \sigma_n^2$)만 변량분석이 가능하다는 말이다.

1. 일원변량분석

일원변량분석은 연구에 포함된 독립변수가 하나이고 그 독립변수의 수준이 3개 이상인 경우에 독립변수 수준별로 종속변수에서의 평균치 차이값을 비교하고자 할 때 적용된다. 일원변량분석에 대해 구체적으로 알아보기 이전에 우리는 우선 왜 이러한 분석을 '변량분석'이라 부르는지에 대해 이해할 필요가 있다.

변량분석이라 부르는 이유는 변량분석에서 집단간 평균치 차이값의 의의도를 결정하는 F값이 두 가지 다른 방식에 의해 추정된 두 전집 변량치간의 비율에 의해 결정되기 때문이다. 다시 말하여 각기 다른 방식으로 추정된 모집단 두 변량치의 비를 통해 집단 간 평균치 차이의 의의도를 결정한다. F값을 결정하는 공식은 다음과 같다.

[식 IV-1] $$F = \frac{\text{집단간 변량}(MS_{treatment\ or\ between})}{\text{집단내 변량}(MS_{error\ or\ within})}$$

가. 집단내 변량에 의한 전집변량 추정법($\sigma_e^2 = MS_{error\ or\ within}$)

앞서 우리는 변량분석의 두 기본 가정으로 "정상분포"와 "변량의 동질성"을 들었다. 만일 이 두 조건이 만족된다면, 집단간 표집분포는 모두 같은 모양을 취할 것이고 표집이 제대로 되었다면 표집단의 변량은 모집단의 변량과 같을 것이다.

$$\sigma_1^2 = S_1^2$$

$$\sigma_2^2 = S_2^2$$

$$\sigma_3^2 = S_3^2$$

또한 모든 전집이 똑같은 변량을 가진다고 가정했기 때문에 각 집단의 변량은 전체집단의 공통변량 σ_e^2(common variance)과도 같아야 할 것이다.

이해를 돕기 위해서 다음의 자료 예를 통하여 살펴보자.

〈표 Ⅳ-1〉 집단별 변량 계산(예시)

	집단1	집단2	집단3	
	3.00	1.00	5.00	
	6.00	4.00	2.00	
	9.00	7.00	8.00	
	6.00	4.00	8.00	
	3.00	1.00	2.00	
	12.00	10.00	8.00	
	6.00	4.00	5.00	
	3.00	1.00	2.00	
	9.00	7.00	8.00	
열 평균(X_j)	6.333	4.333	5.333	전체평균(X_e) = 5.333
열 변량(S_j^2)	10.000	10.000	7.750	전체변량(σ_e^2) = 9.250

〈표 IV-1〉에서 우리는 이미 변량의 동질성을 가정했기 때문에 이때 우리가 얻은 자료를 통해서 구할 수 있는 모집단의 공통변량 σ_e^2(common variance)은 3개 집단 변량의 평균을 취함으로서 추정할 수 있을 것이다. 하지만 위의 예에서 표집된 3 집단의 변량이 다소 다른데 이는 각 전집에서의 변량이 차이가 난다기 보다는 표집이 제대로 되지 않았기 때문에 발생한 오류로 가정된다.

따라서 전집에서의 공통변량은 다음과 같이 추정할 수 있다.

$$\sigma_e{}^2 = \frac{\Sigma S_j{}^2}{k} = \frac{S_1{}^2 + S_2{}^2 + S_3{}^2}{k}$$

$$= \frac{10.00 + 10.00 + 7.75}{3} = 9.25$$

위의 값 9.25를 우리는 집단내 변량(MS_{error} 혹은 MS_{within})이라고 하며, 이를 전집의 공통변량 즉, 전체 세 집단 모두에 걸쳐 추정된 전집변량으로 삼는다. 특기할 사실은 위의 값은 Null hypothesis의 진위 여부와 상관이 없다는 점을 명심할 필요가 있다. 다시 말하여 집단내 변량을 통한 전집의 공통변량 추정치는 집단내 변량에 의해 영향을 받을 뿐 집단간의 평균치의 차이에 전혀 영향을 받지 않는다는 것이다.

나. 집단간 변량에 의한 전집변량 추정법($\sigma_e^2 = MS_{treatment\ or\ between}$)

앞서 제시한 전집변량 추정법 이외에 비교하고자 하는 세집단의 평균치를 통해서도 전집의 변량을 추정할 수 있다. central limit theorem에서 밝혔듯이 평균치에 대한 표집분포의 변량은 전집변량을 사례수로 나눈 값에 해당한다.

[식 Ⅳ-2] $S_{\bar{x}}{}^2 = \dfrac{\sigma^2}{N}$ 이다.

그리고 이 공식을 치환하면,

[식 Ⅳ-3] $\sigma_e^2 = NS_{\bar{x}}^{2}$. 이 될 것이다.

다시 말하여 Ho가 사실이라면, 세집단의 평균치들의 변량에 사례수를 곱하게 되면 이것이 전집변량에 해당된다. 이와 같이 비교하는 집단의 평균치들을 통해 얻어진 전집 변량 추정치를 집단간 변량($MS_{treatment\ or\ between}$)이라 한다. 〈표 Ⅳ-1〉을 이 공식에 대입하면 다음과 같이 될 것이다.

$$\sigma_e{}^2 = MS_{treatment\ \mathrm{or}\ between}$$

$$= NS_x{}^2 = N \times \frac{\Sigma(X_j - \overline{X})^2}{k-1}$$

$$= 9 \times \frac{2}{2} = 9.00$$

특기할 사실은 집단내 변량을 통해 추정된 전집변량 추정치가 각 집단의 평균치 차이에 의해 영향을 받지 않는 반면, 집단간변량 추정치에 의해 전집변량을 추정하는 경우는 각 비교집단의 평균치 차이의 크기에 의해 영향을 받는다. 다시 말하여 집단간 변량에 의한 전집변량 추정치는 영가설의 진위여부와 직접적으로 관련이 있다.

다. F값의 결정

F값은 집단간 변량($MS_{treatment\ \mathrm{or}\ between}$)과 집단내 변량($MS_{error\ \mathrm{or}\ within}$)의 비에 의해 결정된다. 그러므로 〈표 IV-1〉의 경우 $F = \frac{9.00}{9.25} = 0.97$이 된다. 앞서 밝혔듯이 집단내 변량과 집단간 변량은 모두 전집의 변량을 추정하기 위한 값들이다. 하지만 앞서 설명하였듯이 집단내 변량은 Ho와 무관하게 결정되는 반면, 집단간 변량은 표집단의 평균치의 차이(변량)에 의해 결정되므로 Ho의 진위 여부에 의해 영향을 받는다. 그도그럴것이 3개 집단의 평균치가 서로 다를수록 그 평균치에 의해 추정된 변량은 커질 것이고 서로 유사할수록 그 변량은 작아지기 때문이다.

변량분석의 목적은 집단간 평균치의 차이가 의의있는 것인지를 검증하는데 있다. 만일 집단간의 평균치의 차이에 의해 추정된 전집 변량이 집단내 변량에 의해 추정된 전집변량과 큰 차이를 보이지 않는다면, 집단간의 평균치의 차이는 그저 어느 통계적 분포에서나 있을 수 있는 error로 해석된다. 다시 말하여 3개 표집단이 똑같은 전집에서 표집되는 과정에서 우연히 발생한 평균치의 차이일 뿐 그 차이는 실질적인 차이가 아니라는 것이다. 이 경우 F값은 작아지게 되고 우리는 Ho를 기각할 수 없다.

하지만 집단간의 평균치의 차이에 의해 추정된 전집변량이 집단내 변량에 의해 추정된 전집의 변량과 큰 차이를 보인다면, 이는 단순한 error이상의 의미를 가진다. 이는 각 표집단이 다른 성질의 전집에서 표집되었다는 것을 의미할 것이다. 이 경우 F값은 커질 것이고 우리는 Ho를 기각한다. Ho를 기각한다는 말은 각 표집단이 각기 다른 성질의 전집에서 표집되었다는 것을 의미한다.

요컨대, 변량분석에서 집단내 변량은 집단간 평균치의 차이에 따른 변량의 크기가 가지는 의미를(그것이 단순히 표집과정의 error인지 아니면 실질적인 평균치의 차이인지를) 결정하기 위한 기준으로 사용된 셈이다. 이와같이 F값이 순전히 두 종류의 변량의 비에 의해 결정됨으로 우리는 이를 변량분석이라고 부르는 것이다.

앞선 자료의 경우 우리는 Ho를 기각할 수 없다. 다시 말하여 집단간의 평균치의 차이는 집단내의 변량의 크기보다 작으므로 그 집단간에 있었던 평균치 차이는 실질적인 차이라기보다는 표집하는 과정에서 발생한 error로 보아야 한다는 것이다. 다시 말하여 3개의 집단은 이 연구의 측정치에 관한 한 동질 전집으로부터 표집 되었다고 보아야 한다는 것이다.

이번에는 반대로 Ho가 기각되는 예를 살펴보자.

〈표 Ⅳ-2〉 집단별 변량 계산(영가설 기각 예시)

	집단1	집단2	집단3	
	5.00	0.00	5.00	
	8.00	3.00	2.00	
	11.00	6.00	8.00	
	8.00	3.00	8.00	
	5.00	0.00	2.00	
	14.00	9.00	8.00	
	8.00	3.00	5.00	
	5.00	0.00	2.00	
	11.00	6.00	8.00	
열 평균(X_j)	8.333	3.333	5.333	전체평균(X_e) = 5.666
열 변량(S_j^2)	10.000	10.000	7.750	전체변량(σ_e^2) = 9.250

1) 집단내 변량에 의한 전집변량 추정법

$$\sigma_e{}^2 = MS_{error \text{ or } within}$$

$$= S_j{}^2 = \frac{10+10+7.75}{3} = 9.25$$

2) 집단간 변량에 의한 전집변량 추정법

$$\sigma_e{}^2 = MS_{treatment \text{ or } between}$$

$$= NS_x{}^2 = N \times \frac{\Sigma(X_j - \overline{X})^2}{k-1} = 9 \times 6.333 = 57$$

$$F = MS_{treatment \text{ or } between} / MS_{error \text{ or } within}$$

$$= \frac{57}{9.25} = 6.16$$

앞선 예에서 우리는 Ho를 기각할 수 있다. 왜냐하면 위의 예에서 집단간의 평균치에서의 변량에 의한 전집변량 추정치($MS_{treatment \text{ or } between}$)가 집단내의 변량에 의한 전집변량 추정치($MS_{error \text{ or } within}$)보다 훨씬 크다. 실제로 우리가 얻은 F값 6.16은 부록의 F값 분포에서 집단간 자유도 2 (k(집단수)-1)와 집단내 자유도 24($k(N-1)$)일 경우 의의도 수준 .05에 해당하는 임계치 F값 3.40보다 크므로 5%범위 내에서 의의있는 값으로 판정한다. 이는 3개의 비교집단이 이 연구의 측정치에 대하여 같은 전집에서 표집되었을 가능성이 5% 미만이라는 것을 말하는 것으로, 각각의 집단은 이질적인 전집으로부터 표집되었다고 판정하는 것이다. 다시 말하여 세 집단은 측정치와 관련하여 의의있게 서로 다르다고 할 수 있다.

라. F값의 크기에 영향을 미치는 요인

앞서 살펴본 것처럼 변량분석의 두 기본 가정인 '정상분포'와 '변량의 동질성'을 만족시킬 때 F값은 집단간 평균치에서의 차이와 평균 집단내 변량의 비에 의해 결정된다. 그러므로 집단간 평균치 차이가 크다고 해서 반드시 F값이 커지는 것은 아니다. 평균치의 차이가 같다 하더라도 집단 내 변량의 크기가 다르면, F값은 달라진다. 다음의 두 예를 통하여 우리는 그 법칙을 분명하게 이해할 수 있다.

〈표 Ⅳ-3〉 집단 별 변량비교

	집단1	집단2	집단3	SPSS를 이용한 분석 결과
	1	2	3	$MS_{treatment\ or\ between}$ = 5 $MS_{error\ or\ within}$ = 2.5 F = 2
	2	3	4	
	3	4	5	
	4	5	6	
	5	6	7	
평균	3	4	5	

〈표 Ⅳ-4〉 집단 별 변량비교

	집단1	집단2	집단3	SPSS를 이용한 분석 결과
	-1	0	1	$MS_{treatment\ or\ between}$ = 5 $MS_{error\ or\ within}$ = 10 F = .5
	1	2	3	
	3	4	5	
	5	6	7	
	7	8	9	
평균	3	4	5	

〈표 IV-3〉과 〈표 IV-4〉의 두 예에서 평균치는 동일하다. 그리고 분석 결과 집단간 변량도 동일하다. 하지만 집단내 변량에서 두드러진 차이를 보임으로 해서 결국 F값에서의 차이를 발생시켰다.

F값에 영향을 미치는 마지막 요인은 사례수이다. 일반적으로(반드시 그렇지는 않지만) 사례수가 많을수록 각 사례의 측정치가 그 집단의 평균치에 몰리게 되므로 점차 집단내 변량의 크기가 감소하여 결국 F값을 증가시킨다(Central Limit Theorem 참조). 사례수가 많을수록 표집단의 분포는 전집의 분포를 닮아가게 된다. 연구자가 적정한 수의 사례를 확보해야 하는 이유가 여기에 있다.

마. 변량분석의 기본 가정이 지켜지지 않을 경우의 변량분석

앞서 우리는 변량분석이 취하는 두 가지 기본 가정에 기초하여 자료를 분석 하였다. 하지만 종종 그 기본 가정이 지켜지지 않을 수 있다. 실제로 전집의 분포가 정상분포를 이루지 않는 경우가 있으며, 동시에 각 집단별로 변량이 다를 수 있다. 예컨대, 중학교 2학년 영어 학력고사를 중학교 2학년 학생과 고등학교 2학년 학생에게 실시하였다고 가정하자. 중학교 2학년 집단에서는 영어 성적이 정상분포를 이룰 것이다. 하지만, 난이도가 상대적으로 낮으므로 해서 대부분의 고등학교 2학년 학생들은 상당히 높은 성적을 보일 것이지만 몇몇 지진아 학생들은 여전히 낮은 성적을 보여 심한 부적 편포를 이룰 수 있다. 그러므로 또한 두 집단간에 변량에 있어서도 심한 차이를 보일 수 있다. 일반적으로 편포와 변량의 이질성이 그다지 심각하지 않을 경우 분석이 그대로 실시된다.

하지만 그 심각성을 무시할 수 없을 경우 자유도를 변경함으로서 F값의 의의도를 조정하게 된다(Box, 1954)[4]. Box는 비교집단간 변량의 이질성을 감안하여 교정된 F'값은 다음의 두 범위 안에 있을 것이라고 했다.

p =.05 혹은 .01 일 때,

[식 Ⅳ-4]

$$F(1,\ n-1) \geq F' \geq F(k-1,\ K(n-1)) = \text{실제로 얻은 } F\text{값},$$

n = 개별 집단 사례수, k = 비교집단수

만일 사례수가 9이고, 비교집단수가 3개일 경우 [식 Ⅳ-4]를 적용하면 다음과 같다.

$$F\ (1,\ 8) \geq F' \geq F(2,\ 24)$$

다시 말하여, F값 분포표상에서 p값을 .05로 정했을 때, 교정 F'는 자유도 1과 9에 해당하는 F값과 자유도 2와 24에 해당하는 F값 사이에

---

4) Box, G. E. P.(1954). Some theorems on quadratic forms applied in the study of analysis of variance problems, Annals of Mathematical Statistics, 25, 290-302.

있다는 것이다. 이때 Box는 변량의 이질성이 심각할 경우 실제로 자유도 2와 24를 대신해서 자유도 1과 8에 해당하는 교정 임계치 F'값을 적용할 것을 권고한다. 그러므로 Box의 제안을 따를 경우 자유도 2와 24의 임계치인 F값인 3.40 보다는 자유도 1과 8의 임계치 F값인 5.32를 적용해야 한다. 이 경우 Ho를 기각하기 위해서는 우리가 얻은 F값이 적어도 5.32 이상이 되어야 한다.

F값 분포 수표를 보면, 일정한 p값이 정해 졌을 때, Ho를 기각하기 위해서는 자유도가 작을수록 더 높은 F값이 요구된다. 앞의 공식이 보여주듯이 교정 F'의 자유도는 실제 얻은 F의 자유도 보다 항상 작을 수밖에 없다. 그러므로 실제 F값을 적용하는 것보다 교정 F'값을 적용하는 것이 훨씬 더 엄격한 검증이 된다. 보다 엄격한 검증을 함으로써 변량분석 기본 가정의 위반 효과를 상쇄할 수 있다는 것이 Box의 생각이다.

바. 평균치들간의 상대적 비교

변량분석에서 F값은 3개 이상의 모집단간에 평균치에서 전반적으로(overall) 의의있는 차이가 있는지를 알려주는 지수이다. 하지만 그 값은 어떤 집단의 평균이 또 다른 집단의 평균치와 어떻게 다른지를 말해주지는 않는다. 우리는 3 집단간의 전반적인 차이에도 관심이 있지만, 구체적으로 어떤 집단이 어떤 집단과 평균치에서 차이가 있는지 없는지에 관심을 가질 것이다. 예컨대, 3 집단간에 전반적으로 평균치에서 3 집단 간에 차이가 있지만 (F값이 의의 있지만), 집단 1과 집단 2간에는 평균치에서 의의 있는 차이를 보이는 반면, 집단 2는 집단 3과 의의 있는 차이를 보이지 않을 수 있다. 또한 반대로 전반적으로 3 집단 간에 평균치에서 차이가 없는 경우에도(F값이 의의가 없지만) 특정 집단과 특정 집단 간에 평균치에서 의의 있는 차이를 보일 수 있다. 이처럼 변량분석에서 전반적인 F검증을 실시한 후 각 개별 집단 간의 차이를 확인하기 위한 분석방법을 사후검증(post-hoc tests)이라 한다.

사후검증을 각 개별적 집단간의 상대적 비교를 F값이 의의있는 경우에만 실시해야 할 것인지 아니면, 그 값이 의의 없는 경우에도 실시해야 할 것인지를 두고 많은 논쟁이 있어 왔다. 과거에는 전자의 경우에만 개별적 집단간 비교를 해야 한다는 주장이 지배적이었지만 근래에는 후자의 경우에도 실시해야 한다는 생각이 주류를 이룬다. 특히 연구에 포함된 집단의 수가 많을수록 F값이 의의 없는 경우에도 개별적 집단간의 비교를 실시할 필요성이 증대된다는 점을 강조하고 싶다. F값의 의의도는 집단수의 자유도의 크기에 영향을 받는다. 똑같은 크기의 F값에 대하여 연구 집단수가 많을수록 의의도는 감소된다. 예컨대, 3 집단을 포함한 연구에서 얻은 F값과 7 집단을 포함한 연구에서 얻은 F값이 같을 경우 첫 번째 연구에서 얻은 F값의 의의도는 두 번째 연구에서 얻은 F값보다 더 높다. 만일 두 번째 연구에서 얻은 F값이 의의없는 것으로 판정 되었다고 하여 개별적 집단간의 비교를 하지 않을 경우 우리는 중요한 정보를 잃을 수 있다. 예컨대, 평균치에서 7개 집단중 6개 집단이 비슷한 반면 오직 한 개 집단만이 다른 6개 집단과 의의 있는 차이를 보이는 경우 대부분의 집단이 동질적이라는 이유만으로 F값은 여전히 의의없는 것으로 판정된다. 이 경우 F값이 의의없다는 이유만으로 개별집단 비교를 하지 않게 되면, 그 특이한 한 집단의 존재를 무시하게 된다. 그러므로 연구에 포함된 집단수가 클수록 F값의 의의도와 상관없이 개별적 집단 비교를 실시할 필요성이 증대된다.

연구에 포함된 각 개별적 집단간의 평균치 차이를 검증할 때 사용되는 대표적 통계적 방법으로는 Multiple t-Tests, Bonferroni t-Tests, The Newman-Keuls Test, Tukey's Tests, Duncan Test, Scheffe Test 등이 있다.

2. 다원변량분석(Factorial Analysis of Variance)

지금까지 살펴보았듯이 일원 변량분석에서는 하나의 독립변수만을 다룬다. 다원변량분석이란 2개 이상의 독립변수를 동시에 분석에 포함시킨 경우를 말한다. 다원변량분석에는 2원, 3원, 4원 … 변량분석이 있는데 이들은 각기 분석에 포함된 독립변수의 수에 의해 분류된다. 하지만, 사회과학연구에서 실시되는 대부분의 다원변량분석은 2원변량분석에서 그친다. 그 이유는 3원 이상의 변량분석이 분석은 가능하지만, 그 분석 결과를 언어로 표현하는데 있어 어려움이 많기 때문이다. 사실상 3원 이상의 변량분석의 Interaction Effects를 설명할 수 있는 문법은 존재하지 않는다.

이원변량분석의 예로서 자료의 형태와 자료분석 결과를 제시하면 다음의 〈표 Ⅳ-5〉와 같다.

〈표 Ⅳ-5〉 2원 변량분석 자료 예: 기억력에 대한 지역별/학교급별 차이분석

	지역A	지역B	지역C	지역D	지역E
중학교	9.00	7.00	11.00	12.00	10.00
	8.00	9.00	13.00	11.00	19.00
	6.00	6.00	8.00	16.00	14.00
	8.00	6.00	6.00	11.00	5.00
	10.00	6.00	14.00	9.00	10.00
	4.00	11.00	11.00	23.00	11.00
	6.00	6.00	13.00	12.00	14.00
	5.00	3.00	13.00	10.00	15.00
	7.00	8.00	10.00	19.00	11.00
	7.00	7.00	11.00	11.00	11.00
열 평균(X_j)	7.00	6.90	11.00	13.40	12.00
총평균			10.06		
	지역A	지역B	지역C	지역D	지역E
고등학교	8.00	10.00	14.00	20.00	21.00
	6.00	7.00	11.00	16.00	19.00
	4.00	8.00	18.00	16.00	17.00

	6.00	10.00	14.00	15.00	15.00
	7.00	4.00	13.00	18.00	22.00
	6.00	7.00	22.00	16.00	16.00
	5.00	10.00	17.00	20.00	22.00
	7.00	6.00	16.00	22.00	22.00
	9.00	7.00	12.00	14.00	18.00
	7.00	7.00	11.00	19.00	21.00
열 평균(X_j)	6.50	7.60	14.80	17.60	19.30
총평균			13.16		
	지역A	지역B	지역C	지역D	지역E
지역별 총평균	6.75	7.25	12.90	15.50	15.65

〈표 Ⅳ-6〉 2원변량분석의 자료분석 결과 예

구분	*df*	*SS*	*MS*	*F*
주효과 1: 학교급	1	240.25	240.25	29.94*
주효과 2: 지역	4	1514.8	378.74	47.19*
상호작용(학교급×지역)	4	190.3	47.58	5.93*
잔차(error)	90	722.3	8.03	
합계	99	2667.79		

가. 용어의 해설

1) 잔차

잔차는 집단간의 평균치에서의 차이와는 상관없이 전체 집단에 걸친(위의 경우 10개 집단) 공통 변량을 산출하기 위한 것이다. 잔차의 자유도는 JK(N-1)로서 J와 K는 각 독립변수의 수준수를 의미한다. 잔차의 *MS*는 잔차의 변량을 의미하는 것으로 이는 앞서 설명한 집단내 변량에 해당한다. 잔차의 *MS*값은 변량 구하는 공식과 마찬가지로 잔차의 총편차량인 *SS*를 잔차의 자유도로 나눈값에 해당된다. 그리고 이 잔차 *MS*값은 다음에 설명할 주효과와 상호작용효과의 의의도 수준을 결정하는 *F*값을 산출하기 위한 중요한 요소이다.

2) 주효과(main effects)

다른 독립변수와 상관없이 한 독립변수의 수준간에 존재하는 평균치에서의 차이를 의미한다. 마치 일원 변량분석과 같이 하나의 독립변수만을 고려하는 것이다. 그러므로 2원변량분석에서는 두 개의 주효과가(지역별, 학교급별), 3원 변량분석에서는 3개의 주효과가 있게 된다. 위의 예에서는 학교급과 지역이라는 두 개의 독립변수가 있으므로 두 종류의 주효과가 있게 된다. 지역의 주효과를 검증하는 목적은 지역별로 학교급과 상관없이 전체적으로 기억력에서 차이가 존재하는지를 밝히는 것이며, 학교급 주효과는 지역과는 상관없이 전체적으로 학교급간에 기억력에서 차이가 존재하는지를 검증하는데 그 목적이 있다. 주효과의 자유도는 k-1인데 k는 각 독립변수의 수준(비교집단수)을 의미한다. 그러므로 지역의 경우 그 자유도는 4(5-1)가 되며, 학교급은 1(2-1)이 된다. 주효과의 변량(MS) 역시 잔차의 변량과 마찬가지로 총 편차량을 각 해당 자유도로 나눈값에 해당되며, 이는 앞서 일원변량분석에서 설명한 집단간 변량에 해당한다. 따라서 주효과의 의의도를 결정하는 통계치인 F값은 주효과의 변량(집단간 평균치의 변량)과 잔차의 변량의 비에 해당한다. 즉, 주효과의 변량을 잔차의 변량으로 나눈값에 해당한다.

3) 상호작용 효과(Interaction effects)

한 독립변수의 효과(한 주효과가)가 다른 변수의 수준에 따라 달라지는 것을 말한다. 만일 2원변량분석에서 상호작용 효과가 의의있는 것으로 검증되면, 한 변수의 주효과가 다른 변수의 수준별(집단별)로 다르다는 것을 의미한다.

예컨대 다음의 〈표 IV-7〉과 [그림 IV-1]은 수업방식(협동수업/강의식 수업)과 교과목별(사회/수학) 학업성취도의 평균치를 제시하고 있다.

〈표 Ⅳ-7〉 수업방식 및 교과별 평균치

구분	협동수업	강의식 수업
수학	56	78
사회	75	61

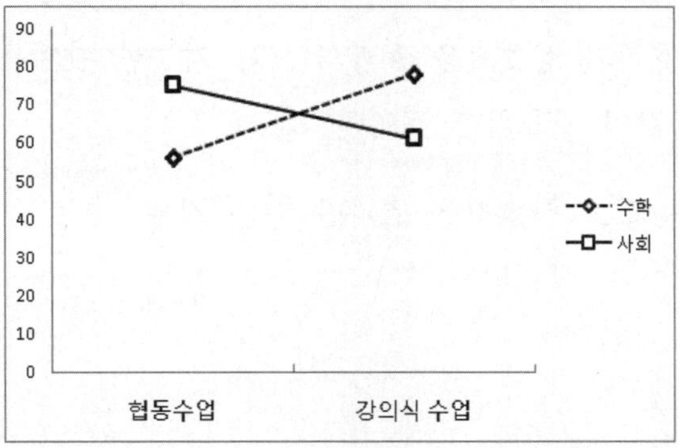

[그림 Ⅳ-1] 수업방식과 교과의 상호작용 효과

앞의 자료에 대하여 2원변량분석을 한 결과 수업방법과 교과목 별로 의의있는 주효과가 없었고 상호작용 효과만이 발견되었다고 가정하자. 다시 말하여 수업방식이나 과목별로 학업성취도에서의 차이는 발견되지 않았다. 하지만 수업방식이 학업성취도에 미치는 영향은 과목별로 달랐다. 사회 과목의 경우 강의식보다는 협동수업방식이 더 효과가 있는 반면, 수학의 경우에는 반대로 협동수업보다 강의식 수업이 더 효과적임을 보여주고 있다. 이처럼 상호작용 효과는 주효과의 의의도 와는 상관없이 존재할 수도 있다. 일반적으로 연구보고서에서는 상호작용 효과를 보다 쉽게 설명하기 위해 앞의 [그림 Ⅳ-1]과 같은 도표를 이용한다.

나. 주효과와 상호작용 효과의 관계

2×2 이원변량분석은 두 개의 주효과와 하나의 상호작용 효과가 있기 때문에 주효과와 상호작용 효과의 관계는 논리적으로 총 6(1×2×3)가지 형태가 있게 된다. 첫 번째는 주효과가 전혀 없는 상태에서 상호작용 효과만 있는 경우, 두 번째는 주효과가 하나 있고 상호작용 효과가 없는 경우,

셋째로 주효과가 두개 있고 상호작용 효과가 없는 경우, 넷째, 주효과가 하나 있고 상호작용 효과가 있는 경우, 다섯 번째로는 주효과가 두 개 있고 상호작용 효과도 있는 경우, 마지막으로 주효과도 상호작용 효과도 없는 경우로 구분할 수 있다.

다음의 그림들은 다원변량분석의 대표적인 유형인 2×2 이원변량분석을 예로 하여 주효과와 상호작용 효과의 모든 가능한 관계를 앞서 제시한 [그림 IV-1]과 같이 도표화한 것이다

1) 주효과는 없고 상호작용 효과만 있는 경우

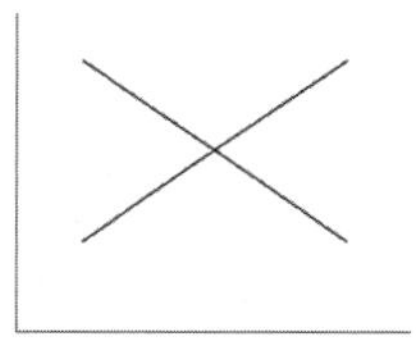

2) 주효과는 하나 있고 상호작용 효과가 없는 경우

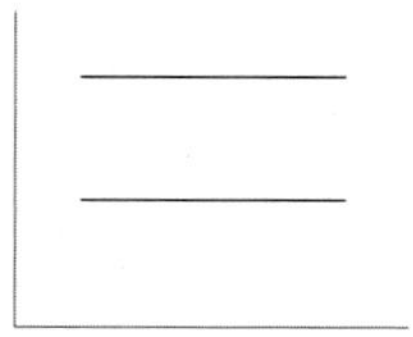

3) 주효과가 두개 있고 상호작용 효과가 없는 경우

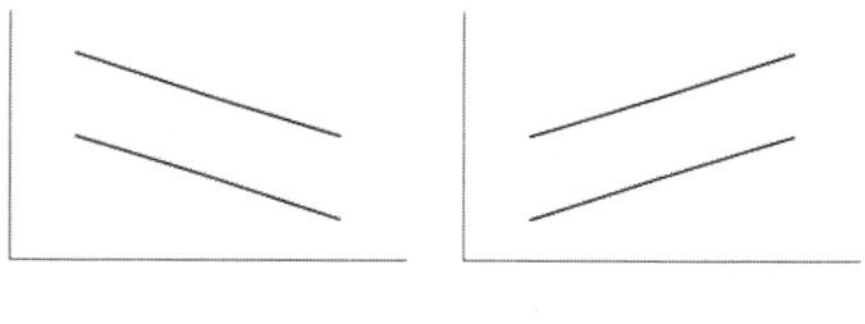

4) 주효과가 하나 있고 상호작용 효과가 있는 경우

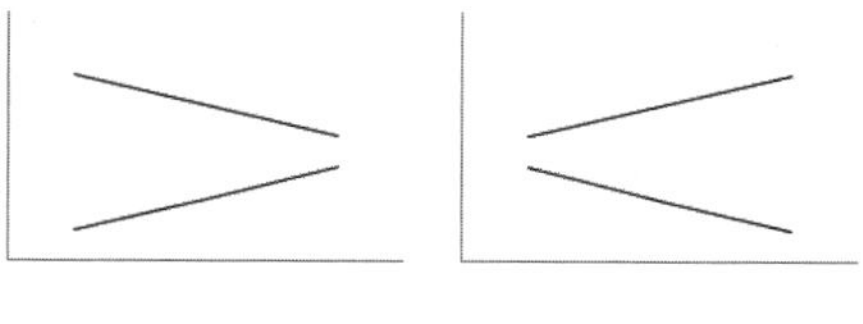

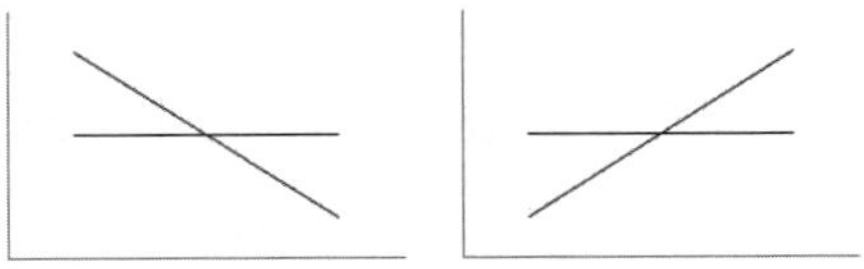

5) 주효과가 두 개있고 상호작용 효과도 있는 경우

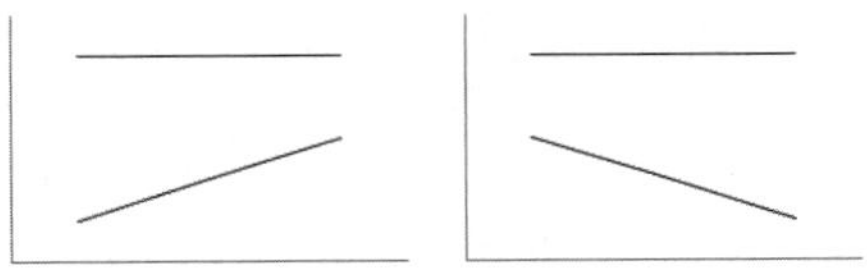

6) 주효과도 상호작용 효과도 없는 경우

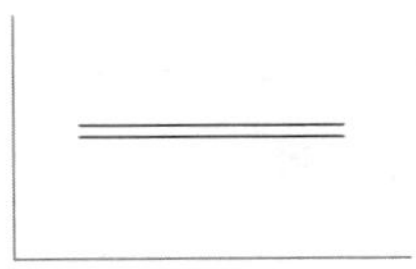

앞에 제시한 그림들의 가장 두드러진 공통적 특징은 상호작용효과가 있는 경우 두 선은 평행선이 아니라는 점이다. 집단내 변량이 같다고 할 때 두선의 비평행성의 정도가 현저할수록 보다 의의있는 상호작용 효과를 나타내게 된다.

다. 일원변량분석과 비교하여 다원변량분석이 가지는 장점

① 경제적이다. 위와 같이 두 개 이상의 독립변수를 동시에 다루는 경우 일원변량분석으로 하게 되면 분석을 여러 번 실행해야 한다. 뿐만 아니라 분석을 따로따로 여러 번 실시하게 되면, 주효과들만을 발견할 뿐 상호작용 효과 및 단순효과를 알 수가 없다.

② 연구 결과의 일반화 가능성과 일반화의 정확성을 높여준다. 앞의 예(수업방식 × 교과목)를 일원변량분석했을 경우 수업방식과 교과목별 주효과가 없다는 이유로 연구를 끝내게 되면, 수업방식이 학업성취도에 미치는 효과가 교과목별로 달라진다는 중요한 상호작용 효과를 놓치게 되며, 각 교과별 구분했을 때 수업방식에서의 차이가 학업성취도에서 영향

을 미친다는 중요한 결과를 놓치게 된다. 이렇게 되면 결국 연구 결과의 왜곡뿐만 아니라 일반화의 오류를 범하게 된다. 요컨대, 다원변량분석은 일원변량분석 보다 일반화의 가능성과 정확성을 높여준다.

③ 현상을 올바르게 기술해 준다. 교육 및 사회적 현상은 여러 가지 요인들이 서로 얽혀서 작용한다. 그러므로 하나의 변인만을 고려하기보다는 다양한 변수들을 고려함으로서 보다 많은 정보를 얻어내고, 현상을 보다 사실적으로 기술하고 설명할 수 있다. 하나의 변수만을 고려할 경우 우리는 어떤 현상에 대한 고정관념(stereotype)을 강화시킬 가능성이 있다. 이것은 학문의 윤리와도 관련되는 문제이다. 변수를 많이 고려할수록 왜곡된 상식과 고정관념을 해체시킬 수 있다. 하지만 앞서 밝혔듯이 변량분석에서 한꺼번에 많은 변수를 도입하면, 해석에 어려움이 따른다. 우리는 지금까지 2원변량분석의 복잡성을 경험했다. 3원변량, 4원변량분석도 2원변량분석과 같은 논리와 같은 방식으로 자료를 분석할 수 있다. 단지 변수의 수가 더 많다는 차이가 있을 뿐이다. 하지만 3원 혹은 4원변량분석을 실시할 경우 상호작용 효과의 해석은 매우 난해하다. 이러한 이유 때문에 대부분의 연구자들은 2원변량분석에서 만족하고 또 그것을 즐기고 있다. 또 이러한 이유 때문에 2원변량분석 그 중에서도 2×2설계가 가장 인기가 있다.

라. 변량분석의 적용 범위와 의의

연구의 목적 중의 하나는 현상을 과학적으로 기술하고 설명하는 것이다. 현상을 기술하고 설명한다는 말은 현상에 존재하는 사실들간 혹은 우리가 정의한 개념들간의 상호 관련성을 파악한다는 것을 의미한다. 현상에 존재하는 사실 혹은 우리가 정의해 놓은 개념들을 우리는 변인(수)이라고 한다. 그러므로 연구를 한다는 것은 곧 변수들간의 관련성(상관관계 혹은 인과관계)을 파악하려고 하는 것이다.

앞서 우리는 현상을 기술하고 설명하는 하나의 방법으로서 변량분석을 살펴보았다. 흔히 변량분석하면 집단간의 평균치의 차이를 검증하는 것이라고 생각하는 습관이 있다. 이 말이 틀린 것은 아니지만, 이는 변량분석의 용도와 목적을 지나치게 단순화한 결과이다. 변량분석 역시 변수간의 관련성을 파악하기 위해 사용된다. 우리는 앞서 수업방식과 교과목 특성이 학업성취도와 어떻게 관련되는가를 살펴보았다. 이때 우리는 수업방식 혹은 교과목 특성이 각각 학업성취도와 어떠한 관련을 가지는지와 수업방식과 교과목 특성이 서로 상호작용하여 학업성취도에 어떻게 관련되는가를 살펴보았다. 그 관련성을 파악하기 위한 방편으로 우리는 수업방식별로 학업성취도에서 어떠한 차이를 보이는가? 교과목 별로 학업성취도에서 어떠한 차이를 보이는가? 혹은 수업방식과 교과목 특성이 서로 조합되어 나타난 4개 집단별로 학업성취도에서 어떠한 차이를 보이는가?를 분석했을 뿐이다. 그리고 수업방식간에 그리고 교과목별로 학업성취도에서 차이가 있다는 사실을 보임으로서, 우리는 학업성취도라고 하는 것이 수업방식과 교과목 특성과 밀접히 관련되어 있다고 말하고 싶은 것이다. 또한 이 두 변인이 학업성취도와 관련성을 가지는데 있어서 서로 밀접히 관련되어 있다(수업방식별 학업성취도에서의 차이는 교과목의 특성에 따라 달라질 수 있다.)는 점을 말하고 싶은 것이다. 그럼에도 불구하고 우리가 변량분석을 통하여 나타난 결과를 변수들간(독립변수 와 종속변수)의 관련성보다는 변수의 수준간에 존재하는 종속변수에서의 차이에만 관심을 가질 경우 이는 연구의 의의를 제한시킨다.

이와 같이 본다면, 변량분석은 집단간의 차이를 검증하는 방법이고 회귀분석은 변수들간의 관련성을 파악하는 방법이라는 획일적인 구분방식에는 문제가 있다. 두 방식이 기본 원리에서 차이가 있는 것은 아니다. 다만 변량분석은 비연속적 독립변인과 종속변인간의 관련성을 파악하는 방법인 반면, 회귀분석은 독립변인의 속성(비연속 혹은 연속변인)에 구애받지 않고 독립변수와 종속변수간의 관계를 파악하는 방법이라고 하는 것이 더 적절한 구분일 것이다.

우리는 공변량분석을 살펴봄으로서 변인들간의 관련성을 파악하는 한 연구안에서 회귀분석과 변량분석이 어떻게 서로 관련될 수 있는가 그리고 두 방법이 분석과정에서 어떻게 상호 기능하는가를 살펴 볼 것이다.

제 5 장 공변량분석

1. 공변량분석의 논리(과정)
2. 변량분석과 공변량분석의 비교 예

제 5 장

공변량분석

공변량분석을 보다 쉽게 이해하기 위하여 다음과 같은 사례가 있었다고 가정하자.

〈공변량분석과 관련된 이야기〉	
어떤 연구자가 다음과 같은 연구가설을 검증하려고 한다.	
연구가설	작은 차를 운전할수록 그 차를 능숙하게 운전한다.
종속변인	운전능숙도
독립변인	차의 크기
독립변인의 수준	작은 차, 중간 차, 큰 차.
연구설계	연구자는 이 가설을 확인하기 위하여 각각 15명의 운전자를 선정하여 각각 5명으로 구성된 3집단을 만들었다. 첫째 집단은 작은 차를 운전하게하고, 두 번째 집단은 중간크기의 차를 그리고 마지막 집단에게는 큰 차를 운전하도록 하였다. 각 운전자로 하여금 굴곡이 심한 길을 운전하게 한 뒤 그들의 운전능숙도를 측정하였다. 연구자는 측정된 운전능숙도와 차의 크기와의 관계를 알아보기 위한 방편으로 일원 변량분석을 실시하였다. 그 결과, 세 집단간에 운전능숙도에서 의의있는 차이를 발견하였다. 사후검증 결과 각 집단간에 운전능숙도에서 의의있는 차이가 있었다. 작은 차를 운전한 집

	단은 중간차를 운전한 집단보다 운전능숙도가 의의있게 높았으며, 중간차를 운전한 집단이 큰 차를 운전한 집단보다 운전능숙도가 의의있게 더 높았다. 이 결과에 대해 연구자는 다음과 같은 결론을 내렸다.
연구결론	작은 차를 운전할수록 운전이 능숙하다.

그리고 이 연구자는 이 연구 결과를 자동차 학회에서 발표하였다. 학회에 참석했던 토론자는 이 연구결과에 대해 다음과 같이 의문을 제기 하였다. 그 반론의 요지는 다음과 같다. “연구결과 세 집단간에 운전능숙도에서 차이가 있다는 것은 인정하지만, 그러한 차이가 차의 크기 때문이라고 보기가 어렵다. 왜냐하면 운전능숙도는 운전경력과 깊은 관련성을 가질 것이다. 이 연구에서는 각 집단의 운전경력에 대한 자료를 분석에 포함시키지 않았으므로 집단간에 운전경력에서의 차이가 있는지 없는지를 모른다. 혹시 운전경력에서 집단별로 차이가 있다면, 이러한 차이가 집단간의 운전능숙도에 영향을 미쳤을 것이고, 그 결과 운전능숙도에서의 집단간 차이는 차의 크기보다는 운전경력에서의 차이 때문에 발생했을 가능성이 있다. 그러므로 나는 이 연구결과 그 자체는 믿지만, 그 결과에 대해 연구자가 내린 결론에는 동의할 수 없다.”

다른 참석자들도 이 토론자의 반론에 동조하였다.

연구자는 이와 같은 반론에 답변할 수가 없어 실망한 채 집으로 돌아왔고 언젠가는 그 반론을 반박하기로 결심했다. 그래서 그는 자신의 연구에 참여했던 피험자들에게 전화를 걸어 그들이 실험에 참여할 당시 몇 년 몇 개월 동안 운전을 했는지를 조사하였다. 그리고 그는 이 자료를 기존의 데이터 파일에 추가시켜 공변량분석을 실시하였다.

1. 공변량분석의 논리(과정)

앞의 변량분석에서는 두 종류의 변인, 즉 독립변수와 종속변수만이 고려되었다. 그리고 변량분석의 목적은 이 두 변인간의 상호 관련성을 검증하는 것이었다. 그런데 엄밀히 말해서 변량분석을 통해서 검증된 관련성은 실제로 그 두 변인간에 존재하는 순수한 관련성이 아닐 수 있다. 그 이유는 실제로 현상 속에서 많은 변인들이 서로 상호작용하기 때문이다. 이때 설정된 독립변인과 종속변인간의 순수한 관련성을 파악하기 위해서는 다른 변인들이 종속변인에 대해 가지는 관계를 통제할 필요성이 제기된다. 실험연구의 경우 외생변수를 통제하기 위해 실험 전에 외생변수를 측정하여 그 결과에 기초하여 무선할당(random assignment)을 실시한다. 하지만 경우에 따라서 무선할당이 불가능한 경우(예컨대, 학급을 그대로 실험집단으로 할당할 수밖에 없는 경우)에는 실험설계과정보다는 실험처치 후 자료분석 과정에서 외생변수를 통계적으로 통제하게 되는데 이때 이용되는 분석방법이 공변량분석이다.

연구결과에 영향을 미치는 외생변수를 통제하는 것은 비단 독립변수와 종속변수간의 순수한 관련성을 파악하기 위한 것 이상의 의미를 가진다. 가능한 한 두 변인이외에 다른 많은 관련변인들을 끌어들임으로서 우리는 현상의 전모를 사실적으로 이해할 수 있을 뿐만 아니라 예기치 않은 중대한 발견을 할 수 있다. 공변량분석에서 다루어지는 변인은 크게 세 종류로 구분할 수 있다.

가. 독립변인(independent variable)

독립변인은 두 변인의 관계에서 종속변인(들)에 대해 작용하는 변인을 의미한다. 즉, 독립변인은 다른 변인에 의해 결정되지 않는 독립적인(independent) 변인이라고 볼 수 있다. 앞의 예에서 연구가설은 '작은 차를 운전할수록 그 차를 능숙하게 운전한다' 였으므로 독립변인은 차의 크기이다. (공)변량분석에서 독립변인은 수준을 가지게 되는데 이는 독립변인의 속성에 의해 집단이 나누어지는 기준이 되는 범주라고 볼 수 있을 것이다. 예를 들어, 독립변인이 차의 크기가 되면, 독립변인의 수준은 작은 차, 중간 차, 큰 차가 될 수 있다. 즉 이는 (공)변량분석에서 독립변인이 범주형 변수여야 함을 의미한다.

나. 종속변인(dependent variable)

종속변인은 두 변인의 관계에서 독립변인(들)에 의해 결정되는 변인을 의미한다. 이는 독립변인에 의해 결정되므로 독립변인에 종속되었다고(dependent) 볼 수 있다. 앞의 예에서 종속변인은 운전능숙도이다. 여기서 유의할 점은 운전능숙도가 상, 중, 하와 같은 범주형 변수가 아니라는 점이다. (공)변량분석에서 종속변수는 연속형 변수이어야만 한다.

다. 공변인(covariates)

독립변인과 종속변인간의 관계에 개입하여 그 관계의 크기에 영향을 미치는 변인으로서 연구자의 관심이나 연구문제와 관련은 없지만 연구결과에 영향을 미칠 것으로 우려되는 변인을 말한다. 흔히 통제변인(control variable) 혹은 외생변인(extraneous variable)이라 불리는데 앞의 예에서 운전자의 운전경력은 공변인에 해당된다. 공변량분석에 포함될 수 있는 공변인의 수는 제한을 받지 않는다. 예컨대, 운전자의 성 역시 운전능숙도와 관련이 있다고 생각되면, 이 변인도 분석에 포함시킬 수 있고, 운전자의 나이가 관련되어 있다고 생각되면 그것도 분석에 포함시킬 수 있다.

2. 변량분석과 공변량분석의 비교 예

앞의 예에서 차의 크기는 독립변인이며, 운전능숙도는 종속변인이며, 운전경력은 공변인이었다. 앞의 예를 가지고 변량분석을 한 결과와 공변량분석을 한 결과는 다음과 같은 차이를 가져올 수 있다.

앞의 예를 공변량분석을 취하지 않고 그냥 변량분석을 실시한 결과 세 집단간(큰 차, 중간 차, 작은 차)에 운전능숙도에서 의의있는 차이를 발견하지 못했다고 가정하자. 그리고 종속변인과 공변인이 서로 정적 상관을 가진다고 가정하자. 우리는 이를 다음과 같은 세 개의 회귀선으로 제시할 수 있다.

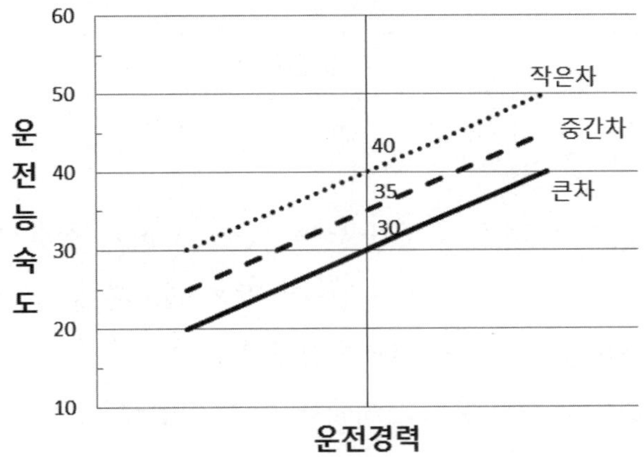

[그림 V-1] 변량분석 결과의 예

변량분석은 공변인을 감안하지 않는 분석이다. 이 말은 설사 운전경력에서 세 집단간에 차이가 있다 하더라도 그것을 상수로 묶어둔다는 말이다. 이는 곧 운전경력이 같다고 가정하는 것이다. [그림 V-1]에서 볼 수 있듯이 운전경력은 세 집단간에 같다고 가정되었다. 그리고 그 운전경력은 운전능숙도와 정적 상관을 가진다. 분석결과는 세 집단에 운전능숙도에서 차이가 나지 않는 것으로 나타났다. 참고로 세 집단의 운전능숙도 평균치는 30, 35, 40 이었다.

이번에는 위와 똑같은 예에 대하여 공변량분석을 실시하였다. 연구자가 생각하기에 운전경력에서 세 집단간에 의의있는 차이가 있고 이러한 차이가 독립변인과 종속변인간의 관계에 영향을 미칠 수 있다고 생각했기 때문이다. 분석결과 종속변인과 공변인이 서로 정적 상관을 가졌는데 이를 세 개의 회귀선으로 제시하면 다음과 같다.

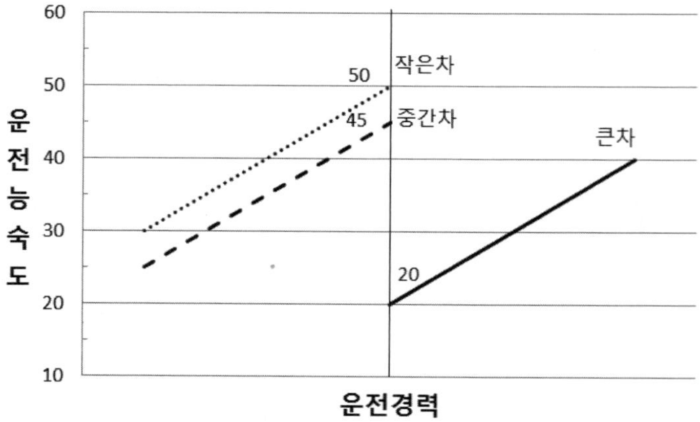

[그림 V-2] 공변량분석 결과의 예

공변량분석을 한 결과 운전경력에서 심한 차이가 있음이 밝혀졌다. 위의 그림에서 볼 수 있듯이 첫째 집단과 둘째 집단은 운전경력이 같았지만, 세 번째 집단은 두 집단보다 운전경력이 현저히 많다. 그러므로 세 번째 회귀선은 오른쪽 방향으로 이동된다. 하지만 세 집단의 실제 운전능숙도 평균치는 여전히 30, 35, 40으로 변량분석에서의 평균치와 같다.

하지만 공변량분석에서 고려하는 평균치는 이 실제의 평균치가 아닌 교정 평균치(adjusted means)를 적용하여 변량분석을 실시한다. 교정 평균치란 운전경력에서의 차이를 통제한 상태에서 구해진 평균치를 의미한다. 운전경력을 통제했다는 말은 운전경력이 같은 점에 놓인 평균치를 의미한다. 다시 말하여 그것은 위의 그림의 수직선상에 놓인 각 집단의 운전능숙도에서의 평균치를 의미할 것이다. 두 집단은 운전경력에서 같으므로 실제 평균치와 교정 평균치는 같다. 하지만 세 번째 집단은 운전경력이 다른 두 집단과 다르므로 실제 평균치와 교정 평균치간에 차이를 보인다.

세 번째 집단의 실제 평균치가 30 이었지만, 운전경력을 다른 두 집단에 일치시켜(통제하여) 교정한 평균치는 15 정도밖에 안 된다. 이때 공변량분석은 처음 두 집단에 대해서는 실제 평균치인 35와 40을 그리고 세 번째 집단의 경우에는 교정 평균치인 15를 가지고 변량분석을 실시한다. 이렇게 되면 세집단간에 평균치 차이가 증가함으로서 의의있는 F값을 생산하게 된다. 이는 변량분석과 똑같은 자료를 가지고 분석했음에도 운전경력이라는 공변인을 통제한 결과 변량분석을 취해 얻은 결과와 전혀 다른 결과를 얻게 되는 것이다. 다시 말하여 변량분석을 실시했을 경우 운전능숙도에서 세 집단간에 의의있는 차이가 없던 것이 공변량분석을 한 결과 의의있는 차이가 있음이 밝혀진 것이다.

공변량분석은 실험연구의 경우 무선 할당이 불가능한 경우에 주로 사용된다. 무선할당을 하는 궁극적 이유는 공변수를 통제하는데 있다. 하지만 여러 가지 현실적 여건이 맞지 않아 무선할당이 불가능한 경우에 공변량분석이 사용되는데, 예를 들면, 현재 주어진 학급을 있는 그대로 실험집단으로 사용할 경우 공변량분석이 유용하게 사용될 수 있다. 공변량분석은 무선할당의 대안으로 사용되는 것으로 무선할당이 가능할 경우에는 공변량분석 대신 무선할당을 실시하는 것이 바람직하다.

제 6 장 회귀분석

1. 단순회귀분석
2. 중다회귀분석
3. 단계적 회귀분석(stepwise regression analysis)
4. 위계적 회귀분석(hierarchical multiple regression)
4. 회귀분석에서의 조절효과 검증

제 6 장
회귀분석

<회귀분석의 기본가정>

① 선형성: 독립변수와 종속변수의 관계가 직선적이어야 한다.
② 정규성: 독립변수의 값에 관계없이 오차의 분포가 정상분포를 가지고 있어야 한다. 오차의 평균이 0이고 일정한 변량을 지닌 정규분포를 가정한다.
③ 독립성: 종속변수 측정치의 오차 간에는 서로 영향을 미치지 않아야 한다. 또 각 독립변수와 오차 간에 상관이 없으며, 오차는 평균이 0, 표준편차가 σ 인 확률분포를 가진다.
④ 동분산성: 독립변수의 값에 관계없이 종속변수의 흩어진 정도가 같아야 한다.

회귀분석은 하나 혹은 그 이상의 독립변수들(X_i)이 개별적으로 혹은 집단적으로 하나의 종속변수 Y 에서의 변화를 얼마나 그리고 어떻게 설명하는지를 알아보기 위한 자료 분석 방법이다. 여기서 '얼마나'는 종속변수에 대한 독립변수의 설명량(설명된 변량; 흔히 %로 말한다.)을 의미하고, '어떻게'는 독립변수와 종속변수와의 함수관계, 즉, 독립변수에서의 일정한 변화가 종속변수에서 어떠한 방향으로 그리고 어느 정도로 변화를 가져오는지를 의미한다. 여기서 회귀(regression)이라는 용어가 사용된 것은 종속변수 Y에서의 변화를 독립변수에서의 변화로 환원시켜 해석한다는 것을 의미하기 위해서다. 다시 말하여 종속변수에서의 점수들이 어떻게 독립변수에서의 점수에로 환원시켜 설명될 수 있는가 혹은 종속변수의 점수들이 어느 정도 그리고 어떻게 독립변수의 점수에 따라 달라지는가를 알아보기 위한 것이다.

흔히 회귀분석이 독립변수가 종속변수에 미치는 영향력을 알아보기 위한 자료분석 방법으로 이해된다. 하지만 이러한 이해방식은 옳을 수도 있고 틀릴 수도 있다. '영향'이라는 말은 원인이 있고 그 원인이 작용하여 나타난 결과가 있을 때 가능하다. 다시 말하여 이는 인과관계를 상정한 용어다. 회귀분석을 통하여 변수와 변수간의 상호관련성을 파악할 수는 있다. 하지만 '인과관계'는 모든 가능한 '관계'의 한 형식일 따름이다. 회귀분석을 통해 얻은 관계를 인과관계로 무리하게 해석한 결과 다음과 같은 오류를 범할 수 있다.

〈회귀분석과 관련된 이야기〉

10 ㎢ 당 교회수와 범죄율을 측정하여 교회수를 독립변수로 그리고 범죄율을 종속변수로 상정하여 회귀분석을 실시하였다. 그 결과 두 변인이 서로 의의 있는 관련성(교회가 많은 지역일수록 범죄율이 높다.)을 가졌다. 이러한 결과에 기초하여 연구자는 다음과 같이 결론을 내렸다. "교회가 범죄율에 영향을 준다." 그런데 이 결론은 아무리 생각해도 납득이 가질 않는다. 교회가 어떤 일을 했기에 범죄율을 높였다는 말인가? 교회에서 도둑질을 가르치는 것도 아니고 강도를 훈련시키는 곳도 아니기 때문이다. 이러한 결론은 아무리 보아도 석연치 않다. 그렇다고 회귀분석을 통하여 얻은 결과를 거부할 수도 없다. 이러한 딜레마는 다음과 같이 해결될 수 있다. 교회가 범죄율이 영향을 준 것이 아니라, 교회가 주로 주택가에 밀집해 있고, 범죄는 주로 주택가에서 벌어진다. 그러므로 교회가 범죄율이 영향을 미친 것이 아니라 교회가 주택가에 밀집해 있는 이유로 교회밀집수와 범죄율이 단순히 관련성을 가졌던 것이다. 이 사례는 자료처리 방법에 연구결과의 해석을 희생시킨 대표적인 사례이다. 이는 또한 회귀분석을 과신한 대표적인 사례일 수 있다.

회귀분석을 통해 변수들간의 관련성을 발견하고 나서 그 관련성이 어떠한 종류의 관련성인지를 판단하는 것은 어디까지나 이론적 경험적 추론을 통해서 할 일이다. 요컨대, 회귀분석은 변수들간의 관련성을 파악하는데 적합한 '자료분석 방법'일 따름이다.

회귀분석은 단순회귀분석과 중다회귀분석으로 구분된다. 전자와 후자의 구분은 분석에 포함시킨 독립변수의 수에 의해 결정된다. 단순회귀분석이란 독립변수의 수가 하나인 회귀분석을 말하고, 중다회귀분석이란 2개 이상의 독립변수를 동시에 분석에 포함시킨 회귀분석을 말한다. 위에서 제시한 예에서처럼 단순히 교회밀집율과 범죄율간의 관계를 파악하는 경우가 단순회귀분석에 해당하며, 교회밀집율과 주택밀집율이 범죄율과 가지는 관계를 파악하고자 할 때는 중다회귀분석이 사용된다.

1. 단순회귀분석

단순회귀분석은 다음과 같은 방정식으로 표현된다.

[식 VI-1] $Y' = bX + a$

그리고 이 방정식은 다음의 [그림 VI-1]과 같은 일차 함수 그래프로 표현된다.

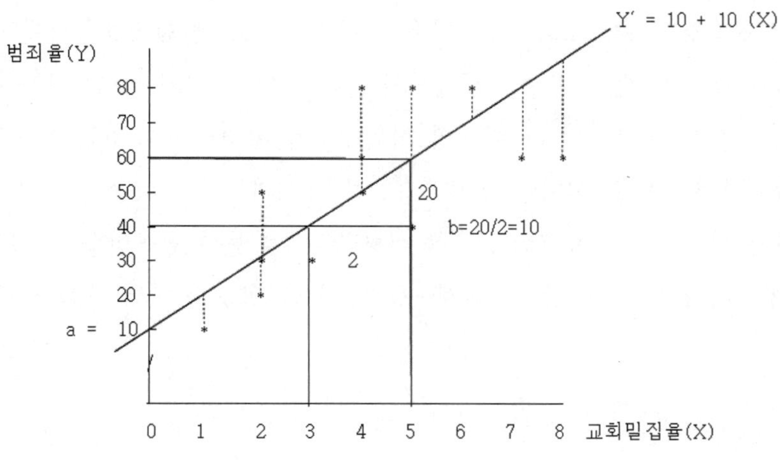

[그림 VI-1] 단순회귀분석 일차함수 그래프

X는 독립변수(교회밀집율)를 의미하며, b는 1차 함수 그래프의 기울기, 즉, 독립변수인 교회밀집율의 증가분(2)에 대한 범죄율의 증가분(20)의 비율을 의미하는데, 이를 선형 회귀계수(linear regression coefficient)라고 한다. a 는 Y 절편을 의미하는데, 이는 독립변수의 점수가 0일 때 선형 회귀계수가 지나는 종속변수(Y)상의 점수를 의미한다. 그리고 Y'는 독립변수의 측정치가 주어졌을 때, 그 점수를 위에 제시한 선형 회귀방정식에 적용할 경우 예상되는 종속변수의 값을 의미한다. 이 값은 어디까지나 회귀방정식에 의한 종속변수의 추정(예견)치이다. 그러므로 이 값은 특정 독립변수의 측정치와 일치하는 종속변수의 측정치와 다소간에 차이가 발생할 수 있다. 이때 발생한 차이를 error라고 하는데, 흔히 잔차라는 용어로 표현된다.

여기서 '오차'라는 용어 대신 '잔차'라는 용어로 error를 번역한 이유가 있다. 그 이유는 '오차'가 단지 측정상의 오류를 의미하는 반면, '잔차'는 측정상의 오류 이상의 오차를 포함하기 때문이다. 잔차는 측정이 잘못돼서 발생할 수도 있지만, 측정치가 회귀선에 일치하게 놓이지 않는 '실질적인(측정상의 오류를 제외한)이유' 때문에 발생할 수 있다. 예컨대, 특정 지역에 경찰력이 상대적으로 증강되어 같은 교회밀집율을 가진 다른 지역보다 범죄율이 억제되었을 가능성과 같은 것이 이에 해당한다. 우리는 위의 회귀방정식에서 교회밀집율만을 고려했으므로 그 회귀방정식에서 경찰력과 같은 또 다른 변수는 설명되지 않은 것이다. 그러므로 잔차는 측정상의 오류와 뿐만 아니라 현재의 회귀계수가 설명하지 못하는 측정치와 예측지간의 차이를 의미할 것이다. [그림 VI-1]에서는 ---로 표시된 거리가 잔차가 된다. 이 값이 크면 클수록 선형방정식을 통한 종속변수의 값 추정은 부정확하게 된다. 단순회귀계수를 방정식으로 표현하면 다음과 같다.

[식 VI-2] Y_i(종속 변수의 측정치)

$$= Y'_i(\text{종속변수의 예측치}) + e_i(\text{잔차})$$

$$= [a + b(X_i)] + e_i$$

$$= [a + b(X_i)] + [\text{측정오차}_i + \text{설명되지않는오차}]$$

이 수식을 [그림 VI-1]의 자료에 적용하면 다음과 같은 회귀식을 가질 것이다.

[식 VI-2 예] $Y_i = 10 + 10(X_i) + e_i.$

이 방정식은 다음과 같은 두 가지 의미를 가진다. 첫째, 교회가 없는 지역에서도 10의 범죄율은 항상 있기 마련이다(범죄율 = 10 + 10(교회밀집율=0) =10 이므로). 둘째, 교회밀집율이 1씩 증가할 때마다 10정도의 범죄율이 증가한다.

이 두 번째의 법칙이 정확하려면, 모든 측정치들이 앞선 그래프의 선상에 모두 놓여 있어야 한다. 하지만 경험적으로 그와 같은 완전한 경우는 존재하지 않으며, 대체로 회귀선을 중심으로 다소 산발적인 분포를 형성한다. 그렇다면, 이때 의문이 제기되는 것은 그래프 상에서 산발적으로 퍼져있는 여러 측정치들을 지나는 회귀선(b)을 어떻게 결정하는가? 이다.

가. 선형회귀계수(b)

선형회귀계수 b는 모든 잔차값들을 제곱하여(회귀선에서 이탈한 거리(distance)를 제곱하여) 합한 뒤 그것을 사례수(측정치수)로 나눈 값(잔차량; error의 변량)이 가장 작게 나오는 방향으로 결정된다. 이를 회귀계수의 최적(best-fit)화라고 한다. 이렇게 하는 이유는 선형 회귀선의 예측력을 높이기 위한 것이다. 다음의 [그림 VI-2]에 제시된 그래프는 이것이 왜 중요한지를 보여준다.

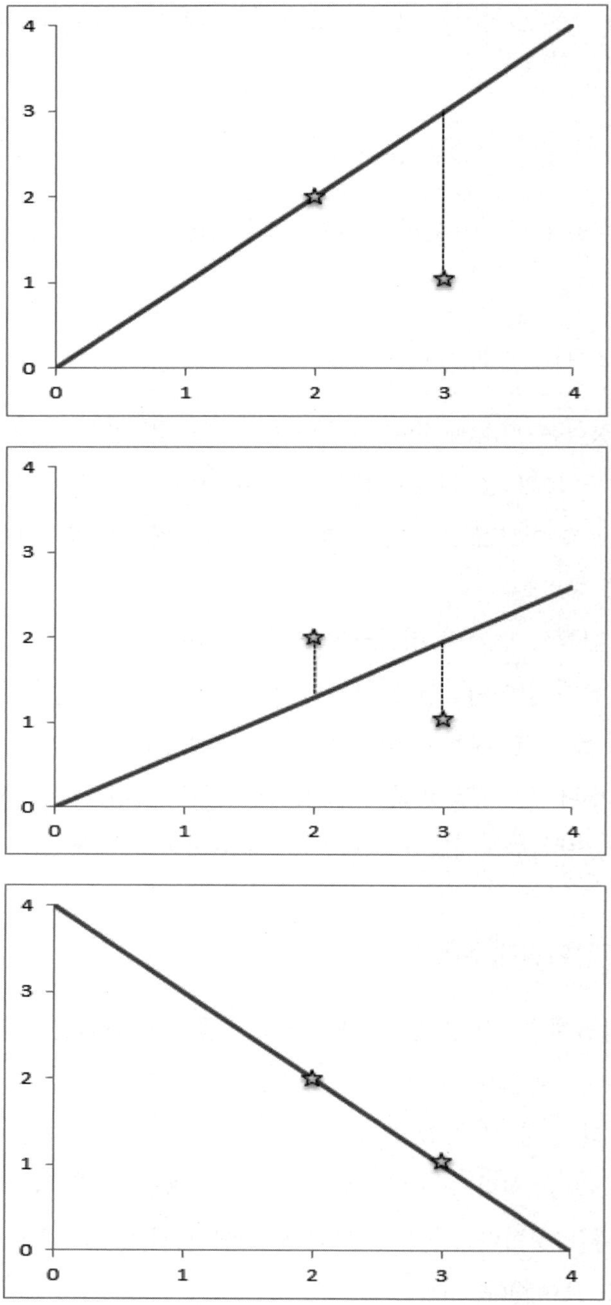

[그림 Ⅵ-2] 단순회귀분석 일차함수 그래프

어느 분포에서나 가능한 회귀선의 수는 무한대다. 360도를 회전하면서 모든 각도에서 회귀선을 가정할 수 있기 때문이다. 앞서 제시한 세 가지 그림은 모든 가능한 회귀선의 세 가지 사례에 불과하다. 앞의 세 그림 모두 측정치의 위치는 같다. 첫 번째 그림에서 잔차는 2이다. 이 2의 잔차는 두 측정치 중 오직 하나의 측정치가 만들어낸 잔차이다. 반면, 두 번째 그림 에서는 시각적으로 보아도 두 측정치 모두가 만들어낸 잔차의 합이 2가 안된다. 세 번째 그림은 잔차의 합이 0 이다. 이러한 차이를 만들어낸 요인은 바로 선형 회귀선을 어느 방향으로 긋느냐에 달려있다. 세 번째 그림은 두 번째 그림에 비해 그리고 두 번째 그림은 첫 번째 그림에 비해 두 가지 점에서 예측의 정확도가 크다고 할 수 있다. 첫째, 위에서 지적한 것처럼 세 번째 그림은 상대적으로 첫 번째 그림과 두 번째 그림에 비해 작은 잔차량을 생산한다. 잔차량이 작을수록 측정치 Y가 회귀선(방정식)을 통한 예측치 Y'에서 이탈한 거리가 작아진다는 것을 의미하므로 더 정확한 예측을 할 수 있는 것이다. 둘째, 두 번째 그림과 세 번째 그림의 회귀선은 두 측정치 모두를 고려한 회귀선인 반면, 첫 번째 그림의 회귀선은 두 측정치중 한 측정치만을 편파적으로 고려하고 있다. 우리는 어떤 집단의 특성을 파악하기 위해 평균치, 중앙치 혹은 최빈치와 같은 중앙집중 경향치를 사용한다. 이러한 통계치들을 사용하는 이유는 이들이 집단의 전체 특성을 특정 사례에 편파(중)됨이 없이 고르게 나타내기 때문이다. 마찬가지의 이유로 회귀선도 모든 측정치들을 고르게 고려하기 위해 분포의 중앙을 관통해야 하는 것이다. 그러므로 세 번째 그림은 위의 두 조건을 모두 만족시키는 최적의 회귀계수가 된다.

앞의 예에서는 측정치가 2개이므로 세 번째 그림과 같은 완전한(잔차량이 0인) 회귀계수를 결정할 수 있다. 하지만 사례수가 3개 이상이 되고, 그것들이 완전한 선형을 이루지 않게 되면, 아무리 최적의 회귀선을 그어도 다소간의 잔차는 발생하기 마련이다. 측정치의 수가 많아질수록 완전한 회귀선을 가지기는 사실상 불가능해진다. 얼마간의 잔차량은 항상 남게 된다. 이때 완전한 회귀선을 찾기보다는 최적(가장 적당한)의 회귀선을 찾을 뿐이다. 요컨대, 최적의 회귀계수는 평균 잔차량(error의 변량;

$\frac{\Sigma(Y-Y')^2}{N}$)이 최소화되는 선(criterion of least squares)에서 그리고 모든 측정치들을 고르게 고려한 선에서 결정된다. 최적의 회귀선이 결정되었을 때, 우리는 최적의 회귀계수 b와 최적의 절편치 a를 결정할 수 있다.

나. 절편 a 값의 결정

앞서 우리는 단순회귀 방정식을 다음과 같이 표현하였다.

[식 VI-3] $Y=a+bX+e$

[식 VI-3]을 이용하여 절편 a 값이 어떻게 결정되는지를 살펴보면 다음과 같다.

Y 값들의 총합은 다음과 같은 공식으로 표현될 수 있다.

[식 VI-4] $\Sigma Y=na+b\Sigma X$

이 공식을 치환하면, 다음과 같다.

$$na=\Sigma Y-b\Sigma X$$

이 공식의 양변을 n으로 나누면 다음과 같다.

[식 VI-5] $a=\frac{\Sigma Y-b\Sigma X}{n}=\frac{\Sigma Y}{n}-\frac{b\Sigma X}{n}$

$\frac{\Sigma Y}{n}$ 와 $\frac{\Sigma X}{n}$ 는 각각 Y의 평균치와X의 평균치이므로 위의 공식을 다음과 같이 단순화 할 수 있다.

[식 VI-6] $a=Y$의 평균치$-b$(X의 평균치).

다. 회귀계수 b의 결정

앞서 밝혔듯이 단순회귀 방정식은 $Y'=a+bX$ 이다.

이 공식의 양변에 ΣX를 곱하면, 다음과 같은 공식으로 나타낼 수 있다.

[식 VI-7] $\Sigma XY = a\Sigma X + b\Sigma X^2$

[식 VI-5]에 의해 $a = \frac{\Sigma Y}{n} - \frac{b\Sigma X}{n}$ 이므로, 위의 공식은 다음과 같이 표현될 수 있다.

$$\Sigma XY = \left(\frac{\Sigma Y}{n} - \frac{b\Sigma X}{n}\right) \times \Sigma X + b\Sigma X^2$$

$$= \frac{(\Sigma X)(\Sigma Y)}{n} - b\frac{(\Sigma X)(\Sigma X)}{n} + b\Sigma X^2$$

이 공식을 다시 치환하면,

$$\Sigma XY - \frac{(\Sigma X)(\Sigma Y)}{n} = b\left\{\Sigma X^2 - \frac{(\Sigma X)^2}{n}\right\}$$가 된다.

따라서

$$b = \frac{\Sigma XY - \frac{(\Sigma X)(\Sigma Y)}{n}}{\Sigma X^2 - \frac{(\Sigma X)^2}{n}} = \frac{SP_{xy}}{SS_x}$$이 된다.

위의 공식에서 분모와 분자를 각각 자유도$(N-1)$로 나누면,

[식 VI-8] $\frac{COV_{xy}}{S_x{}^2} \left(= \frac{XY\text{의 공변량}}{X\text{의 변량}}\right)$ 이 된다.

그리고 비 표준화 회귀계수 b는 상관계수 r과 다음과 같은 관계에 있다.

앞에서 살펴본 것처럼,

$$r = \frac{COV_{xy}}{S_x S_y}$$이다. 분자와 분모를 각각 S_x를 곱하면,

$$r = \frac{COV_{xy} \times S_x}{{S_x}^2 \times S_y}$$ 가 된다.

그리고 분자와 분모를 각각 S_y로 나누면,

$$r = \frac{COV_{xy} \times \dfrac{S_x}{S_y}}{{S_x}^2}$$ 이 되고, 양변에 $(\frac{S_y}{S_x})$를 곱하면,

$$\left(\frac{S_y}{S_x}\right) \times r = \frac{COV_{xy}}{{S_x}^2}$$ 가 되고, $\frac{COV_{xy}}{{S_x}^2} = b$ 이므로

[식 VI-9] $b = \left(\frac{S_y}{S_x}\right) \times r$의 관계에 있다.

그러므로 만일 $S_y = S_x$ 라면, $\boldsymbol{b = r}$이 된다.

이에 대해서는 표준화 회귀계수에서 더 자세히 설명될 것이다.

이와 같은 공식에 의해 결정된 a 와 b의 값은 평균 잔차량$(\frac{\Sigma e^2}{n})$이 최소화된 상태에서 얻어진 것들이다. 다시 말하여 최적화된 절편과 회귀계수치이다.

지금까지 구한 a 와 b 값들은 모두 원점수(측정치)를 가지고 구한 것들이다. 이렇게 구한 회귀계수 b를 '비표준화 회귀계수(unstandardized regression coefficient)'라고 한다. 다음으로 우리는 원점수가 아닌 편차점수와 표준점수를 가지고 회귀계수를 구하는 방식을 살펴볼 것이다. 특히 표준점수를 이용해 구한 회귀계수를 '표준화 회귀계수(standardized regression coefficient)'라고 한다는 점을 먼저 밝혀둔다.

라. 편차점수의 회귀계수

편차점수상에서의 회귀방정식은 다음과 같다(원점수 회귀계수와의 차이점을 주목할 필요가 있음).

[식 VI-10] $y = bx + e$

이 공식은 원점수 회귀방정식과 두 가지 점에서 다르다. 첫째, y와 x의 기호가 소문자로 표기되었다는 것이고, 두 번째는 절편 a가 없다는 것이다. 여기서 사용된 소문자는 편차점수를 나타낸다. 중요한 사실은 편차점수 회귀방정식에서는 a 값이 0이 된다는 것이다. 그 이유는 x, y의 편차점수의 합이 각각 0이 되고, 그러므로 그 평균치도 각각 0이 되는데 그 평균치들이 그래프 상의 원점을 지나기 때문이다. 〈표 VI-1〉과 [그림 VI-3]의 그래프를 통해서 설명하면 쉽게 이해될 것이다.

〈표 VI-1〉 원점수와 편차점수의 비교

X(원점수)	Y(원점수)	x(편차점수)	y(편차점수)
1	6	-2	-4
2	8	-1	-2
3	10	0	0
4	12	1	2
5	14	2	4
$\overline{X}$ = 3	$\overline{Y}$ = 10	$\overline{X}$ = 0	$\overline{Y}$ = 0

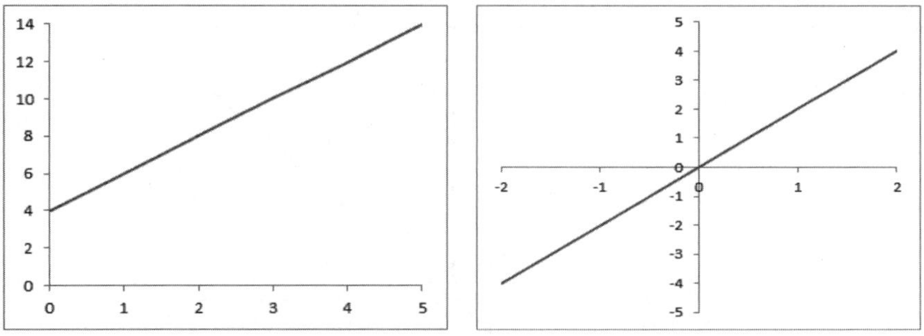

[그림 VI-3] 원점수와 편차점수의 단순회귀 그래프 비교

a 값이 0이 되는 것은 이미 살펴본 공식, 즉, $a = Y$의 평균 $-b(X$의 평균)를 고려해도 알 수 있다. 편차점수 x와 y의 평균은 항상 0이므로 a 는 항상 0이다.

편차점수의 기울기 b는 원점수의 기울기 b와 항상 같다. 하지만 이 값을 구하는 공식은 다음과 같이 단순하다.

[식 VI-11] $b = \frac{\Sigma xy}{\Sigma x^2}$

마. 표준점수의 회귀계수(표준화 회귀계수)

[식 I-4]에 의해 표준점수$(z) = \frac{\text{편차점수}}{\text{표준편차}}$이다.

X의 표준편차 $= \sqrt{2}$, Y의 표준편차$= \sqrt{8}$이므로 이를 표준점수 구하는 공식에 대입하면 다음과 같은 표준점수를 산출할 수 있다.

〈표 VI-2〉 편차점수와 표준점수의 비교

x(편차점수)	y(편차점수)	zx(표준점수)	zy(표준점수)
-2	-4	-1.41	-1.41
-1	-2	-.71	-.71
0	0	0	0
1	2	.71	.71
2	4	1.41	1.41
x=0	y=0	zx=0	zy=0

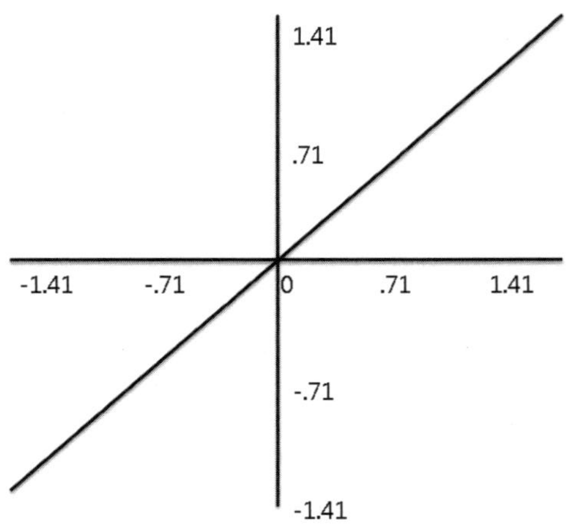

[그림 VI-4] 표준점수의 단순회귀 그래프 예

앞서 밝혔듯이 표준점수는 다음과 같은 특징을 가진다.

- ○ 합이 0이다.
- ○ 그러므로 평균치도 0이다.
- ○ 제곱하여 합하면, 사례수와 같다. $\sum z^2 x = n$
- ○ 변량은 1이다.
- ○ 그러므로 표준편차도 1이다.

이러한 원칙은 원점수 혹은 편차점수의 단위(간격)와 상관없이 같다. 다시 말하여 표준점수는 변수들간의 서로 다른 점수 단위를 서로 비교가능 한 하나의 단위로 통일시킨다. 그러므로 표준점수는 한 변수안에서 표준점수들간의 상대적 크기도 비교가능하고, 또한 한 변수의 표준점수는 다른 변수에서의 표준점수와도 비교 가능하다.

편차점수와 마찬가지로 표준점수의 합과 그 평균이 항상 0이므로, 표준점수의 회귀 방정식에서는 a 값이 0 이라는 특징이 있다. 다만 편차점수와 다른 것은 편차점수에서는 한 set의 편차점수의 단위가 다른 set편차점수의 단위와 다를 수 있지만, 이를 표준점수화 하면 그 단위들이 통일된다는 것이다. 그러므로 표준점수 상에서는 각 변수간 점수크기의 상대적 비교가 가능하다는 특징을 가지고 따라서 표준점수에 기초해서 구한 회귀계수 β값 역시 상대적 비교가 가능해진다. 이러한 이유로 표준화 회귀계수는 단순회귀분석보다는 중다회귀분석에서 그 중요성이 부각된다.

예컨대, 한 연구자가 어느 대학의 학생들을 대상으로 그들의 고등학교 내신성적과 대입수학능력고사점수가 그들의 대학성적(GPA)과 어떠한 관계를 가지는지를 밝히고자 할 경우, 대학성적을 종속변수로 하고 내신성적과 대입수학능력고사점수를 각각 독립변수로 하는 중다회귀분석을 실시할 것이다. 이 경우 두 개의 표준화 회귀계수(β)값이 산출되는데, 내신성적과 대학성적의 경우 그 값이 0.2이고, 그리고 대입수능고사점수와 대학성적경우에는 0.5였다면, 전자의 경우 내신성적 표준점수에서 1 만큼 증가할 경우 대학성적 표준점수의 증가폭은 0.2에 해당한다는 것을 의미하며, 후자의 경우는 대입수능성적 표준점수에서의 1만큼 상승할 경우 대학성적 표준점수는 0.5점 정도 증가한다는 것을 의미한다. 그리고 이 모든 수치들은 모두 표준점수에 기초하므로 상대적 비교가 가능하다.

표준점수에 대한 단순회귀방정식은 다음과 같다.

[식 VI-12] $zy = \beta zx + e$

그리고 표준점수 회귀계수는 다음 공식에 의해 결정된다.

[식 VI-13] $\beta = \dfrac{\Sigma zxzy}{n}$ 이다.

그리고 β 는 r과 다음과 같은 관계에 있다.

[식 I -6]에 의해 $r = \dfrac{COV_{xy}}{S_x S_y}$ 이고, [식 VI-8]에 의해 $b = \dfrac{COV_{xy}}{{S_x}^2}$ 이다.

자료가 표준화되었다면(표준점수화 되었다면), X와 Y 모두 그 표준편차가 1 이 된다($S_x = S_y = S_x S_y = S^2_{\ x} = S^2_{\ xy} = 1$). 그러므로 표준화 회귀계수 β는 항상 r과 같다(다만 이 법칙은 단순회귀분석에서만 성립됨, 중다회귀분석에서는 적용되지 않는다).

지금까지 설명한 b, β는 각기 다른 종류의 회귀계수로서 종속변수와 독립변수간의 함수관계를 나타내는 지수이다. 비 표준화 회귀계수 b는 자료의 실제값(원점수)를 나타내므로 독립변수에서의 특정 점수가 주어졌을 때 회귀방정식을 통하여 종속변수에서의 실제값을 예측할 수 있다는 장점이 있으며, 표준화 회귀계수 β는 종속변수와 독립변수, 그리고 독립변수와 또 다른 독립변수간의 함수관계의 크기와 방향을 결정할 수 있다는 장점이 있다. 요컨대, 회귀계수는 그 부호(− 혹은 +)를 통하여 독립변수와 종속변수간의 함수관계의 방향을 결정하며, 회귀계수의 절대값은 그 함수관계의 정도를 나타낸다.

회귀분석은 이처럼 단순히 독립변수와 종속변수간의 함수관계만을 나타내기 위한 목적으로 사용되지는 않는다. 회귀분석의 또 다른 목적은 특정 독립변수가 종속변수의 변량을 얼마나 정확히 설명하느냐를 밝히는데 있다. 이를 나타내는 지수는 단순회귀분석의 경우 r(독립변수와 종속변수 간의 상관계수)에 해당하며, 이를 제곱한 r^2를 결정계수라 한다. 만일 지능지수가 학업성취와 가지는 상관계수가 .80이라면, 그 결정계수는 .64에 해당한다. 그리고 이 결정계수는 독립변수인 지능이 종속변수인 학업성취 전체변량의 64%를 설명한다는 것을 뜻하며, 지능지수에 의해 설명되지 않은 학업성취의 나머지 변량 36%는 지능지수에 의해 설명되지 않은 잔차 변량에 해당한다. 잔차의 크기가 클수록 두 변수간의 상관계수는 감소하게 되며, 따라서 이와 비례하여 설명변량은 감소하게 된다. 이 관계를 수식으로 표현하면 다음과 같다.

[식 VI-14] $SS_{total} = SS_{regression} + SS_{residual}$

따라서

$$SS_{regression} = SS_{total} - SS_{residual}$$

그리고 결정계수의 의의도를 결정하는 F값은 다음과 같은 공식을 이용하여 구한다.

[식 VI-15] $F = \dfrac{MS_{regression}}{MS_{residual}} = \dfrac{\dfrac{SS_{regression}}{1}}{\dfrac{SS_{residual}}{N-2}}$

마지막으로 자유도에 기초해서 위에서 얻은 F값의 의의도를 결정하여 독립변수가 종속변수에 대해 가지는 설명력의 의의도를 결정한다. 참고로 회귀(regression)의 자유도는 독립변수의 수(흔히 k로 표기되며, 앞의 예에서는 단순회귀분석이므로 1이 된다)와 일치하며, 잔차(residual)의 자유도는 $N-k-1$(그러므로 앞의 예에서와 같이 단순회귀분석에서는 $N-2$가 된다)이다.

2. 중다회귀분석

중다회귀분석은 종속변수를 설명하는 독립변수의 수가 둘 이상의 다수인 경우에 각 독립변수가 종속변수와 가지는 함수관계(b_i 혹은 β_i)와 전체 독립변수 및 각 독립변수가 종속변수에 대해 가지는 설명력(예언력)을 추정하기 위한 분석방법이다. 이를 회귀방정식으로 제시하면 다음과 같다.

〈비표준화 중다회귀방정식의 예〉

[식 VI-16] $Y = a + b_1x_1 + b_2x_2 + \cdots\cdots + b_kx_k$

〈표준화 중다회귀방정식의 예〉

[식 VI-17] $Y = \beta_1z_1 + \beta_2z_2 + \cdots\cdots + \beta_kz_k$

교육이나 사회현상에서 대부분의 변수들은 일대일의 독립적 관계를 가지기보다는 여러 개의 변수들이 서로 얽혀 복잡한 관련성을 가진다. 따라서 보다 현실적인 회귀분석을 위해서는 여러 독립변수와 종속변수간의 관계를 규명하는 중다회귀분석방법이 바람직하다. 예컨대, 학생들의 학업성취를 결정하는 요인들은 다양할 것이므로 지능지수만을 독립변수로 하는 단순회귀분석보다는 학업성취에 영향을 미칠 것으로 가정되는 학습량, 지능, 태도 등을 함께 고려하는 것이 보다 타당한 분석이라고 할 수 있다.

중다회귀분석에서 하나의 종속변수를 설명하기 위해 여러 개의 독립변수를 동시에 고려하기 때문에 보다 복잡한 계산절차가 요구된다. 특히 분석에 포함된 여러 개의 변수들은 다소간에 서로 관련성을 가지기 마련인데, 이를 중다공선성(multilinearity)이라 한다. 각 독립변수가 종속변수에 대해 가지는 고유 함수관계와 고유 설명변량을 규명하기 위해서는 다른 변수들이 종속변수에 대해 가지는 함수관계나 설명변량을 통제해야 한다. 다음의 [그림 VI-5]에 제시된 것처럼 중다공선성이 존재하는 경우를 가정하여 중다회귀분석에 해당하는 핵심적 개념들을 살펴보자.

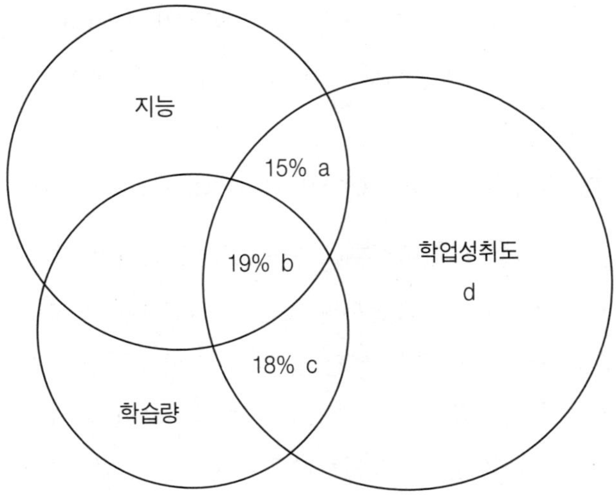

[그림 VI-5] 중다공선성의 예

가. 중다결정계수(R^2)

[그림 VI-5]에서 중다결정계수(R^2)는 학업성취도의 전체변량을 1(100%)로 가정했을 때, 학업성취도의 전체변량 중 지능과 학습량에 의해 함께 설명된 변량비($0.15+0.19+0.18=.52(52\%)$)를 의미한다.

나. 중다상관계수(R)

중다상관계수(R) = $\sqrt{\text{중다결정계수}}$ = .721 = 지능과 학습량이 결합하여 학업성취와 가지는 상관계수를 의미한다.

종속변수에 대한 개별 독립변수의 결정계수 및 상관계수를 살펴보면 [그림 VI-5]에서 지능이 학업성취도를 설명하는 총 변량은 학업성취도 총 변량의 34%에 해당한다. 그러므로 지능이 학업성취에 대해서 가지는 결정계수는 .34이며, 상관계수는 .58이다. 그리고 학습량은 학업성취도를 37% 설명하므로, 결정계수는 .37, 상관계수는 .61에 해당한다. 만일 지능과 학습량의 두 독립변수가 서로 전혀 관련성을 가지지 않는다면, 두 변수가 학업성취도를 설명하는 총 변량은 71%가 되어야 한다(34% + 37% 이므로). 하지만 중다결정계수를 살펴보면 실제로 두 변수가 공히 종속변수를 설명하는 변량은 52%에 불과하다. 이러한 차이는 두 독립변수가 학업성취를 설명하는데 있어 공통변량 19%를 가지기 때문이다.

다. 편 상관계수(partial correlation coefficients)

편 상관계수는 다른 독립변수들이 종속변수에 대해 가지는 관계를 제거(partial out)한 상태에서 종속변수와 특정 독립변수간의 고유한 관계정도를 파악하기 위해서 산출된다. 예컨대, 앞의 그림에서 지능이 학업성취와 가지는 편 상관계수는 학습량이 학업성취와 가지는 관련성 제거한(partial out) 상태에서 구해진다. 그 절차는 다음과 같다. 첫째, [그림 VI-5]에서와 같이 종속변수의 전체변량 1(100%)에서 학습량이 학업성취도 설명하는 총변량 .37(37%)을 감하여 학습량이 학업성취도를 설명하지 못하는 변량 .63(63%)을 산출하고, 둘째, 이(.63)를 분모로 삼아 학습량과 상관없이 지능이 학업성취도를 설명하는 고유변량 .15(15%)를 나누어 편 결정계수를 산출한다($\frac{.15}{.63} = .238$). 셋째, 편 결정계수를 제곱근 처리하여 편 상관계수(.488)를 구한다. 이 계산과정을 앞의 그림을 이용하여 공식으로 요약하면 다음과 같다.

[식 VI-18] $r_{12\cdot3} = \sqrt{\frac{a}{a+d}}$

요컨대, 편 상관계수는 다른 독립변수들이 종속변수에 대해서 가지는 관련성을 제거한 상태에서 특정 한 독립변수와 종속변수간 얻어지는 상관계수를 의미하는데, 이는 중다회귀분석에서 독립변수간의 중다공선성 문제를 해결하여 각 독립변수들이 종속변수에 대해 고유하게 가지는 관련성을 파악할 목적으로 사용되는 것이다.

라. 준 편 상관계수(semi-partial correlation coefficients)

준 편 상관계수는 다른 독립변수들이 종속변수에 대해 가지는 관계를 통제(controlling)한 상태에서 종속변수와 특정 독립변수간의 고유한 관계정도를 파악하기 위해서 산출된다. 편상관계수에서는 제 3의 변수를 제거한 반면, 준 편 상관계수는 제 3의 변수를 통제한다. 제거와 통제의 차이는 편 상관계수와 준 편 상관계수의 산출 방식을 비교해 봄으로서 이해 가능할 것이다.

[식 VI-19] $r_{1(2\cdot 3)} = \sqrt{\frac{a}{a+b+c+d}}$

위에 제시한 준 편 상관계수(semi-partial coefficient)산출 공식과 앞서 제시한 편 상관계수(partial coefficient) 공식을 비교해 보면, 분자인 고유설명 변량(a)은 같지만, 분모의 경우 준 편 상관계수는 종속변수의 전체변량 중 다른 독립변수의 종속변수에 대해 차지하는 전체 설명 변량을 제거한 $((a+b+c+d)-(b+c))$변량을 적용한 반면, 준 상관계수는 종속변수의 전체변량$(a+b+c+d)$을 그대로 적용했다는 것이다. 그러므로 준 편 상관계수는 편 상관계수와 다음과 같은 관계에 있다.

준 편상관계수 $\leq$ 편상관계수

이미 밝혔듯이 중다회귀분석은 다수의 독립변수를 동시에 고려하는 분석방법으로서 다수의 회귀계수를 포함한다. 앞서 단순회귀분석에서는 회귀계수(b) = 상관계수(r) 임을 밝혔다. 하지만 중다회귀분석의 여러 독립변수들은 서로 관련되어 있기 마련이고, 이러한 관련성으로 인해 종속변수에 대한 각 개별 독립변수들 전체 설명량이 고유설명량과 일치하지 않는다. 따라서 중다회귀분석의 경우에는 $b_i = r_i$ 이 성립하지 않는다. 다시 말하여 중다회귀방정식에 포함된 각 회귀계수들은 다른 회귀계수들의 함수관계를 통제한 상태에서 종속변수와 가지는 함수관계이다.

3. 단계적 회귀분석(stepwise regression analysis)

단계적 회귀분석을 실시하는 목적은 중다회귀분석에서 독립변수의 수가 다수이고, 그들간의 중다공선성이 우려될 경우 종속변수를 유의미하게 설명하는 독립변수들을 선별하기 위한 것이다. 단계적 회귀분석을 실시할 경우 주어진 독립변수들 중 종속변수를 유의미하게 설명하는 독립변수는 회귀식에 남기고 그렇지 못한 독립변수들을 회귀식에서 제거된다. 이렇게 함으로써 종속변수를 설명하기 위한 중다회귀모형을 확정할 수 있다. 즉, 단계적 회귀분석은 중다회귀분석의 최종단계의 분석이라기보다는 주어진 독립변수중 중다공선성이 높은 변수들을 중복해서 회귀식에 포함시키지 않기 위한 전략으로 종속변수에 대한 최적의 중다회귀분석의 모형을 확정하기 위한 예비적 성격의 분석이다.

이 계산과정은 매우 복잡하기 때문에 SPSS와 같은 통계처리 프로그램이 사용된다. 독립변수들간의 중다공선성을 해결하는 방법으로 단계적 회귀분석방법이 적용되는데, 그 대표적인 유형으로 단계별 변수선택 절차법 stepwise regression procedure)과 순차 변수제거 절차법(backward elimination procedure)이 있다. 가장 많이 사용되는 단계별 변수선택 절차법은 다음과 같은 일련의 다 단계의 회귀분석과정을 포함한다.

우선 종속변수에 대하여 가장 예언력이 높은 변수를 방정식에 포함시켜 회귀분석을 실시하고, 다음으로 가장 큰 고유변량(증분변량)을 가진 변수들 차례로 회귀분석에 포함시키는 방식으로 진행되며, 더 이상 통계적으로 의의있는 증분변량을 발생시키는 변수가 없을 때까지 계속된다.

예컨대, 앞의 [그림 VI-5]에서 연구자가 학업성취를 예언하는 독립변수로서 지능지수와 학습량 이외에도 학습태도, 자아개념, 가정환경 등과 같이 학업성취에 영향을 미칠 것으로 예견되는 다수의 독립변수를 분석에 포함시켜 단계별 변수선택 절차법을 적용했다고 가정하자. 여러 독립변수들 중 학습량이 학업성취와 가장 밀접한 관련성(37%)을 가지므로 1차적으로 회귀분석에 포함되고, 다음으로 나머지 독립변수들 중 지능지수가 가장 크고 의의있는 증분 설명변량을 발생시켜 회귀식에 포함되었지만, 나머지 독립변수들은 종속변수에 대하여 의의있는 증분변량을 추가하지 못하여 분석에서 제외되어 [그림 VI-5]와 같은 최종적인 분석모형이 결정되었다.

여기서 주의할 것은 최종 회귀식에서 제거된 변수들이 반드시 종속변수와 의의있는 관련성을 가지지 못한다는 것을 의미하는 것이 아니라는 것이다. 다시 말하여 분석에서 제외된 변수들 중에는 종속변수와 통계적으로 유의미한 설명력을 가지지만, 각 회귀분석의 단계에서 종속변수에 대하여 의의있는 증분(고유) 변량을 발생시키지 못한 변수일 수 있다. 즉, 제외된 변수들 중에서도 공통설명 변량을 함께 고려하면, 종속변수와 통계적으로 의의있는 관련성을 가질 수 있는 것이다.

이해를 돕기 위해 다음의 예시를 살펴보자.

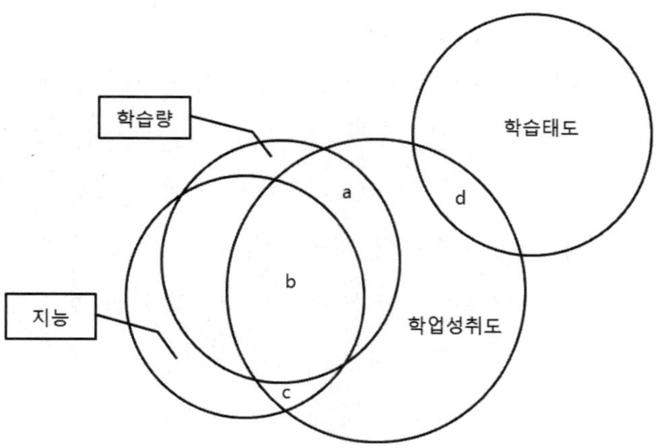

[그림 VI-6] 단계별 변수선택 절차법의 예

[그림 VI-6]은 학생의 학업성취도를 설명하는 3개의 독립변수(지능, 학습량, 학습태도)가 단계별 변수선택 절차법(stepwise regression procedure)에 의해 회귀식에 투입된 것을 벤다이어그램으로 그린 것이다. 물론 실제 상황에서는 세 독립변수 간 중다공선성이 존재하겠지만, 이해를 돕기 위해 학습태도를 완전히 독립적인 변인으로 가정하였다. 그림에서 학

업성취도를 설명하는 이 독립변수들 중 학습량(a+b)은 가장 큰 설명력을 보이고 있으며, 지능(b+c)은 두 번째로 설명력이 크며, 학습태도(d)는 설명력이 가장 작다. 즉, 독립변수들 각각의 설명력을 놓고 보면 학생의 학업성취도에 학습량 〉 지능 〉 학습태도 순으로 설명력이 높다는 것을 확인할 수 있다.

그러나 단계별 변수선택 절차법에서는 독립변수들 중 가장 설명력이 큰 변수가 가장 처음으로 투입되고 그 다음부터는 증분설명량이 큰 순서대로 투입되게 된다. 이는 나머지 독립변수들이 종속변수에 대하여 의의 있는 증분설명량을 추가하지 못할 때까지 계속된다.

위 그림을 단계별 변수선택 절차법으로 분석해보면, 가장 큰 설명력을 보이는 학습량(a+b)은 가장 먼저 회귀식에 투입된다. 그러나 학습량과 지능이 겹치는 부분(b)을 제외한 나머지 부분(증분설명량 c)이 학습태도(d)보다 높은 설명력을 보이고 있지 않으므로 학습태도가 두 번째로 회귀식에 투입된다. 지능의 증분설명량(c)이 학업성취도에 대해 의의 있는 설명력을 갖는다면 학습태도(d)에 이어 세 번째로 회귀식에 투입될 수 있지만, 만약 의의 있는 설명력을 갖지 못한다면 지능이라는 독립변인은 회귀식에서 제외된다. 즉, 단계별 변수선택 절차법을 통해 분석했을 경우 학생의 학업성취도에 대한 독립변수들의 회귀식 투입 순서는 학습량 〉 학습태도 〉 (지능) 순으로 바뀌게 된다. 연구자는 지능이 회귀식에서 제외되었다는 이유만으로 학업성취도에 대해 지능이 의의 있는 관련성을 보이지 않는다고 해석하면 안 된다는 것이다. 지능은 다만 학습량과의 중다공선성이 컸기 때문에 회귀식에서 제외된 것이지 그 자체로는 학습태도보다 높은 설명력을 보이고 있기 때문이다.

4. 위계적 회귀분석(hierarchical multiple egression)

위계적 회귀분석은 단계적 회귀분석의 절차와 유사하다. 그러나 위계적 회귀분석이 단계적 회귀분석과 다른 점은 그것이 연구자가 가설에 따라 단계적으로 변수를 투입한다는 점이다. 앞서 소개한 단계적 회귀분석이 경우에는 각 단계별로 투입되는 독립변수들이 연구자의 가설과는 상관없이 주어진 자료의 변수들간의 관련성 크기와 증분설명량에 의해서 결정되었다. 즉, 단계적 변수선택 절차법(stepwise regression procedure)은 가설이 명확하게 설정되지 않은 상태에서 다양한 변수들이 종속변수에 대해 보이는 설명력을 기준으로 자동적으로(컴퓨터에 의해) 투입되는 방식이었다.

하지만 위계적 회귀분석은 독립변수 투입이 연구자의 가설에 의해 결정되는 방식이다. 따라서 단계적 변수선택 절차법은 어떤 변인을 투입할 것인지에 대한 연구자의 견해(이유)가 없는 상황에서 탐색적으로 시행될 수 있는 반면, 위계적 회귀분석은 어떤 변인을 투입할 것인지에 대한 연구자의 논거가 명확히 존재해야 한다.

위계적 회귀분석을 시행하기 위해서는 어떤 독립변인을 통제변인으로 삼을지 정해야 한다. 특정 독립변인을 통제한 상태에서 얻어진 다른 독립변인의 고유설명량을 산출하고 각 변인들이 가지는 고유설명량을 비교하는 것이 위계적 회귀분석의 목적이기 때문이다. 이해를 돕기 위해 다음의 [그림 VI-7]을 보자.

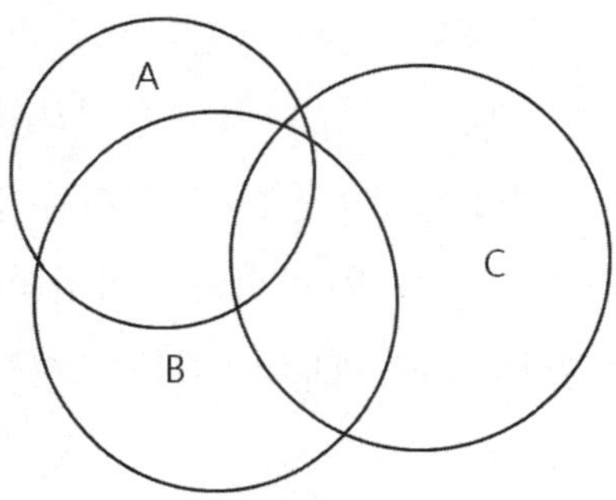

[그림 VI-7] 위계적 회귀분석 모형도

만약 변수 A와 B가 종속변수 C를 얼마나 설명할 수 있는지 확인하기 위해서 위계적 회귀분석을 시행한다고 가정해보자. 변수 A를 통제한 상태에서 변수 B가 높은 고유설명력을 보인다. 이는 변수 B가 종속변수 C를 설명하는데 있어서 독립적으로 기여하는 부분이 크다는 것을 의미한다. 반대로, 변수 B를 통제한 상태에서 변수 A가 종속변수 C에 대해 보이는 설명력이 통계적으로 유의하지 않다. 따라서 변수 B가 투입되는 상황이라면 변수 A는 독립변수로 투입될 필요가 없다고 볼 수 있을 것이다.

이는 실제로 어떤 교육정책을 시행해야 하는지에 대한 의사결정에도 도움을 줄 수 있다. 만약 종속변수 C를 학생의 학업성취도, A와 B를 학생의 학업성취도를 높이기 위한 두 가지 정책이라고 가정해볼 때, 정책 A는 정책 B에 의해 통제(control)되므로 굳이 막대한 예산을 투입하면서까지 정책 A를 시행할 필요는 없을 것이다.

연구자는 변인의 효과적인 통제를 통해 종속변수에 기여하는 바가 높은 독립변인을 가려낼 수 있다. 이러한 통제변인이 단일한 변수인지 아니면 여러 개의 변수群인지에 따라 개별변수 단위 위계적 회귀분석과 변수군 단위 위계적 회귀분석으로 나누어 살펴볼 수 있다.

가. 개별변수 단위 위계적 회귀분석

개별변수 단위 위계적 회귀분석은 독립변수의 투입단계별로 하나의 변수를 투입하여 이전 투입된 독립변수의 설명효과를 통제한 상태에서 다음 단계에 투입된 개별변수의 증분설명량을 확인하기 위한 방법이다. 예를 들어, 한 연구자가 자동차의 마력과 엔진크기가 자동차의 연비에 얼마나 영향을 미치는지 밝히는 데 있어서 마력을 통제하였을 경우에 엔진크기가 연비에 미치는 고유설명량(증분설명량)을 확인하기 위한 가설과, 반대로 엔진크기의 설명효과를 통제한 후 마력의 고유설명량(증분설명량)을 확인하는 가설을 설정하였다고 가정해보자. 이를 도시하면 다음의 [그림 VI-8]과 같다.

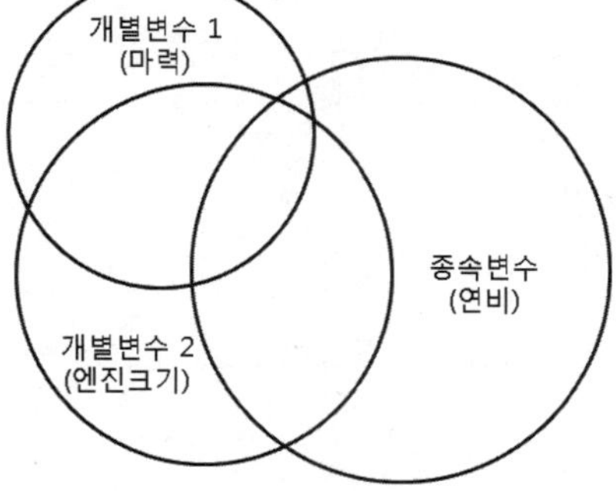

[그림 VI-8] 개별 변수단위 위계적 회귀분석 모형도

이런 경우 연구자는 첫 번째로 마력의 고유설명량을 확인하기 위하여, 엔진크기를 통제변인으로 설정하여 투입하고(step 1), 다음 단계에서는 마력과 엔진크기를 함께 회귀식에 투입한다(step 2). 이를 통해 연구자는 엔진크기의 설명력을 통제한 후 마력이 연비에 미치는 고유설명변량을 확인할 수 있다. 연구자는 다음으로 엔진크기의 고유설명량을 확인하기 위하여, 마력을 통제변인으로 설정하고(step 1), 다음 단계에서 마력과 엔진크기를 함께 회귀식에 투입한다(step 2). 이를 통해 연구자는 엔진크기가 연비에 미치는 고유설명변량 또한 확인할 수 있다. 다음 〈표 VI-2〉와 〈표 VI-3〉은 이러한 분석의 결과를 나타낸 것이다.

〈표 VI-2〉 개별변수 단위 위계적 회귀분석 예(통제변수: 마력)

변인	모델 I	모델 II
개별변수 1(마력)	-.771***	-.642***
개별변수 2(엔진크기)		-.551***
R^2	.673	.674
전체(R^2)의 F값	572.709***	404.583***
증분설명량(ΔR^2)	-	.170
증분설명량(ΔR^2) F값	-	96.385***

***p〈.001
주: 회귀계수는 표준화 회귀계수임.

〈표 Ⅵ-3〉 개별변수 단위 위계적 회귀분석 예(통제변수: 엔진크기)

변인	모델Ⅰ	모델Ⅱ
개별변수 2(엔진크기)	-.807***	-.745***
개별변수 1(마력)		-.012
R^2	.504	.674
전체(R^2)의 F값	739.503***	404.583**
증분설명량(ΔR^2)	-	.001
증분설명량(ΔR^2) F값	-	$2.123^{n.s}$

**p〈.01, ***p〈.001
주: 회귀계수는 표준화 회귀계수임.

마력과 엔진크기는 단순회귀분석(각 표의 모델 I) 상에서는 모두 높은 설명력을 보였다. 만약 단순회귀분석 결과만을 고려한다면 마력도 연비와 관련성을 보이며, 엔진크기도 연비와 관련성을 보이므로 어떤 차를 골라야 하는지 의사결정이 쉽지 않다. 그러나 위계적 회귀분석 통한 증분설명량(ΔR^2)을 살펴보면 마력의 증분설명량은 매우 낮아 통계적으로 유의하지 않은 반면, 엔진크기의 증분설명량은 상대적으로 높다. 엔진크기를 통제했을 때 마력이 높은 설명력을 보이지 않는다는 것은 자동차를 구입하고자 하는 사람의 입장에서 볼 때 엔진크기만 작은 차를 사면(부적상관이므로) 마력을 고려하지 않더라도 연비가 좋은 차를 고를 수 있다는 것을 의미한다. 자동차 구매자 입장에서는 여러 사항을 고려하지 않아도 되므로 좀 더 쉬운 의사결정을 할 수 있다.

그러나 현실 상황에서는 자동차를 구매할 때 연비를 줄이기 위해서 고려해야 할 사항이 훨씬 많으며, 위의 예시에서처럼 명확한 통제효과를 보일 확률도 희박하다. 따라서 실제 상황에서의 다양한 변수를 고려하기 위해서는 변수군 단위 위계적 회귀분석을 시행해볼 필요가 있다.

나. 변수 단위 위계적 회귀분석

변수군 단위 위계적 회귀분석은 앞서 소개한 개별단위 위계적 회귀분석과 같은 논리로 실시된다. 다만 다른 점은 개별단위 위계적 분석이 경우에는 단계별로 하나의 독립변수가 추가되는 반면, 변수군 단위 위계적 회귀분석의 경우에는 단계별로 성격이 유사한 복수의 변수들이 하나의 군으로서 추가된다는 점이다. 즉, 변수군 단위 위계적 회귀분석은 여러 개의 변수를 같은 성격의 변수군들로 묶어서 특정 변수군의 설명효과를 통제한 후 다른 변수군의 고유설명량을 확인하기 위한 방법이다. 가령, 연구자가 자동차의 마력, 가속력 등과 같이 자동차의 기능과 관련된 변인을 변수군 1로 묶고, 엔진크기, 중량과 같은 자동차의 구조와 관련된 변인을 변수군 2로 묶어 기능과 구조 중 무엇을 고려해야 하는지 확인하고자 한다면 이는 변수군별 위계적 회귀분석을 시행할 필요가 있다. 이를 도시하면 다음의 [그림 VI-9]와 같다.

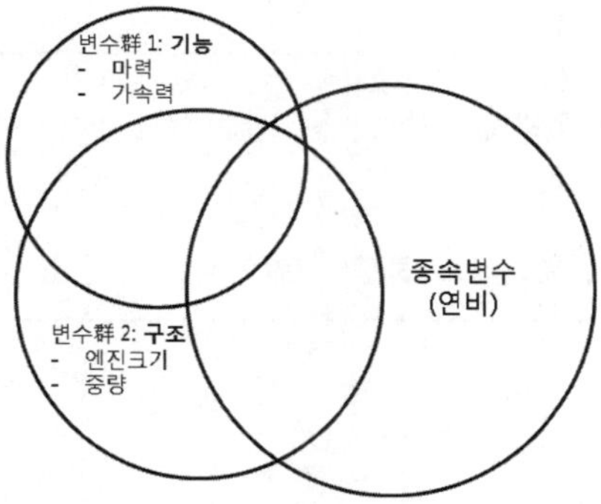

[그림 Ⅵ-9] 변수群별 위계적 회귀분석 모형도

이런 경우 연구자는 첫 번째로 변수군 1(기능)의 고유설명량을 확인하기 위하여, 변수군 2(구조)를 통제변인으로 설정하여 투입하고(step 1), 다음 단계에서는 변수군 2와 변수군 1을 함께 회귀식에 투입한다(step 2). 이를 통해 연구자는 변수군 2를 통제한 후 변수군 1이 연비에 미치는 고유설명변량을 확인할 수 있다. 연구자는 다음으로 변수군 2의 고유설명량을 확인하기 위하여, 변수군 1을 통제변인으로 설정하고(step 1), 다음 단계에서 변수군 1과 변수군 2를 함께 회귀식에 투입한다(step 2). 이를 통해 연구자는 변수군 2가 연비에 미치는 고유설명변량 또한 확인할 수 있다. 다음의 〈표 VI-4〉와 〈표 VI-5〉는 변수군 단위 위계적 회귀분석결과의 예이다.

〈표 VI-4〉 변수군 단위 위계적 회귀분석 예(통제변수: 기능)

변인	모델 I	모델 II
변수群 1(기능)		
마력	-.902***	-.731***
가속력	-.188***	-.103**
변수群 2(구조)		
엔진크기		-.051*
중량		-.431***
R^2	.611	.673
전체(R^2)의 F값	308.331***	201.842***
증분설명량(ΔR^2)	-	.014
증분설명량(ΔR^2) F값	-	$1.123^{n.s}$

*p〈.05, **p〈.01, ***p〈.001
주: 회귀계수는 표준화 회귀계수임.

〈표 VI-5〉 변수군 단위 위계적 회귀분석 예(통제변수: 구조)

변인	모델 I	모델 II
변수群 2(구조)		
엔진크기	-.274***	-.250***
중량	-.551***	-.118**
변수群 1(기능)		
마력		-.169**
가속력		-.521***
R^2	.659	.673
전체(R^2)의 F값	384.881***	201.842***
증분설명량(ΔR^2)	-	.063
증분설명량(ΔR^2) F값	-	37.492***

**p〈.01, ***p〈.001
주: 회귀계수는 표준화 회귀계수임.

〈표 VI-4〉와 〈표 VI-5〉에서 마력과 가속력은 '자동차의 기능'이라는 변수군으로 묶였고, 엔진크기와 중량은 '자동차의 구조'라는 변수군으로 묶였다. 이는 변수의 성격을 고려한 연구자의 판단에 의해 묶은 것이다.

개별단위 변수에 의한 위계적 회귀분석에 비해 변수군별 위계적 회귀분석을 실시하면 다음가 같은 장점이 있다.

첫째, 위계적 회귀분석결과는 보다 타당한 연구결과를 보장한다. 개별변수는 측정의 단위에 불과하지만 변수군은 개념에 해당된다. 사실 연구장면에서 특히 추상적인 개념을 다루는 교육이나 심리학의 경우에는 하나의 속성(개념)을 결정하기 위해 여러 단위의 측정변수들을 고려할 필요가 있다. 이럴 경우 단일 속성을 단일 변수로 결정하는 것은 매우 위험하다. 예컨대,'학업성취도'라는 개념을 결정하기 수학성적만을 고려하였다면, 타당도가 결여된다. 하지만 같은 개념인 학업성취도를 결정하기 위해 여러 개의 교과들을 함께 고려한다면, 그만큼 연구자가 의도하는 개념의 측정은 타당도가 높아질 것이다. 이처럼 연구 장면에서 사용하는 개념들은 다요인, 다측정, 다방법으로 결정될 때 보다 더 타당할 것이다. 그리고 같은 개념을 결정하기 위해 동원된 측정변수들은 개념을 결정하기 위한 기계적인 합산의 요소가 아니라 각 측정변수의 속성을 그대로 유지하면서도, 그들이 종속변수를 함께 설명하는 변량을 추정할 수 있다는 장점이 있다.

두 번째 위계적 회귀분석에서 개별 측정단위가 아닌 변수군간 설명력의 비교는 이론적 가치가 더 크다고 할 수 있다. 이론은 개념과 개념간의 관계에 대한 진술이다. 따라서 측정단위로 결정되는 측정변수를 회귀분석의 변수로 적용하기 보다는 그 다양한 측정단위들을 개념수준으로 수렴시키고 그들 간의 관계를 분석함으로써 이론과 법칙을 명료화할 수 있을 것이다.

세 번째는 분석의 경제성이다. 만일 변수군 단위 위계적 회귀분석을 개별변수단위 위계적 회귀분석으로 전환하여 실시한다고 가정해보자. 이 경우에 너무 다양하고 많은 변수들이 의미(분류)없이 독립변수로 투입됨으로써 중다공선성의 문제는 더욱 심각해지며, 불필요하게 복잡한 분석결과를 산출하게 된다.

4. 회귀분석에서의 조절효과 검증

가. 조절모형의 개념

조절변수란 독립변수와 종속변수 사이에 강하면서도 불확정적인 효과(contingent effects)를 미치는 변수를 말한다. 즉, 이 변수가 존재할 때에만 독립변수와 종속변수의 이론적 관계(theorized relationship)가 성립되는 경우이다. 이는 마치 앞서 설명한 2원변량분석에서의 상호작용효과와 같은 개념이다.

조절효과는 독립변수(A)와 종속변수(C)의 관계가 일정하게 존재하는 경우(상관이 있을 수도 있고 없을 수도 있고)에 그 관계의 정도가 제 3의 변인(조절변인) B에 의해 변화하는 효과를 의미한다. 예를 들어 '월수입→행복'의 관계에서 '성별'의 조절효과란 '남성 집단에서의 월수입→행복의 관련성 정도와 여성 집단에서의 월수입→행복의 관련성 정도가 다르다'는 것을 의미한다. 이때 '월수입→행동의 관련성에서 성별 변수가 조절 효과를 가진다고 한다.

조절변수는 앞서 예시한 성별처럼 질적 변인일수도 있지만 그것이 양적 변인일 경우도 있다. 예컨대, 교사의 능력과 학생의 학업성취간에 정적 상관이 있을 것으로 가정할 수 있는데, 교사효능감은 그 둘 간의 관계를 조절하는 변인으로 가정할 수 있다. 즉, 교사의 능력이 높을수록 학생들의 학업성취도가 높아지지만, 교사가 효능감을 높게 지각 할수록 그 관계가 강화될 경우, 교사효능감은 교사의 능력과 학생들의 성취도의 관계에 대해서 정적 조절효과를 가지는 것이 된다. 이와는 대조적으로 교사의 능력과 학생들의 성취도가 정적 관련성을 보이는데, 교사무력감 수준이 높을수록 그 관계가 약화될 경우 교사무력감은 부적 조절효과를 가진다고 한다.

조절효과는 [그림 VI-10]과 같은 도식으로 표현될 것이다.

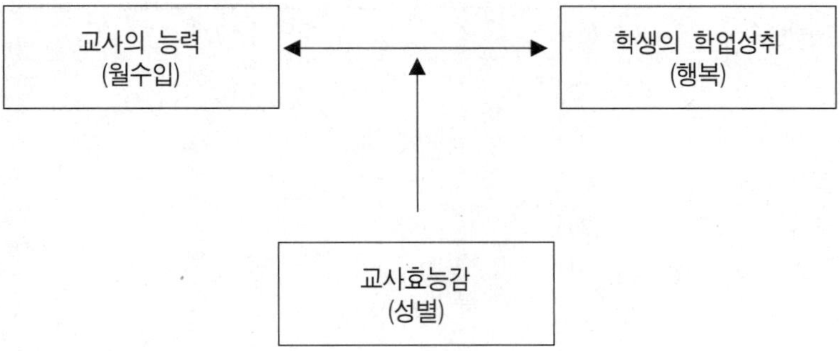

[그림 Ⅵ-10] 조절모형의 예시

나. 조절모형 검증 예

예시자료 임성택(2007). 학생의 창의적 성격과 교우관계에 대한 교사의 지각: 학업성적과 性의 조절효과. **교육학연구**, 45(1), 51-70.

- 연구문제: 학생의 교우관계에 대한 교사의 지각에서 학생의 성, 창의적 성격, 학업성적은 어떠한 상호조절효과를 가지는가?
- 분석방법: 교우관계적응도를 종속변인으로 투입하고, 학생의 성, 학업성적, 그리고 창의적 성격과 이들 간의 가능한 모든 상호작용 항들이 독립변인으로 투입되는 중다회귀분석을 실시하였다. 상호작용항을 만들기에 앞서 독립변인중 연속변수에 해당되는 창의적 성격과 학업성적은 평균치 중심처리(mean-centering)를 통하여 평균치를 0으로 하는 편차점수로 변환하고, 변환된 편차점수를 곱함으로써 상호작용항(interaction term)을 산출한다(Jaccard & Turrisi, 2003). 그리고 독립변수중 범주변인(categorical variables)에 해당하는 학생의 性은 남학생집단을 준거집단(reference group)으로 더미변수 처리하여 상호작용항을 산출하였다.
- 분석결과: 교우관계에 대한 性, 학업성적 및 창의성의 상호조절효과 검증: 중다회귀분석

독립변수	b	β	R^2	$F_{(dfh,\ dfe)}$
상수	2.773	-		
성별(S)	-.074	-.051 N.S.		
학업성적(A)	-.016	-.456 ***		
창의성(C)	-.234	-.193 ***	.236	28.94 ***
S × A	.011	.212 ***		
S × C	.106	.063 N.S.		
A × C	-.010	-.157 **		
S × A × C	-.001	-.013 N.S.		

주; 성별의 준거집단은 남학생집단임. N.S.= 의의 없음, *p<.05, **p<.01, **p<.001.

- 주요 결과 및 해석:

결과 1 교우관계에 대하여 학업성적과 창의성은 의의 있는 부적 관련성을 보였으나 성은 의의 있는 관련성을 보이지 않았다.

⇨ 해석 학업성적이 높을수록 그리고 창의성이 높을수록 교우관계가 악화된다는 것을 의미하며, 교우관계에서 학생의 성별로는 차이를 보이지 않음을 의미한다.

결과 2 교우관계에 대하여 학생의 성과 학업성적의 상호작용항(S×A)은 의의 있는 정적 관련성을 보였다.

⇨ 해석 즉, 학생의 성이 학업성적과 교우관계의 부적 관련성을 정적으로 조절하는 효과가 있음을 의미하는 것으로 본 연구에서 남학생이 준거집단으로 적용되었기 때문에 학업성적과 교우관계의 부적 관련성이 남학생집단보다는 여학생집단에서 더 약화된다는 것을 의미한다.

결과 3 교우관계에 대하여 학생의 성과 창의성의 상호작용항(S×A)은 의의 있는 관련성을 보이지 않았다.

⇨ 해석 학생의 성은 창의적 성격과 교우관계의 부적 관련성을 의의있게 조절하지 않았다. 이는 창의성과 교우관계의 부적 관련성이 학생의 남녀 집단별로 의의 있는 차이를 보이지 않고 일관성을 띤다는 것을 의미 한다.

결과 4 교우관계에 대하여 학업성적과 창의성의 상호작용항(A×C)은 의의 있는 부적 관련성을 보였다.

⇨ 해석 이 결과는 학업성적이 창의성과 교우관계의 부적 관련성을 부적으로 조절하는 효과가 있음을 의미하는 것이다(역으로 창의성은 학업성적과 교우관계의 부적 관련성을 부적으로 조절하는 효과가 있음을 의미하는 것이기도 하다). 즉, 학업성적이 높을수록 창의성과 교우관계의 부적 관련성이 더 강화되거나 역으로 창의성이 높을수록 학업성적과 교우관계의 부적 관련성이 더 강화된다고 할 수 있다.

결과 5 교우관계에 대하여 학생의 성, 학업성적, 창의적 성격의 세 변인간의 3원 상호작용항(S×A×C)은 의의 있는 관련성을 보이지 않았다.

⇨ 해석 교우관계에 대한 학생의 학업성적과 창의성의 조절 효과(결과 4)가 남여 학생집단에 걸쳐서 의의 있는 차이를 보이지 않고 일관성을 띤다는 것을 의미한다.

제 7 장 경로분석

1. 필요성
2. 모형의 설정
3. 매개의 종류: 완전매개와 부분매개
4. 모형의 적합도 검증
5. 모형의 수정
6. 변수간 인과적 효과의 검증과 분해
7. 경로분석의 모형인정의 조건

제 7 장 경로분석

<경로분석의 기본가정>

① 인과모형 내 변수 사이의 관계는 직선적(liner)이다.
② 인과모형 속에 포함된 각 변수간의 인과적 흐름은 일방적(unidirectional)이다.
③ 모든 잔차변수는 인과모형 내 여타 변수와 상관이 없으며, 잔차변수 상호 간에도 상관이 없다.
④ 인과모형 내 모든 변인은 측정오차 없이 측정된 것이다.

1. 필요성

경로분석은 앞서 기술한 회귀분석의 확장형이다. 경로분석이 추가로 요구되는 것은 회귀분석에서와 같이 독립변수와 종속변수로 구분되는 두 유형의 변인간의 관련성이 현실세계에서 발생하는 인과관계를 설명하는 데 있어 제한적이기 때문이다. 현실세계는 단순히 원인(독립변수)과 결과(종속변수)라는 두 가지 변수만이 존재하는 것이 아니라 그 둘 사이에 매개하는 변인들이 수없이 많을 수 있다. 이때 연구자는 적어도 독립변수, 매개변수, 종속변수의 3가지 이상의 변수유형으로 분류하여 그 변인들간의 구조적 인과관계를 파악할 필요성을 느낀다.

예컨대, 어떤 두 연구자 A와 B가 학생들의 학업성취도에 영향을 미치는 변인에 관심을 가지고 학생들을 대상으로 그들이 속한 가정의 사회경제적 지위, 사교육 경험, 학업성취도의 세 가지 변수에 대한 자료를 확보하였다고 가정하자. 이 경우에 A 연구자가 회귀분석을 실시한다면, 그는 가정의 사회경제적 지위와 사교육 경험을 독립변수로 그리고 학업성취도를 종속변수로 가정하여 다음과 같은 중다회귀분석 모형을 설정할 것이다.

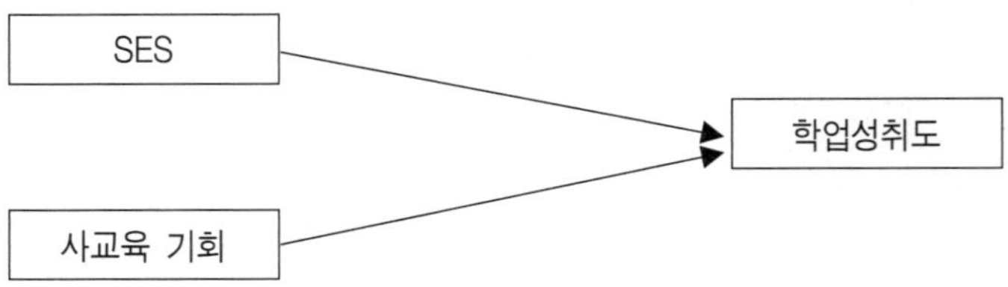

[그림 Ⅶ-1] 중다회귀분석 모형

한편 B 연구자는 회귀분석 대신 다음과 같은 두 가지 유형의 경로분석을 고려하였다.

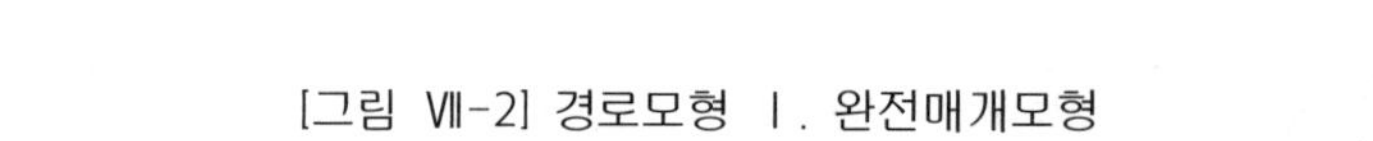

[그림 Ⅶ-2] 경로모형 Ⅰ. 완전매개모형

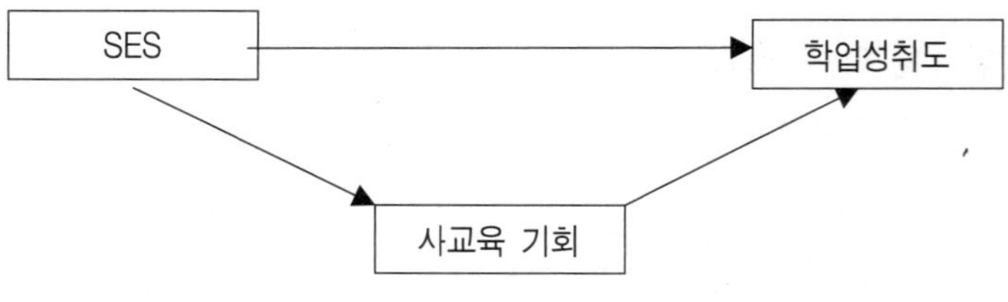

[그림 Ⅶ-3] 경로모형 Ⅱ. 부분매개모형

같은 자료에 대한 분석 설계에서 회귀분석과 경로분석은 여러 면에서 중요한 차이점들을 보여주고 있다.

첫째, 경로모형은 세 변수의 개념적 성격을 고려하여 독립, 매개, 종속변인의 세 유형의 변수로 설정한 반면, 회귀분석모형의 경우에는 독립변수와 종속변수라는 제한된 두 가지 유형으로 세 가지 변수가 분류되었다. 변수는 그 개념적 속성에 따라 다양한 유형으로 분류될 수 있을수록 더 자연스럽다고 할 것이다.

조절(moderating)과 매개(mediating)의 개념적 차이

선행 연구들을 살펴보면, 조절변수와 매개변수가 공히 독립변인과 종속변수 사이에 개입하는 변수라는 점만을 고려하여 구분 없이 적용되는 사례를 볼 수 있다. 그러나 두 변수는 개념적으로 엄밀히 구분되어 적용될 필요가 있다.

우선 조절 변인은 다른 두 변인간의 관계에 개입하여 그 관계의 강도나 방향을 의의 있게 변화시키는 것을 말한다. 즉, A와 C간에 모종이 관계가 있는데 제 3의 B라는 변인의 수준에 따라 A와 C의 관계가 변화하는 것을 말한다. 예컨대, 지능과 학업성취도가 정적 상관을 보이지만, 노력을 많이 할수록 그 관계, 즉, 지능과 학업성취도의 정적 관련성이 더 높아진다면, 노력은 지능과 학업성취도의 관계를 정적으로 조절하는 효과를 가진다. 경우에 따라 조절은 관계의 방향 자체를 바꾸는 효과를 보일 수 있다. 예컨대, 일반적으로 사람들은 웃는 사람(A)을 보면 기분이 좋아(C)하지만, 자신이 처한 조건(B) 따라, 즉, 유쾌한 상황이면 더욱 기분이 좋아지지만, 불쾌한 상황이면 오히려 화가 날 수 있다. 조절모형에서 조절변인은 독립변인과의 인과적 관련성을 가정하기 어렵다. 즉, 앞의 예에서 지능과 노력의 인과적 관련성을 가정하기 어려우며, 웃는 사람과 자신이 처한 상황의 인과적 관련성을 가정하기 어렵다. 제 3의 변인이 독립변인과 종속변인으로부터 독립적 성격을 띠면서도 그 둘의 관계양상에 변화를 줄수록 조절변수로 보는 것이 타당하다.

이와는 대조적으로 매개변수(mediating variable)는 종속변수에 영향을 미치기 위하여 독립변수가 작용하는 시점과 그것의 효과가 종속변수에 도달하는 시점의 중간에서 그 둘의 관계에 작용하여 독립변수의 효과를 전달(매개)하는 변수를 말한다. 예컨대 세 변수 A, B, C가 A→B→C의 관계를 보일 경우 A는 독립변인, C는 종속변인이며, B는 매개변수가 된다. 예컨대, 조류독감의 확산 경로는 대표적인 매개모형이라 할 수 있다(동남아 여행자

→ 국내여행자 → 농촌지역의 조류독감). 하지만 횡단적 설계에 의한 조사연구의 경우에는 모든 변인들의 측정이 동시에 이루어지기 때문에 변수들간의 시간적 선후를 설정하는 것이 무리가 있다. 이 경우에 연구자들은 변인들의 개념적 속성에 기초하여 변인들간의 선후관계를 가정하여 매개모형을 설정하게 된다. 예컨대, 스트레스자극, 비행충동, 비행이라는 세 변인이 있을 때, 일반적으로 사람들은 '비행충동→ 스트레스 자극→ 비행'이나 '비행 → 비행충동 → 스트레스자극'의 모형보다는 '스트레스 자극→ 비행충동 → 비행'의 모형이 상대적으로 더 그럴 듯한 모형이라고 생각할 것이다. 매개모형의 경우 조절모형과는 달리 매개변수는 독립변수의 종속변수가 되며, 종속변수의 독립변인이 된다. 매개변인과 종속변인의 관계에서는 독립변인이 된다. 이러한 성격이 강할수록 매개변수로 보는 것이 타당하다.

둘째, 회귀분석설계의 경우 독립변수로 분류된 두 가지 변수(SES와 사교육 기회)는 동등한 지위를 가진다. 즉, 둘 간의 관계는 다중공선성이라는 관점에서만 고려될 뿐 서로의 인과적 관련성은 고려되지 않는다. 반면, 경로모형분석의 경우에는 그 둘 간의 관계에 대해서도 인과적 관련성을 고려하고 있다. 어떤 현상에 작용하는 복수의 원인자가 회귀분석에서처럼 완전히 동등한 지위를 가진 상태에서 작용한다고 가정하는 것은 부자연스럽다.

셋째, 경로모형의 경우에 매개변수라는 새로운 유형의 변수가 고려됨으로써 종속변수에 대한 독립변수의 직접효과(direct effects)와 간접효과(indirect effects)가 고려될 수 있는 반면, 회귀분석 설계의 경우에는 종속변수에 대한 독립변수의 직접효과만이 고려된다. 우리가 살고 있는 세계는 일대일의 직접적인 관계뿐만 아니라 다양한 매개자를 통한 간접적인 관계까지를 포함하는 network 로 구성되어 있다. 따라서 경로모형분석은 실제를 보다 더 타당하게 반영할 수 있을 것이다.

넷째, 회귀분석모형에서는 독립변수에 한해서만 복수의 변수가 동시에 고려되지만(중다회귀분석), 경로모형 분석의 경우에는 세 가지 유형의 변수 모두 다수의 변수를 포함시킬 수 있고, 특히, 매개변수는 다단계에 걸쳐 다수로 포함될 수도 있다.

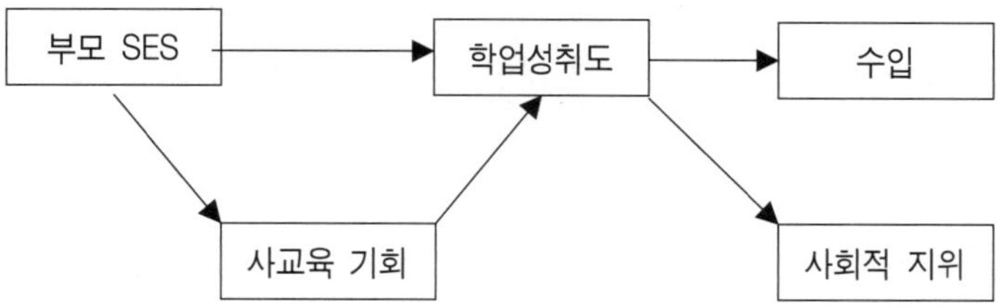

[그림 Ⅶ-4] 경로모형 Ⅲ. 확장된 부분매개모형

2. 모형의 설정

앞서 우리는 부모의 SES, 사교육기회, 학업성취도의 세 변인을 두고 다양한 유형의 모형을 가정해 보았다. 이와 같이 같은 변수들을 두고도 다양한 모형설정이 가능한 점은 경로분석의 장점이지만, 연구자의 입장에서는 그중 어떠한 경로모형이 가장 타당할 것인지를 고민하게 하는 사항이기도 하다.

여러 가지 다양한 모형 중 보다 타당한 모형을 선정함에 있어서 연구자는 변수와 관련된 선행이론과 연구물, 그리고 논리와 상식을 고려하여야 한다. 그중 가장 먼저 우선적으로 고려하여야 할 것은 모형과 관련된 선행이론과 연구물이다. 선행 이론과 연구 결과들을 철저히 검토하여 경로를 설정할 수 있을 것인지의 여부에 대한 판단과 경로의 방향을 결정해야 한다. 전체 모형의 구조에 관한 선행이론도 검토하여야 하고, 각 경로를 설정하기 위한 경험적 연구의 결과들도 확인할 필요가 있다. 왜냐하면, 경로분석의 가장 핵심적 요소는 연구자가 설정한 모형의 전체구조가 얼마나 타당한지와 각 세부 경로들의 효과를 검증하는데 있기 때문이다.

3. 매개의 종류: 완전매개와 부분매개

앞서 기술하였듯이 경로분석이 회귀분석과 구분되는 것은 경로분석이 어떠한 형태로든 매개변수를 고려한다는 점이다. 앞에서 우리는 다양한 유형의 경로모형들을 살펴보았는데 그것들은 크게 완전매개모형과 부분매개모형으로 구분할 수 있다.

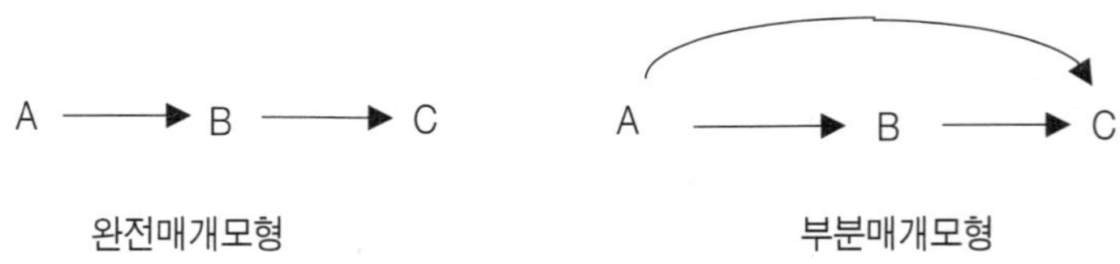

[그림 Ⅶ-5] 매개모형 유형

완전매개모형은 독립변인(A)이 종속변인(C)에 직접적으로 영향을 주지 않고 오로지 매개변인(B)을 통한 **간접효과(indirect effects)**만 있는 경우이다. 그러므로 완전매개모형에서는 종속변수에 대한 독립변인의 **직접효과**(direct effects)는 가정되지 않는다. 완전매개모형은 중력이 작용하는 진공상태에서의 도미노 현상에 비유하여 설명할 수 있을 것이다. 중력이 작용하는 진공상태에서 A→B→C로 이어지는 도미노의 과정에서 A는 최초의 원인자 역할을 한다. 이 원인자가 넘어지면, 그것과 연접한 B가 넘어지고 그 결과로서 C도 넘어지게 된다. 이 과정에서 C의 넘어짐은 오로지 직접적으로 B에 의한 것이며, B의 넘어짐은 오로지 직접적으로 A에 의한 것이다. 진공상태를 가정하였으므로 A는 C에 직접적인 영향을 미치지 못한다. 다만 A는 B를 통해 간접적으로 C에 작용하였을 뿐이다. 따라서 C에 대하여 A는 간접효과를 B는 직접효과만을 가진다.

완전매개모형이 되려면 A가 C에 직접적인 효과를 가지지 않는 경우라야 한다. 그것을 가정하기 위하여 앞의 예에서 도미노가 일어나는 상황을 진공상태로 전제하였다. 하지만 그 전제가 없다면(진공상태가 아니라면),

A→B→C로 이어지는 도미노의 과정에서 A가 넘어지는 과정에서 바람이 발생하게 되고, 이것은 B뿐만 아니라 C에도 영향을 미치게 될 것이다. 그러니까 C의 넘어짐은 B와 연접한 이유도 있지만, A가 넘어지면서 일으킨 바람의 영향도 받았을 가능성이 있다. 따라서 A는 C에 완전매개모형에서와 같은 직접효과도 가지지만 바람이라는 간접효과도 가지게 된다. 이처럼 독립변인이 종속변인에 직접효과와 매개변인을 통한 간접효과가 모두 존재하는 경우를 부분매개모형이라 한다.

앞서 완전매개모형을 설명하기 위해 진공상태를 가정하였다. 하지만 우리가 관찰하는 세계는 그러한 상태를 가정하기 어렵다. 우리가 관찰하는 현실세계에서는 정도의 차이는 있으나 모든 변인들이 완전히 무관하다고 볼 수 없다. 따라서 현실세계를 다루는 경험적 연구에서의 완전매개모형은 그 자체로 완벽한 완전매개모형보다는 확률적으로 검증된 완전모형 여부를 확인하게 된다. 경험적 연구에서 말하는 완전매개모형은 다음과 같은 세 가지 조건을 갖추는 경우이다(Baron & Kenny, 1986).

첫째, 독립변인(A)이 매개변인(B)에 통계적으로 유의미한 효과를 가져야 하고,

둘째, 매개변인(B)이 종속변인(C)에 통계적으로 유의미한 효과를 가져야 하며,

셋째, 위의 두 효과가 통제되었을 때, 독립변인(A)이 종속변인(C)에 대해 통계적으로 유의미한 직접 효과를 가지지 말아야 한다.

요컨대, 완전매개모형은 앞서 제시한 조건 세 가지를 모두 만족하는 경우이고, 부분매개효과는 첫째와 둘째의 조건은 만족시키고 세 번째 조건을 만족시키는 못하는 경우이다.

이해를 돕기 위하여 경로분석의 최소가능 변수수인 세 변수(A, B, C)간의 관계를 고려하였다. 하지만, 실제 연구 장면에서는 그 이상의 변수를 포함하는 보다 복잡한 경로모형이 일반적이다. 앞서 5개의 변수(부모 SES, 사교육 기회, 학업성취도, 수입, 사회적 지위)로 구성된 [그림 Ⅶ-4]에서 제시된 경로모형은 완전매개모형(매개변수: 학업성취도)과 부분매개모형(사교육 기회)을 포함하는 종합적 모형이다.

4. 모형의 적합도 검증

가. 모형 적합도의 논리와 계산방법

경로분석은 모형내에서의 변수간 관계를 분석하기에 앞서 연구자가 설정한 이론적 모형이 실제 경험적으로 관측된 자료에 얼마나 부합되는지를 확인할 수 있다. 이는 회귀분석에서 가능하지 않은 분석으로서 경로분석을 실시하는 주된 목적 중의 하나이기도 하다. 만일 이론적 모형이 관측된 자료에 적합하면, 그 모형은 경험적으로 지지되며, 적합하지 않은 것으로 판정되면, 기각된다. 적합하지 않는 모형에서 그 모형을 구성하고 있는 변수간의 관계를 분석한다는 것은 논리적 모순이다. 때문에 이론적 모형의 적합도(goodness of fit)는 구조모형 내에서의 변수간 인과적 관계를 확인하기 위한 전제 조건이다.

적합도의 의미와 논리를 이해하기 위하여 간단한 예를 살펴보도록 하자.

어떤 연구자는 선행연구와 문헌을 검토하여 [그림 VII-6]과 같은 가설모형을 설정하였다고 가정하자.

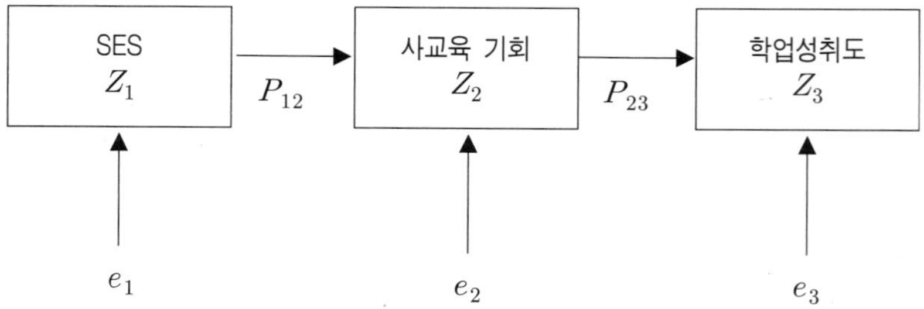

[그림 VII-6] 사회경제적 지위, 사교육, 학업성취도의 가설적 구조모형
[단선모형 혹은 완전매개모형]

주: Z_i=각 변수의 표준점수. β_i=표준화 경로(회귀)계수. e_i=미설명 잔차(residual)로서 측정오차(error)와 다름. 편의상 현재의 모형에서는 측정변수와 잠재변수를 구분하지 않았으므로 측정오차는 고려되지 않은(0) 모형임.

이러한 모형을 흔히 완전매개모형이라고 한다. 왜냐하면, 종속변수(내생변수; endogenous variable)에 대한 독립변인(외생변수: exogenous variable)의 전체효과는 오로지 매개변수를 통한 매개효과뿐이기 때문이다. 이 경우 SES는 학업성취에 이르는 과정에서 단선을 통하기 때문에 '단선모형'이라고 부를 수도 있을 것이다. 이렇게 명명하는 것이 현재 논의하고 있는 모형의 합치도를 설명하는데 도움이 될 것 같아 앞으로 그렇게 명명하고자 한다.

이 가설적 경로모형을 회귀식으로 분해하면 다음과 같다.

[식 Ⅶ-1] $Z_1 = e_1$

[식 Ⅶ-2] $Z_2 = p_{12}Z_1 + e_2$

[식 Ⅶ-3] $Z_3 = p_{23}Z_2 + e_3$

연구자는 앞의 가설적 경로모형을 구상하고, 해당 변수의 자료를 수집하여 다음과 같은 관측된 상관(r_{ij}) 행렬표(observed correlation coefficient matrix)를 얻었다고 가정하자.

〈표 Ⅶ-1〉 관측된 변수 간 상관계수

	부모 SES	사교육 기회	학업성취도
부모 SES	1.00	.30	.60
사교육 기회	.30	1.00	.30
학업성취도	.60	.30	1.00

그렇다면 경로모형의 적합도는 어떻게 추정한다는 것인가?

경로 **모형의 적합도**는 경로모형의 **비설정 경로의 관찰상관계수**(ovserved correlation coefficient)**와 예측상관계수**(predicted correlation coefficient)**의 차이**(discrepancy)에 의해 결정된다(왜 설정된 경로는 이에 해당이 될 수 없는지에 대해 이후에 설명할 것이다).

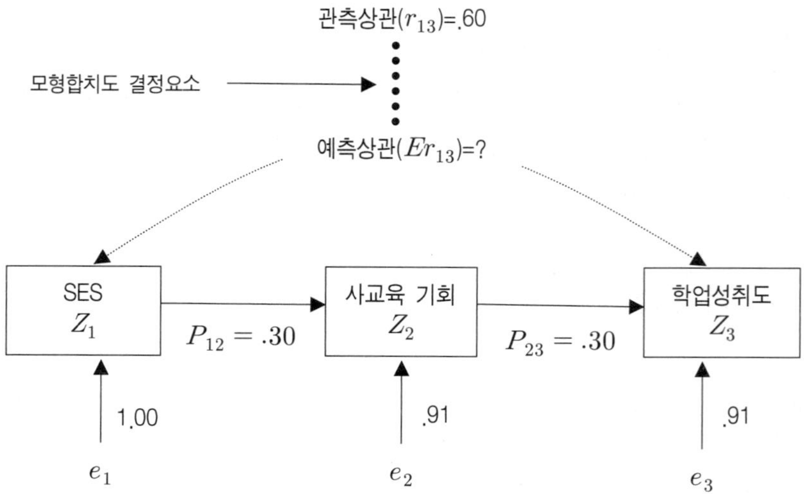

[그림 Ⅶ-7] 경로분석결과 및 모형적합도의 개념

주 1: 점선은 비설정 경로임.

주 2: Z_i=각 변수의 표준점수. β_i=표준화 경로(회귀)계수. e_i=미설명 잔차(residual)로서 측정오차(error)와 다름. 편의상 현재의 모형에서는 측정변수와 잠재변수를 구분하지 않았으므로 측정오차는 고려되지 않은(0) 모형임.

관측상관계수는 연구자가 조사를 통하여 구한 경험적으로 확인된 상관계수로 앞의 〈표 Ⅶ-1〉에 의하면, 비 설정 경로의 경우 .60으로 결정되어 있다.

그렇다면 예측상관계수는 무엇인가? 예측상관계수는 경로모형에서 경로계수들이 산출되었을 경우에 그것들을 토대로 논리적으로 추정되어 귀결될 이론적 상관계수이다. 즉, 관찰상관계수가 측정을 통하여 '존재하는' 상관계수라면, 예측상관계수는 경로모형의 계수들을 통해 추정되어 '마땅히 존재해야 할'(should be) 상관계수이다.

만일 비설정된 동일 경로(SES→학업성취도)의 변수간 관측상관계수와 예측상관계수가 완전히 일치한다면, 그것은 실제 관측상관계수와 구조모형을 통하여 추정된 상관계수가 같다는 것을 의미하므로 경로모형이 실제 자료에 완전 합치(적합)한다는 것을 의미하는 것이다. 반대로 두 상관계수가 불일치하면 할수록 경로모형이 실제자료와 불합치(부적합)한다는 것을 의미한다. 다시 말해서 예측상관계수와 관측상관계수의 차이(discrepancy)는 모형의 적합도와 반비례한다.

그렇다면, 예측상관계수는 어떻게 추정할 수 있는 값인가?

현재의 경로모형에는 세 개의 변수가 있기 때문에 그들을 연결하는 가능한 구조경로의 수는 3개(SES-사교육기회, SES-학업성취도, 사교육기회-학업성취도) 이다. 하지만 현재의 경로모형은 단선형 구조(simple linear structure)로서 설정된 경로는 2개(SES→사교육기회, 사교육기회→학업성취도)고, 설정되지 않은 경로(SES→학업성취도)가 1개이다.

저자는 예측상관을 추정하는 방법을 설명함에 있어서 **설정된 경로**들과 **설정되지 않은 경로**의 예측상관을 추정법을 구분하고자 한다(그 이유는 앞서 밝혔듯이 **경로모형의 적합도**가 설정된 경로가 아닌 **비설정 경로에서의 관측상관계수와 예측상관계수의 차이에 의해서만** 결정된다는 점을 보여주기 위해서다). 우선 非설정 경로의 예측상관계수 추정방법을 살펴보자.

나. 非설정 경로의 예측상관계수 추정

상관계수 구하는 공식을 비설정 경로(SES → 학업성취도) 예측상관계수 (Er_{13}) 계산에 적용하면,

$$Er_{13} = \left(\frac{1}{N}\right)\Sigma Z_1 Z_3 \text{이다.}$$

[식 VII-3]에서 $Z_3 = p_{23}\, Z_2 + e_3$였으므로 이를 식에 대입하면,

$$Er_{13} = \left(\frac{1}{N}\right)\Sigma Z_1 (p_{23} Z_2 + e_3)$$

$$Er_{13} = \left(\frac{1}{N}\right)\Sigma (p_{23} Z_2 Z_1 + Z_1 e_3)$$

$$Er_{13} = \left(\frac{1}{N}\right)\Sigma (p_{23} Z_2 Z_1) + \left(\frac{1}{N}\right)\Sigma (Z_1 e_3)$$

$$Er_{13} = p_{23}\left(\frac{1}{N}\right)\Sigma (Z_2 Z_1) + \left(\frac{1}{N}\right)\Sigma (Z_1 e_3)$$

앞의 식에서 $\left(\frac{1}{N}\right)\Sigma(Z_2Z_1)$항은 변수 Z_1(부모 SES) 과 Z_2(사교육 기회)의 관측상관계수로서 r_{12}이다. 그리고 이 식에서 $\left(\frac{1}{N}\right)\Sigma(Z_1e_3)$항은 Z_1과 e_3의 상관계수 공식으로 현재의 모형에서는 그 둘 간의 상관을 가정하지 않았으므로 그 값이 0이다.

따라서

$$Er_{13} = p_{23}r_{12} + 0$$

$$Er_{13} = p_{23}r_{12}$$

그리고 이 식에서 r_{23}은 p_{23}과 같다. 왜냐하면, p_{23}경로는 사교육 기회(Z_2)와 학업성취도(Z_3)의 단순회귀모형에 해당하여 이 경우 경로계수는 회귀분석의 표준화 회귀계수(β_{23})와 동일하고, 단순회귀모형의 경우 표준화 회귀계수(β_{23})는 상관계수(r_{23})와 동일하기 때문이다(회귀분석의 [식 VI-9] 참조). 실제로 앞서 제시한 관측상관행렬표상 〈표 VII-1〉의 해당 상관계수와 경로모형 [그림 VII-7]에서의 경로계수값은 동일하다(이는 현재의 모형과 같은 단순선형모형의 경우에서만 참이다). 따라서 이 모형에서 r_{12}는 p_{12}와 같다. 이를 [식 VII-4]에 반영하면,

[식 VII-4] $$Er_{13} = p_{23}p_{12}$$

앞서 제시한 관측 경로모형에서 p_{23}(사교육 기회→학업성취도)의 값이 .30이었고, p_{12}(부모 SES → 사교육 기회)의 값이 .30이었으므로 이를 [식 VII-4]에 적용하면,

$$Er_{13} = (.30)(.30) = .09$$

그런데 이에 대응하는 경로의 관측상관계수(r_{13})가 .60였으므로(〈표 III-13〉 참고), 결국 이 모형의 비설정 경로의 관측상관계수와 예측상관계수의 차이는 .51(.60-.09=.51)이다.

우리는 지금까지 경로모형에서 경로로 설정된 다른 경로계수들을 통하

여 비설정된 경로의 예측상관계수를 추정하였고, 그 추정값이 실제 관측상관계수와 차이가 있을 수 있음을 확인하였다. 그리고 우리는 다음과 같은 결론을 내릴 수 있다.

> 결론 1 비설정 경로의 예측상관계수(Er_{ij})를 추정하면 그 값이 관측상관계수(r_{ij})와 일치하지 않을 수 있기 때문에 그것들을 비교하는 것이 의미있고, 모형이 적합도를 평가하기 위한 요소로서 적용될 수 있다.

그렇다면 설정된 경로의 예측상관계수는 어떠할 것인가?

다. 설정된 경로의 예측상관계수 추정

그렇다면, 현재의 경로모형에서 설정된 경로들의 예측상관계수도 앞서 설명한 비설정 경로의 예측상관계수 추정 방식을 적용하여 추정될 수 있는가?

결론부터 말하면, 수학적으로는 추정이 가능하다. 하지만 모형에서 설정한 경로들의 변수간 예측상관계수의 산출은 논리적으로나 경험적으로 무의미하다. 이를 증명하기 비설정 경로에 적용되었던 방식으로 설정된 경로들(SES→사교육기회, 사교육기회→학업성취도)의 예측상관계수들을 추정해 보자.

우선 첫 번째 설정된 경로(SES→사교육기회)의 예측상관계수(Er_{12})부터 산출해 보자.

상관계수 구하는 공식을 설정된 경로(SES → 사교육기회) 예측상관계수(Er_{12}) 계산에 적용하면,

$$Er_{12} = \left(\frac{1}{N}\right) \Sigma Z_1 Z_2 \text{ 이다.}$$

[식 VII-2]에서 $Z_2 = P_{12}\ Z_1 + e_2$ 이었으므로,

$$Er_{12} = (\frac{1}{N})\Sigma Z_1(P_{12}Z_1 + e_2)$$

$$Er_{12} = (\frac{1}{N})\Sigma(P_{12}Z_1Z_1) + (Z_1e_2)$$

$$Er_{12} = (\frac{1}{N})\Sigma(P_{12}Z_1Z_1) + (\frac{1}{N})\Sigma(Z_1e_2)$$

$$Er_{12} = P_{12}(\frac{1}{N})\Sigma(Z_1Z_1) + (\frac{1}{N})\Sigma(Z_1e_2)$$

여기서 $(\frac{1}{N})\Sigma(Z_1Z_1)$는 표준점수 Z_1의 변량 구하는 공식이므로 그 값은 항상 1이고, $(\frac{1}{N})\Sigma(Z_1e_2)$은 Z_1과 e_2간의 상관계수로 이 모형에서는 그것을 無상관(0)으로 가정하고 있으므로 그 값이 0이다.

따라서 앞의 식은 다음과 같이 정리된다.

$$Er_{12} = P_{12}(1) + (0) = P_{12}$$

[식 Ⅶ-5] $Er_{12} = P_{12}$

같은 방식을 이 모형에서 또 다른 설정된 경로(사교육기회→학업성취도)에 적용하면 [식 Ⅶ-6]이 성립된다.

[식 Ⅶ-6] $Er_{23} = P_{23}$이다.

그런데, 이 모형처럼 단순선형(simple linear; A→B→C) 모형의 경우에 경로로 설정된 두 경로계수 p_{12}과 p_{23}는 각각 그것에 대응하는 실제 관측 상관계수인 r_{12}와 r_{23}의 값과 같다(그 이유는 앞서 설명하였음).

$$r_{12} = \left(\frac{1}{N}\right)\Sigma Z_1Z_2 \text{ (상관계수 구하는 공식)}$$

[식 Ⅶ-2] $Z_2 = p_{12}\ Z_1 + e_2$를 대입하면,

$$r_{12} = (\frac{1}{N})\Sigma Z_1(p_{12}Z_1 + e_2)$$

$$r_{12} = (\frac{1}{N})\Sigma(p_{12}Z_1Z_1) + (Z_1e_2)$$

$$r_{12} = (\frac{1}{N})\Sigma(p_{12}Z_1Z_1) + (\frac{1}{N})\Sigma(Z_1e_2)$$

$$r_{12} = p_{12}(\frac{1}{N})\Sigma(Z_1Z_1) + (\frac{1}{N})\Sigma(Z_1e_2)$$

여기서 $(\frac{1}{N})\Sigma(Z_1Z_1)$는 표준점수 Z_1의 변량 구하는 공식이므로 그 값은 항상 1이고, $(\frac{1}{N})\Sigma(Z_1e_2)$은 Z_1과 e_2 간의 상관계수로 이 모형에서는 그것을 無상관(0)으로 가정하고 있으므로 값이 0이다.

따라서 앞의 식은 다음과 같이 정리된다.

$$r_{12} = p_{12}(1) + (0) = p_{12}$$

[식 Ⅶ-7] $r_{12} = p_{12}$

같은 방식을 이 모형에서 경로로 설정된 또 다른 경로(사교육기회→학업성취도)에 적용하면 [식 Ⅶ-8]도 성립된다.

[식 Ⅶ-8] $r_{23} = p_{23}$

요컨대, [식 Ⅶ-5]와 [식 Ⅶ-7]을 종합하면, $Er_{12} = r_{12}$이고, [식 Ⅶ-6]과 [식 Ⅶ-8]을 종합하면, $Er_{23} = r_{23}$임을 알 수 있다. 이는 경로모형에서 설정된 경로의 예측상관계수는 다른 경로계수를 통하여 오차 없이 완전하게 예측되고, 특히 현재의 모형과 같은 단선 경로모형(A → B → C)의 경우에는 관측상관계수와 다르지도 않다(복선형 경로모형에서는 다를 수 있다. 이에 대해서는 다음이 확장 모형에서의 예측상관계수 추정법을 통하여 확인될 것이다).

결론 2 설정된 경로의 예측상관계수(Er_{ij})를 추정하면 그 값은 항상 관측상관계수(r_{ij})와 정확히 일치하기 때문에 굳이 예측상관계수를 추정하는 것은 수학적 중복(mathematical tautology)에 불과하고 그것들을 비교하는 것도 의미 없다. 그래서 이는 모형의 적합도를 평가하기 위한 지수로서도 적용될 수 없다.

지금까지의 계산과정을 실제 행렬로 제시하면 다음의 〈표 VII-2〉와 같다.

〈표 VII-2〉 단선모형(완전매개모형)의 변수 간 상관행렬

	관측행렬(A)				예측행렬(B)				잔차행렬(A-B)		
변수	1	2	3		1	2	3		1	2	3
1	1.00	.30	<u>.60</u>		1.00	.30	<u>.09</u>		.00	.00	<u>.51</u>
2	.30	1.00	.30	−	.30	1.00	.30	=	.00	.00	.00
3	<u>.60</u>	.30	1.00		<u>.09</u>	.30	1.00		<u>.51</u>	.00	.00

주. <u>밑줄 친 값</u>들은 현재의 모형에서 비설정 경로의 상관계수임.

앞서 밝혔듯이, 모형의 적합도는 경로모형에서 비설정 경로(부모 SES → 학업성취도)의 관찰상관계수(ovserved correlation coefficient)와 예측상관계수(predicted correlation coefficient)의 차이(discrepancy)에 의해 결정된다.

〈표 VII-2〉의 변수간 상관행렬을 살펴보면, 비설정 경로의 경우에만 관측 상관계수와 예측상관계수가 차이를 보여 잔차행렬에서 0이 아닌 값을 갖는다. 이와는 대조적으로 설정된 경로의 변수간 상관계수의 경우에는 관측 상관계수와 예측상관계수가 모두 일치하여 0의 잔차 상관계수값을 보인다.

따라서 모형의 적합도는 모형에서 비설정 경로[변수 1(부모의 SES) → 변수 3(학업성취도)]에서의 관측행렬 값(.60)과 예측행렬 값(.09)의 차이 값(.51)에 의해서만 결정될 수 있다는 점을 알 수 있다. 그 차이 값이 클수

록 모형은 적합하지 않은 것으로 평가되며, 서로 일치할수록 적합한 모형으로 평가된다. 그도 그럴 것이 만일 모형이 적합하다면, 그 모형을 구성하고 있는 일련의 구조화된 경로계수에 의해 추정된 예측상관계수나 실제 관측상관계수가 다르지 않을 것이기 때문이다.

그렇다면, 앞의 모형을 세 개의 변수간에 경로가 모두 설정되어 비설정 경로가 하나도 없는 모형의 경우에는 어떠할 것인가? 다음의 [그림 VII-8]은 그 모형을 경로 분석한 결과이다.

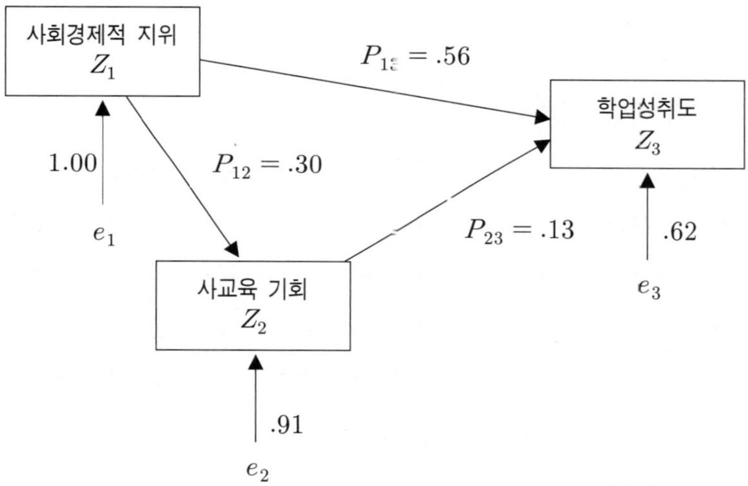

[그림 VII-8] 사회경제적 지위, 사교육, 학업성취도의 가설적 구조모형 분석결과 [복선모형 혹은 부분매개모형][5)]

주: Z_i=각 변수의 표준점수. β_i=표준화 경로(회귀)계수. e_i=미설명 잔차(residual)로서 측정오차(error)와 다름. 편의상 현재의 모형에서는 측정변수와 잠재변수를 구분하지 않았으므로 측정오차는 고려되지 않은(0) 모형임.

이 새로운 복선형 경로모형을 회귀식으로 분해하면 다음과 같다.

[식 VII-9] $Z_1 = e_1$

5) 이러한 모형을 흔히 '부분매개모형'이라고 하는데, 그 이유는 학업성취도에 대한 SES의 전체효과가 사교육기회를 통한 매개효과와 함께 그것을 통하지 않는 직접적인 효과도 포함하기 때문이다. 이 경우 SES는 학업성취에 이를 과정에서 단선이 아닌 복선을 통하기 때문에 '복선모형'이라고 부를 수도 있을 것이다. 이렇게 명명하는 것이 현재 논의하고 있는 모형의 합치도를 설명하는데 도움이 될 것 같아 앞으로 그렇게 명명하고자 한다.

[식 Ⅶ-10] $Z_2 = p_{12} Z_1 + e_2$

[식 Ⅶ-11] $Z_3 = p_{13} Z_1 + p_{23} Z_2 + e_3$

이와 같은 복선경로모형의 각 경로의 예측 상관계수를 산출하기에 앞서 결론부터 말하자면, 이 모형의 경우에는 모든 경로가 설정되었으므로 앞서 제시한 [결론 2]에 의해서 이 모형에서의 모든 경로의 예측상관계수 추정치는 관측상관계수와 완전히 일치해야 한다. 그러므로 모든 경로에서 관측상관계수와 예측상관계수의 차이는 0이어야 한다. 실제로 그러한지 예측상관계수를 산출하여 보자.

1) P_{12}의 예측상관계수 산출

이 경우, '예측상관계수=경로계수(P_{12}=.30)=관찰상관계수(r_{12}=.30)'이 성립된다. 왜냐하면, 이 경로는 독립적인 단선경로로써 단순회귀분석 모형이다. 그러므로 이 경로의 경로계수(p)는 회귀분석의 표준화 회귀계수(β)와 동일하다. 그리고 단순회귀모형의 회귀계수(β)는 영차상관계수(r)와 동일하다. 따라서 현재 경로(P_{12})의 예측상관계수는 관측상관계수와 같은 .30이며, 특별한 계산과정 없이 해당 경로계수(.30)를 그대로 예측상관계수로 적용할 수 있다.

2) 경로 P_{23}의 예측상관계수 산출

이 경로 역시 모형에서 설정된 경로이므로 [결론 2]에 의해서 예측상관계수가 관측상관계수와 완전히 일치해야 하기는 마찬가지이다. 하지만, 이 경우에는 P_{12}의 경우와 같이 경로계수를 예측상관계수로 그대로 적용할 수 없다. 왜냐하면, 경로 P_{23}가 경로 P_{12}와 같이 단선경로이기는 하지만, 경로 P_{13}과 함께 이 모형의 종속변수인 '학업성취도'를 설명하는 非독립적인 단선경로이다. 이는 마치 종속변수'학업성취도'를 SES와 사교육기회의 두 변수가 함께 설명하는 중다회귀분석 모형에 해당된다. 따라서 이 경로의 예측상관계수 산출은 다음과 같은 별도의 계산과정이 요구된다.

상관계수 구하는 공식을 경로 P_{23}의 예측상관계수(Er_{23})에 적용하면,

$Er_{23} = \left(\frac{1}{N}\right) \Sigma Z_2 Z_3$이다.

$Z_3 = p_{12}\ Z_1 + p_{23}\ Z_2 + e_3$ 이므로 이를 식에 대입하면,

$$Er_{23} = \left(\frac{1}{N}\right) \Sigma Z_2 (p_{13} Z_1 + p_{23} Z_2 + e_3)$$

$$Er_{23} = \left(\frac{1}{N}\right) \Sigma p_{13} Z_1 Z_2 + p_{23} Z_2 Z_2 + Z_2 e_3$$

$$Er_{23} = \left(\frac{1}{N}\right) \Sigma p_{13} Z_1 Z_2 + \left(\frac{1}{N}\right) \Sigma p_{23} Z_2 Z_2 + \left(\frac{1}{N}\right) \Sigma Z_2 e_3$$

$$Er_{23} = p_{13} \left(\frac{1}{N}\right) \Sigma (Z_1 Z_2) + p_{23} \left(\frac{1}{N}\right) \Sigma Z_2 Z_2 + \left(\frac{1}{N}\right) \Sigma (Z_2 e_3)$$

앞의 식에서 $\left(\frac{1}{N}\right) \Sigma (Z_1 Z_2)$항은 변수 Z_1(SES) 과 Z_2(사교육 기회)의 관측상관계수로서 r_{12}이며, $\left(\frac{1}{N}\right) \Sigma (Z_2 Z_2)$ 항은 Z_2(사교육 기회)의 변량구하는 공식이므로 그 값이 항상 1이다. 그리고 $\left(\frac{1}{N}\right) \Sigma (Z_2 e_3)$항은 Z_2과 e_3의 상관계수 공식으로 현재의 모형에서는 그 둘 간의 상관을 가정하지 않았으므로 그 값이 0이다.

따라서

[식 Ⅶ-12] $Er_{23} = p_{13} r_{12} + p_{23}$

$$Er_{23} = (.56)(.30) + (.13) = .30$$

경로 p_{23}의 산출된 예측상관계수인 .30은 같은 경로의 관측 상관계수 .30과 같다. 따라서 이 경로의 예측상관계수와 관측상관계수의 차이는 0으로써 [결론 2]가 사실임을 입증해 주고 있다.

3) 경로 P_{13}의 예측상관계수 산출

이 경로 역시 모형에서 설정된 경로이므로 [결론 2]에 의해서 예측상관계수가 관측상관계수와 완전히 일치해야 하기는 마찬가지이다. 하지만, 이 경로의 경우에 경로계수 p_{13}을 예측상관계수로 그대로 적용할 수 없다. 왜냐하면, SES는 p_{13}을 통해서도 학업성취도를 직접적으로 설명하지만, 경로 P_{23}을 통해서도 학업성취도를 간접적으로 설명할 수 있기 때문이다. 따라서 이 경로의 경우에도 예측상관계수 산출은 다음과 같은 별도의 계산과정이 요구된다.

상관계수 구하는 공식을 경로 P_{13}의 예측상관계수(Er_{13})에 적용하면,

$Er_{13} = \left(\frac{1}{N}\right)\Sigma Z_1 Z_3$이다.

$Z_3 = p_{12}\,Z_1 + p_{23}\,Z_2 + e_3$이므로 이를 식에 대입하면,

$$Er_{13} = \left(\frac{1}{N}\right)\Sigma Z_1\left(p_{13}Z_1 + p_{23}Z_2 + e_3\right)$$

$$Er_{13} = \left(\frac{1}{N}\right)\Sigma p_{13}Z_1Z_1 + p_{23}Z_1Z_2 + Z_1e_3$$

$$Er_{13} = \left(\frac{1}{N}\right)\Sigma p_{13}Z_1Z_1 + \left(\frac{1}{N}\right)\Sigma p_{23}Z_1Z_2 + \left(\frac{1}{N}\right)\Sigma Z_1e_3$$

$$Er_{13} = p_{13}\left(\frac{1}{N}\right)\Sigma(Z_1Z_1) + p_{23}\left(\frac{1}{N}\right)\Sigma Z_1Z_2 + \left(\frac{1}{N}\right)\Sigma(Z_1e_3)$$

앞의 식에서 $\left(\frac{1}{N}\right)\Sigma(Z_1Z_1)$ 항은 Z_2(SES)의 변량 구하는 공식으로 그 값이 항상 1이고, $\left(\frac{1}{N}\right)\Sigma(Z_1Z_2)$항은 변수 Z_1(SES) 과 Z_2(사교육기회)의 관측상관계수로서 r_{12}이다. 그리고 $\left(\frac{1}{N}\right)\Sigma(Z_1e_3)$항은 Z_1과 e_3의 상관계수 공식으로 현재의 모형에서는 그 둘 간의 상관을 가정하지 않았으므로 그 값이 0이다.

따라서

[식 Ⅶ-13] $Er_{13} = p_{13} + p_{23}r_{12}$

$$Er_{13} = (.56) + (.13)(.30) = .60$$

경로 p_{13}의 산출된 예측상관계수인 .60은 같은 경로의 관측 상관계수 .60과 같다. 따라서 이 경로 역시 예측상관계수와 관측상관계수의 차이는 0으로써 [결론 2]가 사실임을 입증해 주고 있다.

지금까지의 복선모형(부분매개모형)의 계산 결과를 행렬표에 반영하면, 다음의 〈표 Ⅶ-3〉과 같다.

〈표 Ⅶ-3〉 복선모형(부분매개 혹은 포화모형)의 변수 간 상관행렬

	관측 행렬(A)				예측행렬(B)				잔차행렬(A-B)		
변수	1	2	3		1	2	3		1	2	3
1	1.00	.30	.60		1.00	.30	.60		.00	.00	.00
2	.30	1.00	.30	−	.30	1.00	.30	=	.00	.00	.00
3	.60	.30	1.00		.60	.30	1.00		.00	.00	.00

〈표 Ⅶ-3〉이 보여주듯이 결국 복선모형(부분매개모형)의 경우 모든 가능한 경로계수가 설정되었고, 그 결과 모든 경로에서의 예측상관계수들은 관측상관계수와 완전히 일치하였다. 이처럼 모든 경로계수가 설정된 **포화모형**(saturated model)의 경우에는 그것이 어떠한 구조를 가졌든지 언제나 완전적합(perfect fit)모형에 해당한다.

> 결론 3 가능한 모든 경로가 설정된 포화모형(saturated model)의 경우에는 관측상관계수행렬과 예측상광계수행렬의 서로 대응되는 요소값들이 모두 같으며(합치하며), 따라서 두 행렬간의 격차를 반영하는 잔차상관계수행렬의 요소들은 모두 0의 값을 갖는다. 따라서 포화모형은 항상 완전적합모형(perfect fit model)이다.

하지만 앞에서 설명한 단선모형과 같이 구조내에서 일부의 경로가 비설정된 **간명모형**(overidentified model)의 경우에는 그러한 비설정 경로들에서 예측상관계수와 관측상관계수간에 차이가 발생하여 모형의 적합

도가 떨어질 수 있다. 다른 조건이 같다면, 간명한 모형일수록 적합도가 떨어질 가능성은 더 커질 수 있다. 하지만 간명한 모형일수록 이론적 가치가 크기 때문에 연구자들은 모형의 적합도(fitness)와 모형의 **간명성**(parsimony) 사이에서 고민하게 된다.

라. 확장모형에서의 예측상관계수 추정

지금까지 저자는 모형의 적합도 개념을 쉽게 이해하도록 하기 위하여 매우 단순한 형태의 경로모형을 예로 들었지만 보다 복잡한 경로모형의 경우에도 적합도의 논리와 계산과정은 같다. 다만 차이가 있다면, 복잡한 경로모형의 경우에 설정되지 않은 경로의 수가 여러 개일 수 있다는 것뿐이다. 다음은 그 예이다.

〈표 Ⅶ-4〉 경로모형의 측정상관(Observed Correlations)

변수	1	2	3	4
1	1.00			
2	.30	1.00		
3	.18	.40	1.00	
4	.35	.40	.75	1.00

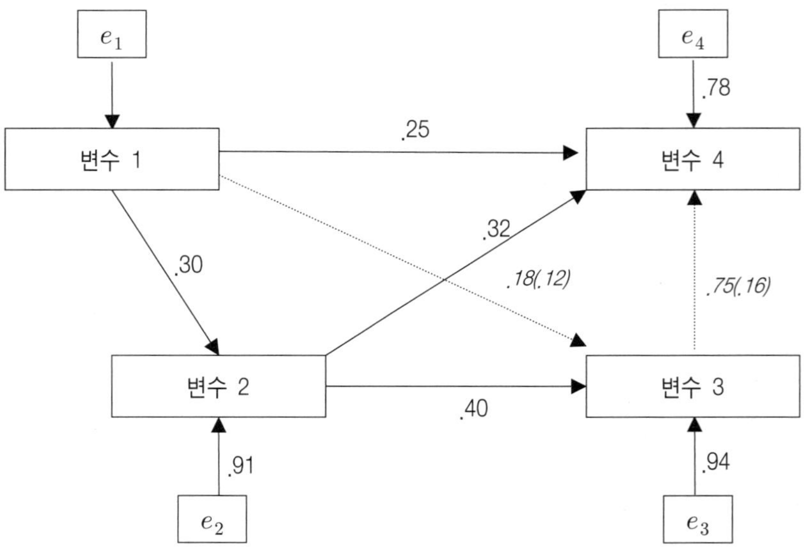

[그림 Ⅶ-9] 경로모형의 측정상관 도해

주 1: 점선은 이 모형에서 非설정 경로들임.
주 2: 이탤릭체의 숫자는 비 설정 경로의 상관계수임. 이중 ( )안의 숫자는 다른 경로계수들에 의해 추정된 예측상관계수(r_e; expected/predicted correlation coefficient)이며, ( )밖의 숫자는 상관행렬표에서 제시된 실제 측정된 상관계수(ro; observed correlation coefficient)임.

〈표 Ⅶ-5〉 잔차행렬의 산출

	관측 행렬(A)					예측행렬(B)					잔차행렬(A-B)			
변수	1	2	3	4		1	2	3	4		1	2	3	4
1	1.00	.30	.18	.35		1.00	.30	.12	.35		.00	.00	<u>.06</u>	.00
2	.30	1.00	.40	.40	−	.30	1.00	.40	.40	=	.00	.00	.00	.00
3	.18	.40	1.00	.75		.12	.40	1.00	.16		<u>.06</u>	.00	.00	<u>.59</u>
4	.35	.40	.75	1.00		.35	.40	.16	1.00		.00	.00	<u>.59</u>	.00

이 복잡한 경로모형의 경우에 비설정된 경로의 수가 두 개이므로 모형의 적합도는 그 둘에서의 관측상관계수와 예측상관계수의 차이들을 모두 고려해야 한다.

지금까지 경로모형의 적합도가 모형에서 설정된 경로계수들을 통하여 추정되는 비설정 경로의 예측상관계수와 경험적으로 관측된 상관계수의 차이의 함수임을 확인하였다. 그러면, 비 설정된 경로에서의 관측상관계수와 예측상관계수가 어느 정도 일 때 부적합한 모형으로 판정할 것인가? 이 문제는 다음에서 제시하는 적합도 지수의 평가를 통하여 해결된다.

마. 적합도 판정의 논리와 F_{ML}

앞서 우리는 모형의 적합도가 모형을 구성하는 변수들의 관측상관계수와 예측상관계수의 일치도를 의미한다는 점을 알게 되었다. 관측상관계수는 측정된 자료에 의해 계산되지만, 예측상관계수들은 모형의 경로계수에 의해 추정된다. 그러므로 모형의 적합도를 판정하기 위해서는 우선적으로 모형의 경로계수들이 정확히 산출되어야 한다. 그렇지 않게 되면, 정확한 예측상관계수를 산출하는 것도 불가능하고, 결과적으로 모형의 합치도를 판정하는 것도 불가능해 진다.

그렇다면 최적의 경로계수들은 어떻게 산출되는가?

회귀분석으로 치면 경로계수는 회귀계수에 해당된다. 회귀분석에서 최적의 회귀선(회귀계수)이 결정되어야 하듯이, 경로모형분석의 경우에도 일련의 경로계수들이 최적의 경로계수가 되어야 한다. 회귀분석의 경우에 최적의 회귀선은 잔차가 최소화되는 회귀선으로 정의되듯이(이 책의 회귀분석설명 참조), 경로분석의 경우에도 산출된 일련의 경로들은 잔차를 최소화하는 것들이어야 한다. 그렇다면 경로분석의 경우에 그 잔차는 회귀분석의 그것과 같은 것인가?

회귀분석의 잔차는 개별 사례들에서의 잔차들의 제곱합($\Sigma(Y_i - \overline{Y})^2$)으로 결정된다. 하지만 경로분석에서의 잔차는 앞서 설명한 관측상관계수행렬과 예측상관계수행렬의 차이를 반영하는 잔차상관계수행렬을 의미한다. 최적의 회귀선이 잔차의 제곱합을 최소화하는 선이듯이, 최적의 경로계수들은 잔차상관계수행렬의 값을 최소화하는(minimize) 경로계수를 의미한다. 최소화한다는 의미는 잔차상관계수를 무조건 0의 값으로 한다는 것을 의미하는 것이 아니라 주어진 자료에서 잔차상관계수행렬 혹은 잔차공분산행렬의 요소 값들을 가장 작게 할 수 있는 단계까지 경로계수들을 지속적으로 반복하면서 추정(iterative estimation)해 간다는 의미이다. 즉, 잔차상관계수행렬의 각 요소들의 절대 값의 합을 최소화하거나(minimize), 또 다른 방식으로 잔차행렬의 각 요소값들의 제곱합[6]을 최소화하는 경로계수 값들을 반복적으로 추정한다.

경로계수 반복추정의 수학적 과정은 매우 길고 복잡하다. Lisrel등의 컴퓨터 프로그램은 경로계수의 초기값(starting value)을 산출하고, 그 다음에 연속적인 계산을 통하여 경로계수 추정치를 반복적으로 개선해 간다. 만일 초기추정치가 비교적 정확하다면 적은 수의 반복과정으로 최적의 경로계수를 구하지만, 그렇지 않을 경우에는 수십 번의 반복을 하기도 한다. 반복 추정을 통하여 더 이상 줄어들지 않는 단계에 이르러 잔차는 실질적인 잔차로 수용된다. 그리고 이 단계에 이르러서 모형의 실질적인

6) 제곱합을 취하는 이유는 절대값을 취하기 위한 또 다른 방법이다.

합치도를 산정하게 된다.

경로분석은 이와 같이 잔차행렬에서의 잔차량을 최소화하기 위해 경로분석과 구조방정식 모형 분석에서는 다음의 [식 Ⅶ-14]와 같은 소위 최대우도 기준(maximum likelihood criterion)을 적용한다.

[식 Ⅶ-14] 모형의 불합치함수

$$F_{ML} = \log[S] - \log[\hat{S}] + trace[(S)(\hat{S}^{-1})] - k$$

주. S=관측공분산행렬, $\hat{S}$=예측공분산행렬, $trace$=합, k=행렬차수

이 공식은 다소 복잡해 보이지만 역으로 생각하면, 이 공식의 논리는 간단하다. 만약 어떤 모형이 완전히 적합(perfect fit)하다면, 관측공분산행렬(S)[7]과 예측공분산행렬($\hat{S}$)[8]이 같을 것이다. 따라서 $(\log[S] - \log[\hat{S}])$의 결과는 항상 0이다. 그리고 $(S)(\hat{S}^{-1})$는 두 행렬이 같을 경우(완전 적합이면)에 대각선이 모두 1의 값을 가지는 항등행렬[9]에 해당하므로 그 행렬요소의 합은 k에 해당한다. 따라서 이 식은 k-k 항으로 축약되고, 그 결과 F_{ML}은 0이 된다.

F_{ML}의 0이 아니기 위해서는 관측공분산행렬과 예측공분산행렬이 차이를 보여야 하며, 그 차이가 클수록 모형의 두 행렬의 차이가 커야 하기 때문에 그 모형은 적합하지 않다는 것을 의미하게 된다.

요컨대, 완전히 적합한 모형이라면, F_{ML}은 0이다. 앞서 설명한 포화모형은 항상 관측상관계수행렬과 예측상관계수행렬이 합치하기 때문에 즉, 잔차상관계수행렬의 모든 요소 값이 0이기 때문에 F_{ML}이 항상 0이다. 따라서 이 경우에 모형의 적합도를 따지는 것은 의미 없다.

그러나 연구자들은 오컴의 면도날(Ockham's razor) 법칙[10]을 따르기

7) 이는 앞서 설명한 관측상계수행렬에 대응되는 행렬이다.

8) 이는 앞서 설명한 예측상관계수행렬에 대응되는 행렬이다.

9) 정방형 행렬 대각선상의 원소들은 모두 1이고 그 밖의 나머지 원소들은 모두 0인 행렬

10) 이는 과학의 기본적 원리 중의 하나이다. 이는 모든 조건이 같은 두 이론(자연을 설명하는)이 있다면 간단한 쪽을 채택해야 한다는 이론이다.

때문에 가급적 간명모형을 가정하고자 한다. 간명모형의 경우에 이론적으로는 F_{ML}이 0이 될 수도 있겠으나 그러한 경우는 거의 없을 것이다(만일 간명모형이면서도 F_{ML}이 0이라면, 그 모형은 정말로 완전한 모형에 해당된다). 그러나 간명모형의 경우에는 대부분 두 행렬간에 다소간에 차이가 발생하게 된다. 따라서 검증모형이 간명모형이라면, 모형의 적합도를 확인할 필요성이 발생한다.

> 결론 4 F_{ML}이 0이라면 완전적합모형을 의미하며, 그 값이 클수록 부적합모형에 해당한다.

그러면 모형의 적합도 여부의 결정을 위한 기준은 무엇인가?

바. 적합도 지수

경로분석이나 구조방정식모형분석에서 모형의 합치도를 결정하기 위해 다양한 지수들을 적합도 지수를 산출하고, 각 지수별로 나름대로의 임계치를 정하여 모형의 적합도를 결정한다. 이때 앞서 설명한 F_{ML}은 적합도 지수를 산출하는 기본적인 요소로 기능한다.

지금까지 제시된 적합도 지수의 종류만 해도 수십 종에 이른다. 이중 본서에서는 대표적으로 사용되는 지수들을 선별해서 소개하고자 한다.

1) 전통적 적합도 지수: 카이스퀘어(χ^2)

전통적인 모형의 적합도 지수인 χ^2는 다음과 같이 정의된다.

[식 Ⅶ-15] $\chi^2 = F_{ML}(N-1)$

주: N=사례수

따라서 F_{ML} 이 0이 되면(관측공분산행렬=예측공분산행렬), 카이스퀘어는 0이 된다. 즉, 완전 적합모형을 의미한다. 이 경우에는 사례수가 아무리 증가해도 카이스퀘어는 0이 될 것이다. 이는 포화모형에는 늘 그러하고, 간명모형에서는 이론적으로나 가능한 것이다. 그러나 간명모형일 경우에 경험적으로 F_{ML} 이 0이 되는 경우는 거의 없고, F_{ML} 값이 증가할 수록 카이스퀘어 값은 증가할 것이다. 따라서 카이스퀘어 값이 증가한다는 것은 F_{ML} 값, 즉 관측공분산행렬과 예측공분산행렬의 값들의 차이가 증가한다는 것을 의미함과 동시에 그 두 행렬의 차이를 반영하는 잔차공분산행렬의 값이 커진다는 것을 의미한다.

결국 모형의 적합도로서의 카이스퀘어 검증은 잔차공분산행렬이 전집에서 0이라는 영가설(null hypothesis)을 검증하는 것이다. 이때의 카이스퀘어의 자유도는 다음과 같다.

[식 Ⅶ-16] $$df = \frac{k(k+1)}{2} - t$$

주: k=공분산행렬의 행렬차수(측정변수 수), t=자유특징수. 이 식에 대한 설명은 '경로분석의 모형인정의 조건' 참조.

만약 모형의 검증 결과 카이스퀘어 값이 통계적 유의도를 가지게 되면 (p<.05), 설정된 모형이 전집에서 적합하지 않은 모형이라는 것을 의미하고, 반대로 통계적 유의도를 가지지 않으면(p>.05), 전집에서 적합한 모형이라는 것을 의미하게 된다. 따라서 카이스퀘어 값은 기본적으로 부적합 지수를 의미한다.

모형의 적합도 지수로서의 카이스퀘어는 대부분의 경로모형과 구조방정식 모형분석에서 적용되는 기본적인 적합도 지수이다. 왜냐하면, 앞서도 밝혔듯이 그것은 전집에서의 잔차공분산행렬 값이 0이라는 영가설을 검증하기 위한 가장 공식적인 통계적 검증방법이기 때문이다.

그러나 모형의 적합도 지수로서 카이스퀘어 검증은 몇 가지 비판을 받는다. 우선 표집단의 수가 적어서 정상분포를 이루지 않을 때 카이스퀘어 값은 통계적 검증에 적합하지 않게 분포될 수 있다는 점이 지적된다.

그리고 가장 많은 비판을 받는 것은 카이스퀘어 값이 표집단 수에 의해 직접적으로 영향을 받기 쉽다는 것이다. 카이스퀘어 값을 산출하는 [식 Ⅶ-15]를 살펴보면, 일정한 F_{ML} 값이 주어졌을 때, 사례수($N-1$)가 증가할수록 카이스퀘어 값은 그것에 비례해서 증가하도록 되어 있고, 그 결과 모형의 적합도를 기각할 확률이 커지게 됨을 알 수 있다. 게다가 카이스퀘어 검증을 위한 자유도는 사례수가 아닌 측정변인의 수와 경로의 수에 의해 결정되기 때문에 동일 모형일 경우에 표집단의 크기에 따라 변화하는 카이스퀘어 값을 보정하기 위한 별도의 수단이 없다. 즉, 경로의 구조 형태에 따라서만 모형의 적합도가 달라져야 할 것이 그것과는 상관없는 사례 수에 의해 민감하게 영향을 받기 때문에 연구자들은 카이스퀘어 지수 이외에 다른 대안적 적합도 지수들을 함께 고려하게 된다.

2) 대안적 적합도 지수들

모형의 적합도를 점검하기 위하여 카이스퀘어와 더불어 추가적으로 검토되는 대안적 적합도 지수들은 크게 세 가지로 분류할 수 있다. 각 유형별로 흔히 적용되는 대표적인 적합도 지수들을 소개하면 다음과 같다.

■ 절대 적합도 지수(absolute fit indices)

이 지수들은 앞서 설명한 카이스퀘어처럼 관측공분산행렬과 예측공분산행렬을 비교하는 방식으로 모형의 적합도를 나타낸다. 이에는 GFI(goodness of fit index)와 SRMR(standardized root mean square residual)등이 대체로 자주 적용된다. 이 지수들은 카이스퀘어와 같은 계열을 적합도 지수들이기 때문에 기본적으로 카이스퀘어 값을 교정하거나 카이스퀘어 산출의 기본요소인 F_{ML}을 교정하는 방식으로 결정된다. 각 지수들을 산출하는 공식과 논리는 다음과 같다.

먼저 GFI의 산출식은 다음과 같다(Joreskog & Sorbom, 1984).

[식 Ⅶ-17] $$GFI = 1 - \left(\frac{F_{ML}}{F_o}\right)$$

주: F_{ML}=모형의 합치함수 값, F_o= 모형내의 모든 경로들의 모수추정치가 0으로 가정될 때의 합치함수 값.

GFI지수는 수학적으로 0에서 1의 범위의 값을 가지는데 값이 클수록 모형이 적합함을 의미한다.

일반적으로 *GFI* 는 그 값이 .90이상일 때 모형이 적합하다는 판정을 한다.

다음으로 SRMR(standardized root mean square residual) 역시 자주 적용되는 절대적합도 지수이다. SRMR 지수의 산출은 매우 간단하다. SRMR은 관측상관계수와 예측상관계수의 절대 차이값(discrepancy)의 평균치이다. 예컨대, 어떤 행렬에서 관측상관계수들과 그것의 대응 예측상관계수들의 절대 차이값들의 평균치가 .50이라면, SRMR의 값은 .50이 된다. F_{ML}과 카이스퀘어 적합도 지수 산출공식에서 보았듯이, 관측상관계수와 예측상관계수가 일치할수록 모형의 적합도가 양호해지므로 SRMR의 값이 적을수록 모형의 적합도는 양호하다고 해석된다.

일반적으로 SRMR은 그 값이 .05보다 작을 때 모형이 적합하다는 판정을 한다.

■ 간명성 적합도 지수(parsimony-adjusted fit indices)

이 적합도 지수들은 기본적으로는 절대 적합도 지수이지만, 모형의 간명성이 커질수록 (경로수가 감소할수록) 적합도를 높게 평가할 수 있도록 교정된 적합도 지수이다. 다시 말하여 동일한 자료에 대하여 간명성이 높은 모형과 낮은 두 모형의 절대 적합도 지수가 같다고 했을 때, 간명성이 높은 모형에 대하여 더 높은 적합도 지수를 부여할 수 있도록 보정하는 방식이다. 이에는 PGFI(parsimonious GFI)와 RMSEA(root mean square error of approximation)가 대표적이다. 이중 최근 관심을 모으는 RMSEA(Steiger & Lind, 1980)를 검토해 보자.

[식 Ⅶ-18-1] $$RMSEA = \sqrt{\frac{\dot{F}_{ml}}{df_M}}$$

[식 Ⅶ-18-2] $$\dot{F}_{ml} = \max\left[F_{ml} - \left(\frac{df_M}{N-1}\right), 0\right]$$

주: df_M는 사례수가 아닌 모형의 경로수에 기반한 자유도로 [식 Ⅶ-18-1]에 의해 산출되는 자유도이며, max는 [ ]안의 컴마로 구분된 두 항 중에 더 큰 값을 취한다는 의미. 따라서 $\dot{F}$값은 0이상의 값이 되며, 절대로 음수는 될 수 없다.

RMSEA 산출 공식은 매우 복잡해 보이지만, 직관적으로 고려하면 RMSEA 값의 의미를 쉽게 파악할 수 있다.

우선 RMSEA는 일종의 절대적합도 지수로서, F_{ML}값과 직접적으로 관련되어 있다. [식 Ⅶ-18-1]과 [식 Ⅶ-18-2]를 종합적으로 고려하면, RMSEA 값은 기본적으로 F_{ML}값에 의해 결정되고, F_{ML}값과는 비례의 관계임을 알 수 있다. 즉, 다른 조건들이 같을 때, F_{ML}값이 클수록 RMSEA 값도 커진다. 앞서 제시한 [결론 4]에 의하면, F_{ML}값이 클수록 모형이 부적합을 의미하기 때문에 이와는 반대로 RMSEA 값은 작을수록 모형의 적합도가 높음을 의미한다.

그런데 RMSEA 산출공식에는 유난히 모형의 자유도(df_M)항이 눈에 많이 띈다. 이는 절대 적합도 지수를 모형의 자유도를 통하여 보정하기 위함이다. 즉, 사례수와 F_{ML} 값이 일정하다고 했을 때, [식 Ⅶ-18-2]에서 df_M (모형자유도)가 클수록 $\dot{F}_{ML}$ 값이 작아지게 된다. 이처럼 자유도가 증가하고 $\dot{F}_{ML}$ 값이 작아지게 되면 [식 Ⅶ-18-1]에 의해서 RMSEA값은 작아진다. 자유도가 증가한다는 것은 그만큼 모형의 설정된 경로계수의 수가 작아진다는 것을 의미하고([식 Ⅶ-16] 참조), 그만큼 모형이 간명하다는 의미다. 따라서 같은 자료를 분석한 두 모형 중 더 간명한 모형일수록 RMSEA값이 더 작아지도록 보정되어 더 적합모형으로 평가될 가능성이 커진다.

결국 RMSEA는 절대 적합도 지수를 모형의 간명성으로 보정한 지수로서 그 값이 0이 될 경우[11] 완전 적합모형(perfect fit)을 의미하며, 0에 가까울수록 그만큼 모형의 간명성이 개선되었다는 것을 의미한다.

---

11) 이경우가 되려면 [식 Ⅶ-18-2]에서 $F_{ML}-\left(\frac{df_M}{N-1}\right)$항이 0이거나 음수여야 한다. 그 경우들에서 $\dot{F}_{ML}$은 큰 값인 0의 값을 취한다.

일반적으로 RMSEA는 그 값이 .08이하이면 적절한 적합도로 평가되고, .05이하이면 매우 우수한 적합도로 평가된다.

■ 비교적합도 지수(CFI; comparative fit index)

비교적합도 지수(CFI)는 말 그대로 연구모형이 다른 모형과 비교되어 산출되는 적합도 지수이다(Bentler, 1990). 비교의 준거가 되는 모형은 독립모형(independent model) 혹은 기저모형(baseline model), 혹은 영가설 모형(null model)으로 일컫는 모형이다. 비교준거모형은 관측변수 간의 상관이 0이라고 가정된 모형이다. 즉, 관측변수간 공분산행렬에서 변수의 분산만 존재하고 공분산은 모두 0으로 가정한다.

CFI 는 다음의 공식으로 산출된다.

[식 Ⅶ-19-1]
$$CFI = 1 - \frac{\max[(N-1)(F_{ML}) - df,\ 0]}{\max[(N-1)(F_{ID}) - df,\ 0]}$$

주; F_{ML}= 연구모형의 적합도 함수, F_{ID}= 비교준거모형의 적합도 함수

CFI 산출식 역시 복잡해 보이지만, 자유도가 일정하다고 할 때, *CFI*는 실질적으로 다음의 공식에 의해 산출되는 것이다.

[식 Ⅶ-19-2]
$$CFI = 1 - \frac{\text{연구모형의}\ \chi^2}{\text{비교준거모형의}\ \chi^2}$$

비교준거모형의 관측변수간 상관을 모두 0으로 가정하기 때문에, 관측상관계수와 예측상관계수의 차이를 반영하는 비교준거모형의 카이스퀘어 값은 연구모형의 그것보다 크거나 같으며, 적은 경우는 존재할 수 없다. 왜냐하면, 비교준거모형이 관측상관계수를 모두 0으로 가정(영가설 모형)하지만 연구모형의 경우에는 그러한 경우를 경험적으로 기대하기 어렵다. 게다가 앞서 살펴보았듯이, 연구모형의 경우에 경로계수는 관측상관계수로 추정되고, 예측상관계수는 추정된 경로계수에 의해 추정되므로 세 가지 계수들간에는 상당히 높은 관련성이 높게 유지된다. 이와는 대조적으로 비교준거 모형의 경우에는 모든 관측상관계수만을 비현실적인 0으로

가정하기 때문에 관측상관계수와 예측상관계수의 절대적 차이(discrepancy)값을 반영하는 카이스퀘어 값이 연구모형의 그것보다 더 크게 나타나는 것이 일반적이다.

앞서 설명하였듯이 카이스퀘어 값은 부적합 지수이기 때문에 두 모형중 연구모형의 카이스퀘어 값이 비교준거모형의 그것보다 작으면 작을수록 연구모형의 적합도는 향상된다. [식 Ⅶ-19-2]에 의하면, 만일 연구모형의 카이스퀘어 값이 0에 가깝다면, 즉, 연구모형이 완전적합모형에 근접할수록 *CFI* 값은 1에 가깝게 되고, 반대로 연구모형의 카이스퀘어 값이 증가하여 비교준거모형의 카이스퀘어 값에 근접할수록 *CFI* 값은 0에 가깝게 된다.

따라서 *CFI* 값은 이론적으로 0에서 1의 값을 가지며, 1에 가까울수록 연구모형이 적합함을 의미하고 0에 가까울수록 부적합함을 의미한다.

<u>일반적으로 *CFI*는 그 값이 .90이상일 때 연구모형이 적합하다고 판정한다.</u>

지금까지 설명한 적합도 지수이외에도 수십 종의 다른 적합도 지수들이 있다. 그렇지만 연구자들은 모형의 적합도를 평가하기 위하여 이 모든 적합도를 검토할 필요는 없다. 또한 앞서 소개한 적합도 지수들에서 모형적합도의 판정기준들이 제시되기는 했지만, 어느 정도의 값의 크기를 임계치로 할 것인지에 대해서도 분명한 기준은 없다.

중요한 것은 얼마나 많은 종류의 적합도 지수를 검토하여야 하는 가가 아니라 앞서 제시한 세 유형의 적합도 지수를 균형있게 고려하는 것이라고 생각한다. 아무리 많은 적합도 지수들을 고려했다하더라도 특정 유형의 지수만을 고려한다면, 그것은 비록 적은 수의 적합도지수를 고려하더라도 다양한 유형에 걸쳐 검토한 것보다 못할 수도 있다. 이는 마치 많은 사례수를 가졌으면서도 특정 계층이나 지역에서 표집이 편중된 것보다는 비록 사례수가 그것보다 적어도 여러 계층과 여러 지역에 걸쳐 표집한 것보다 연구가설 검증의 타당도가 떨어지는 것과 같은 이치일 것이다. 저자는 이러한 관점에서 그동안 구조방정식 모형의 적합도를 점검함에 있어서 앞서 제시한 적합도 지수들을 주로 검토해 왔다.

또 다른 문제는 여러 개의 적합도 지수에 걸쳐서 적합도 판정결과가 서로 다를 때 발생한다. 앞서 서술했듯이 점검되는 모든 적합도 지수에서 적합 판정을 할 수 있다면, 모형의 적합도를 더 이상 의심할 필요는 없을 것이다. 그러나 실제로는 그렇지가 않은데 대부분의 경우에 카이스퀘어 지수는 부적합으로 판정되는 반면, 나머지 적합도 지수는 적합한 것으로 판정되는 것이 일반적이다. 그 이유는 카이스퀘어 적합도 지수가 상대적으로 표집단의 수에 따라 불안정하기 때문이다. 이 경우에 표집단의 수가 대규모라면, 카이스퀘어 지수에 집착할 필요는 없을 것이다. 그러나 그것을 보정한 다른 적합도 지수들은 가급적 만족시킬 필요가 있다.

5. 모형의 수정

앞서 [결론 2]와 [결론 3]에서 밝혔듯이, 가능한 모든 경로가 모두 설정된 포화모형의 경우에는 경로계수를 통해 추정된 예측상관계수가 관측상관계수와 완전히 일치하여 완전적합모형을 이룬다. 그러나 모형내에 비설정 경로의 수가 증가할수록 경로계수를 통해 추정되는 예측상관계수와 관측상관계수의 차이를 반영하는 F_{ML} 값, 즉, 모형 합치도 지수 산출의 기본요소 값이 이 증가하여 모형은 점차 완전적합상태에서 이탈하게 된다. 따라서 일반적으로 설정된 경로의 수가 증가할수록 모형의 적합도는 높아지는 경향이 있으며, 설정된 경로의 수가 적을수록(미설정 경로의 수가 증가할수록) 적합도는 낮아지는 경향이 있다.

모형의 수정은 크게 두 가지 방향으로 전개될 수 있다. 첫째는 모형의 적합도 검증결과 모형이 적합하지 않은 것으로 판정될 경우에 경로를 추가함으로써 모형의 적합도 기준을 만족시키는 경우이고, 두 번째는 모형이 적합할 경우에 모형의 간명성을 고려하여 경로를 제거하는 경우이다.

모형의 수정은 어떠한 방식으로 전개되든 기회비용을 포함한다. 즉, 경로의 수를 추가함으로써 모형의 적합도를 개선하는 경우에는 모형의 적합도는 개선할 수 있지만 모형의 간명성을 훼손할 수 있다. 즉, 복잡한 모형이 됨으로써 모형의 간명성 가치, 즉, 오컴의 면도날 법칙이 훼손된다. 반대로 모형의 간명성을 고려하여 지나치게 경로의 수를 줄일 경우에 모형의 간명성은 개선할 수 있지만 모형의 적합도를 훼손하는 비용이 따른다. 따라서 연구자들은 모형이 부적합한 경우에 간명성을 크게 훼손하지 않는 범위에서 모형의 적합도를 개선하여야 하며, 반대로 모형이 적합한 경우에는 모형의 적합도를 크게 훼손하지 않는 범위에서 모형의 간명성을 개선하여야 하는 어려움이 있다.

가. 모형의 적합도 개선 지수: 교정지수(modification index)

앞서 밝혔듯이, 모형의 적합도는 경로의 추가를 통해 가능하다. 그러나 어떠한 경로의 추가가 모형의 적합도를 더 많이 개선할 수 있는지를 확인하는 것이 필요하다. 만일 모형적합도 개선 가능성이 작은 경로들을 추가할 경우에는 모형의 간명도를 훼손하면서도 모형의 적합도는 크게 개선되지 않기 때문이다. 따라서 연구자는 어떠한 경로의 추가가 모형의 적합도를 개선하는데 크게 기여하는지를 확인하여야 한다.

이때 적용되는 지수가 교정지수이다. 교정지수는 특정 경로의 추가로 인해 부적합 지수인 카이스퀘어 값이 얼마나 낮아질 수 있는지에 대한 추정치이다. 예컨대, 미설정 경로 A에 대한 교정지수가 5라면, 모형에서 A경로를 설정하게 되면, 카이스퀘어 값이 5정도 떨어진다는 것을 의미한다. 카이스퀘어 값이 떨어지게 되면, 적합도는 그만큼 개선되는 것이다.

대략 교정지수가 4.0 이상인 미설정 경로의 경우에는 모형의 적합도를 개선하기 위해 새로운 경로로 추가해볼만한 가치가 있다. 즉, 교정 지수 4.0 은 그에 해당하는 경로들이 추가설정 되어 적합도가 재추정 될 경우에 카이스퀘어 값에서의 통계적으로 유의미($p<.05$)한 절감이 될 수 있는 수치에 해당된다.

나. 모형의 간명성 개선 지수: 고정지수(t)

모형의 간명성이란 주어진 모형에서 설정 가능한 경로수 대비 설정된 경로의 수가 상대적으로 적은 정도를 의미한다. 따라서 모형의 간명화란 모형에서 설정된 경로를 줄이는 전략이다. 역시 간명화의 경우에도 어떠한 경로를 해제하느냐가 관건이다.

이때, 연구자는 설정된 경로들 중에서 고정지수(t)의 값이 2(±2)보다 작은 경로들을 우선적으로 고려해야 한다. 고정지수는 설정된 경로의 통계적 유의도를 의미하는 바 그 값이 절대값 2보다 작으면, 통계적으로 유의미하지 않은 경로에 해당된다. 단 이러한 간명화는 모형의 적합도를 훼손하지 않은 범위에서 이루어져야 한다.

6. 변수간 인과적 효과의 검증과 분해

가설적 모형이 수정없이 모형의 적합도를 만족시켰거나 아니면, 부적합한 모형으로 판정되어 모형을 수정하여 적합도를 만족시키게 되면, 연구자는 확정된 모형에서의 변수간 인과적 관계들을 분석해야 한다. 사실 이 분석은 연구가설을 검증하는 것이어서 경로분석에 있어서 가장 중요한 부분이다.

앞서 밝혔듯이 회귀분석이상으로 경로분석이 요구되는 것은 연구자들이 모형내 변수들간의 직접효과뿐만 아니라 간접효과(매개효과)를 분석할 필요성을 느끼기 때문이다(연구자가 단순히 변수들간의 직접효과에만 관심을 둔다면, 회귀분석만으로도 가능할 것이다).

앞서 예로 들었던 경로분석 모형을 포화모형(부분매개모형)과 간명모형(완전매개모형)으로 구분하여 각각의 경우에 변수간 직접효과와 간접효과를 분석하고 해석하는 방법을 살펴보도록 하자.

먼저 다음의 그림과 같이 포화(부분매개)모형을 가정하여 Lisrel 프로그램을 통해 분해된 내생변수에 대한 외생변수의 직/간접 효과는 다음의 〈표 Ⅶ-6〉과 같다.

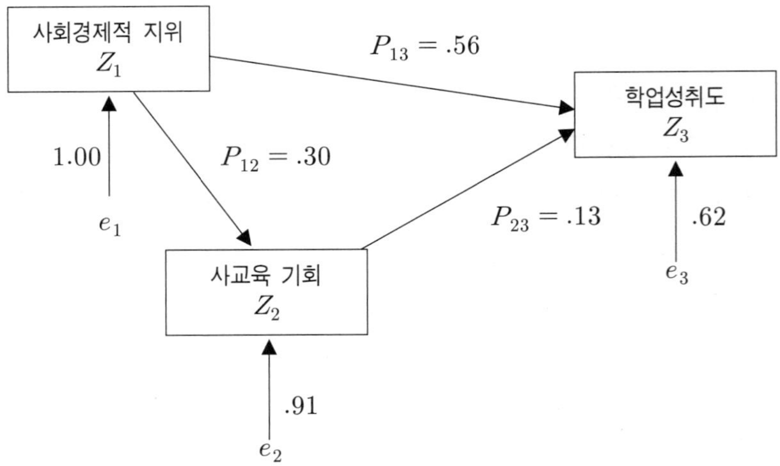

[그림 Ⅶ-10] 포화(부분매개)모형에서의 내생변수에 대한 외생변수의 효과

〈표 Ⅶ-6〉 포화(부분매개)모형에서의 내생변수에 대한 외생변수의 효과 검증 및 분해의 예

내생변수	외생변수	경로	전체 효과	직접 효과	간접 효과	전체 설명량 R^2
사교육기회	SES	SES→사교육기회	.30*	.30*	-	9%
학업성취도	SES	SES→학업성취도	.60*	.56*	.04*	38%
	사교육기회	사교육기회→학업성취도	.13*	.13*	-	

* $p < .05$, '-' 는 해당 없음을 의미함.

현재의 모형의 매개변수에 해당하는 사교육기회를 내생변수로 가정하였을 경우, 이에 대한 외생변수는 SES 뿐인데, 그 효과는 직접효과가 전체효과에 해당된다. 현재의 경우에 그 경로계수는 .30으로 통계적으로 유의한 수준이었다(p〈.05). 이 경우에 경로계수는 단순회귀분석의 회귀계수와 동일하다. 그리고 SES는 사교육기회의 총 변량의 9%를 설명한다.

한편 이 모형의 종속변수에 해당하는 학업성취도가 내생변수로 가정되었을 경우에는 이에 작용하는 외생변수는 SES와 사교육기회의 두 개다. 이중 사교육기회는 학업성취도에 대해 직접효과만을 가져 그것이 전체효과에 해당되는 반면(.13, p〈.05), SES는 학업성취도에 대해 직접효과(.56, p〈.05)와 더불어 사교육기회 변수를 통한 간접효과(.04, p〈.05)도 가지고 이 둘이 합쳐져 전체효과(.60, p〈.05)를 이룬다. 이 모든 효과들은 함께 학업성취도의 총변량의 38%를 설명한다.

다음으로 같은 자료를 다음의 그림과 같이 간명모형(완전매개모형)으로 가정하여 분석할 경우에는 변수간 효과검증은 다음 〈표 VII-7〉과 같다.

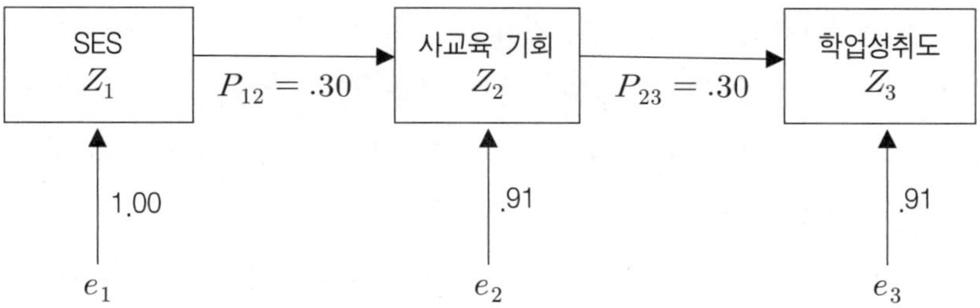

[그림 VII-11] 간명(완전매개)모형에서의 내생변수에 대한 외생변수의 효과

〈표 VII-7〉 간명(완전매개)모형에서의 내생변수에 대한 외생변수의 효과 검증 및 분해 예

내생변수	외생변수	경로	전체효과	직접효과	간접효과	설명량 (R^2)
사교육기회	SES	SES→사교육기회	.30*	.30*	-	9%
학업성취도	SES	SES→학업성취도	.09*	-	.09*	9%
	사교육기회	사교육기회→학업성취도	.30*	.30*	-	

간명(완전매개)모형의 경우에 SES와 학업성취도간의 직접효과가 해당없음이 될 것이고, 그 결과 간접효과가 전체효과에 해당될 것이다.. 유의할 점은 간접효과의 크기가 증가(.04→.09)했다는 점이다. 왜냐하면, 포화모형에서 설정되었던 'SES→학업성취도'의 직접경로가 해제됨으로써 일부분이 간접효과로 이어졌기 때문이다. 또한 학업성취도에 대한 사교육기회의 설

명력은 높아지는데, 그 이유는 완전매개모형의 경우 이 경로는 단순회귀분석의 회귀계수 즉, 영차상관계수에 해당되기 때문이다.

앞서 경로모형은 변수간 인과적 관련성을 파악하기에 적절한 분석방법이라고 하였다. 그리고 그러한 가정에서 경로분석을 적용하는 연구자들은 경로분석을 통해 밝혀진 변수간의 인과적 관련성을 무조건적으로 과도하게 주장하는 경향이 있다.

하지만, 경로분석(구조방정식 모형분석도 마찬가지)에서의 인과적 관계는 실질적인 인과관계라기보다는 연구자에 의해 가정된 모형내에서의 개념적 인과관계일 뿐이라는 점을 강조하고 싶다. 엄밀한 의미에서 경로모형에서의 변수간에 검증된 인과적 관계는 본질적으로 상관관계의 성질을 벗어나는 것이 아니다. 왜냐 하면, 지금까지 살펴보았듯이 경로분석에서의 인과적 관계로 지칭되는 경로계수들은 공분산 행렬(상관계수의 행렬)에 의해 유도된 수치이기 때문이다. 그러므로 사실 변수간의 실질적인 인과성은 경로분석을 통하여 검증될 수 없다.

다음에 소개되는 두 철학자가 제시하는 '인과성(causality)'의 개념과 조건은 경험적 차원에서 경로분석이나 구조방정식모형분석을 적용하는 연구자들이 인과성을 주장할 때 추가적으로 감안해야할 점들을 잘 보여주고 있다.

인과성의 조건: Aristotle

Aristotle의 인과성 대한 그의 창의적이고 독창적인 사고는 수세기에 걸쳐 인과관계에 대한 고찰과 논쟁의 길을 열어놓았다. Aristotle은 인과관계가 일차원적인 문제가 아니라고 믿었다. 어떤 것의 원인을 인식하기 위해서 우리는 몇 가지 것들을 이해해야만 한다. 우선 우리는 전조조건(antecedent condition)을 이해해야만 한다. Aristotle은 이러한 조건을 **동인(efficient cause)**이라고 하였다. 동인이란 어떤 사물을 움직이도록 부추기는 것을 말한다. 도미노 B가 A의 영향을 받아서 넘어질 때, 우리는 A의 움직임은 B의 동인이 된다. 또한 Aristotle은 사물의 구조에 대한 이해가 인과관계의 이해에 있어서 필수적이라고 믿었다. 의사가 망치로 무릎부분을 치게 되면, 우리는 무릎의 반사적 행동을 목격하게 된다. 만일 의사의 해머가 무릎의 반사적 행동의 동인이라면, 그것은 분명히 질료적 원인 즉, **질료인**(material cause)이 존재하는 것이다. 이 경우에 우리는 신경이나 근육의 손상이 있게 되면, 그 반사행동을 관찰할 수 없게 된다. 그래서 반사적 행동의 원인의 일부는 신체적 구조(신경, 근육, 힘줄)이다. 다시 말해서 반사행동은 Aristotle가 말하는 질료인에 해당하는 신체적 기질에 달려 있는 것이다. 도미노 B에 영향을 미치는 도미노 A(동인)는 그 둘이 같은 질료로 만들어졌을 때 도미노 B를 넘어뜨릴 수 있다. 하지만 도미노 B가 납으로 만들어졌고, A가 가벼운 나무로 만들어 졌다면, 그때 B는 A에 영향을 받고서도 넘어지지 않을 것이다. 따라서 소위 인과적 계열성은 전조조건뿐만 아니라 물질적 구조에 영향을 받게 되는 것이다.

Aristotle은 사건의 계열성에 대한 이해를 하기 위해서는 목표 및 목적에 대한 지식을 가져야 한다고 믿었다. 무릎반사행동의 예에서 우리는 우리가 무릎반사행동을 관찰할 수 있는 것은 의사가 신경계의 이상유무를 점검할 목적으로 해머를 이용하여 무릎을 두드렸기 때문이다. Aristotle은 이것이 변화를 일으키게 한 목적이기 때문에 **목적인**(final cause)이라고 칭하였다. 앞의 사례에서 Aristotle은 우리가 의사의 목적이나 의도를 이해할 수 있을 때 까지 환자의 무릎의 반사행동을 이해할 수 없다고 주장할 것이다.

네 번째 종류의 원인은 Aristotle이 **형식인**(formal cause)이라고 칭하는 것이다. 형식인은 어떤 사물의 형식, 형태, 혹은 속성과 관련되어 있다. 똑같은 화강암 조각이라도 그것은 각각 다른 형태의 베토벤이나 혹은 모차르트의 반신상으로 조각되어 형상화될 수 있다. 물질은 같지만, 그 형태는 다르며, 형태는 정보적 가치를 가지게 된다. 어떤 사물의 기능적 인과적 속성들은 그 형식에 달려있다. 만일 도미노 B가 A에 비해 그 형식에 있어서 너무 짧거나 매우 다르다면, A에 에 영향을 받았을 때, 도미노 B는 넘어지지 않을 것이다. 그래서 형식은 인과적 계열성을 이해하는데 있어서 필수적인 요소이다. 비행기가 적절한 재료로 만들어지고(material cause), 뛰어난 추진체계(efficient cause)를 가질 수 있다. 하지만 비행기의 날개나 다른 부분들이 적절한 모양(formal cause)을 갖추지 못하면, 그 비행기는 날수 없을 것이다.

요컨대, Aristotle은 인과관계에 대한 이해는 형식, 질료, 전조조건 및 의도된 목적을 이해하는 것과 관련되어 있다. 그리고 그는 이 모든 차원의 인과성을 균형 있게 강조를 하였다.

인과성에 대한 David Hume의 견해

18세기 스코틀랜드의 철학자 David Hume(1711-1776)은 인과론에 대한 전혀 다른 접근법을 보여주었다. 그는 인과성은 어떤 대상물에 점착되어 있거나 그 대상물 안에 존재한다고 확신할 수 있는 성질의 것이 아니라고 주장한다.

예컨대, 도미노 A는 도미노 B에 영향을 미치고 그 결과 도미노 B는 넘어진다. 우리는 이것을 두고 A가 B의 원인이라고 말한다. 하지만 우리는 그 역의 관계도 쉽게 일어날 수 있다는 사실에 동의할 것이다. 즉, B는 A에 영향을 주고, 그 A가 넘어질 수도 있을 것이다. 인과성은 A나 B에 내재된 성질이 아니다. 오히려 인과성은 A와 B의 관계를 나타내기 위해 우리가 고안해낸 하나의 구성개념일 뿐이다.

우리가 인과성이 A나 B에 내재하지 않는다고 말할 때, 그것은 우리가 각기 원인으로 작용할 수 있는 A나 B의 특별한 특징을 발견할 수 없다는 것을 의미한다. 따라서 원인이라는 용어는 B와 관련하여 관찰된 A의 특징을 나타낸 것에 불과할 뿐이다.

Hume은 다음과 같은 세 가지 조건에서 인과성을 추론하게 된다고 보았다. 첫째는, 두 가지 사건이 공간 속에서 인접해 있을 때(공간적 근접성), 둘째는 하나가 다른 하나보다 시간적으로 나중에 발생했을 때(시간적 우선성), 그리고 우리가 두 가지 사건의 부단한 동시발생을 관찰했을 때(항상적 관련성)이다. 만일 우리가 B가 A에 영향을 받았을 때 항상 넘어지는 현상을 반복적으로 관찰하게 되면, 우리는 A와 B의 필연적인 관계를 추론하고 생각하게 된다. Hume에 의하면, A와 B간에 필연적인 관계는 존재하지 않는다. 그 필연적 관계는 우리들이 추론한 것일 뿐이며 외계에 있는 대상물에 내재하는 것이 아니다.

인과론의 문제에 대한 Hume의 접근법은 과학적 인식론에 결정적인 영향을 미쳤다. 그의 주장은 과학이 인과관계에 대한 연구라기보다는 단지 사물들의 관계를 탐구할 뿐이라는 오늘날의 인식론적 입장을 형성시켰다. 완전히 확고한 관련성이 있다 할지라도 그것이 반드시 인과관계까지를 의미하는 것은 아니다.

오늘날 우리는 상관관계(correlation)가 인과관계(causal relation)를 의미하지 않는다는 사실을 인식하고 있다. 하지만 상관관계는 두 사건 간에 인과적 관계가 존재하지 않는다는 것을 의미하는 것도 아니다. 상관관계는 단순히 인과관계의 문제와 관련하여 중립적일 뿐이다.

아마도 어떤 의미에서 인과관계는 과학을 하기 위한 적절한 개념이라고 볼 수 없다. 어떤 의미에서 그것은 역사적이고 철학적인 호기심의 대상일 뿐인지도 모른다. 그러나 분명히 상관관계나 기능적 관련성에 만족하는 사람들이 존재한다. 그러나 인과관계에 대한 관념은 우리의 상식에 확고하게 자리 잡고 있어서 지적 유물이 되지 못하고 있다.

경험적 연구에서 보다 분명한 인과적 관련성은 실험적 자료를 통해서 규명될 성질의 것이지 상관적 자료에 근거한 통계적 분석방법(경로분석과 구조방정식 모형 분석)에 의해 결정되는 것은 아닐 것이다[12]. 그러니까 분석방법이 인과성을 결정한다기보다는 구해진 자료 성질(실험적 자료/상관적 자료)이 변수간의 인과성을 보증하는 더 중요한 결정요인일 수 있다. 따라서 상관적 자료에 기초한 경로분석이나 구조방정식 모형 분석의 경우에 변수간 인과성 추론은 매우 신중하게 이루어져야 할 것이다.

---

12) 물론 실험적 자료도 구조방정식 모형을 통하여 분석 가능하다.

7. 경로분석의 모형인정의 조건

지금까지 우리는 경로분석에서 모형이 인정되는 경우들만 살펴보았다. 그러나 모형이 인정되지 않아 모형의 적합도 평가와 변수 간의 인과적 관계를 검증하기 불가능한 모형들도 있다. 따라서 연구자가 모형인정의 조건을 만족시키지 못할 경우에는 모형의 적합도와 변수간의 인과적 관계를 검증하는 것이 불가능하다.

따라서 연구자는 경로분석 모형을 설정함에 있어서 모형이 인정되기 위한 조건을 미리 검토할 필요가 있다. 연구모형의 모형인정 가능성의 조건을 파악하기 위해서는 우선 '정보의 수'라는 개념과 '자유 특징수'의 개념을 이해할 필요가 있다.

가. 기본개념: 정보수와 자유특징수

■ 정보수 = 주어진 자료에서의 측정변수의 변량과 공변량 값들의 가능한 총 개수로써 다음의 공식에 의해 산출된다.

[식 Ⅶ-20] 정보수 = 측정변수의 변량수 + 측정변수의 공변량수

$$= k + {}_kC_2 = k + \frac{k(k-1)}{2}$$

$$= k + \frac{k(k-1)}{2}$$

$$= \frac{2k}{2} + \frac{k(k-1)}{2}$$

$$= \frac{2k + k(k-1)}{2}$$

$$= \frac{k^2 + k}{2}$$

$$= \frac{k(k+1)}{2}$$

주; k=측정변수 수, ${}_kC_2 = K$개의 측정변수가 2개씩 결합되는 조합(combination)의 총수=공변량 수

결국 정보수란 측정변수의 수(변량 수)와 측정변수들간의 모든 가능한 관계(공변량 수)의 총수를 의미한다. 이때 공변량 수는 경로모형에서 가능한 모든 경로의 수와 같다. 따라서 경로모형의 경우에 정보수는 다음의 식으로 정리된다.

[식 Ⅶ-21]

정보수 = 측정변수간 최대 가능경로수 + 측정변수의 (변량)수

■ 자유특징(미지수)수[13] = 연구모형에서 추정하고자 설정한 요소의 총수로 다음의 식에 의해 결정된다.

[식 Ⅶ-22] 경로모형의 자유특징수 $= O_c + r_c + O_i$

주: O_C = 측정변수간 설정 경로수, r_C =내생변수잔차간 설정된 경로수, O_i=측정변수(변량)수

[식 Ⅶ-22]에서 측정변수의 변량수는 상수로 정해져 있다. 따라서 자유특징수를 결정하는 요인은 측정변수간 설정한 경로(공변량)수(O_C)와 내생변수의 잔차간 설정한 경로(r_C)[14]수에 의해 결정됨을 알 수 있다.

그런데 측정변수간 설정된 경로(O_C)의 경우 세 가지 유형의 경로로 구분된다. 첫째는 외생변수간의 경로(공변량)이고, 두 번째는 외생변수와 내생변수간의 경로(공변량)이며(감마; Γ), 마지막은 내생변수간의 경로(공변량)이다(베타; β).

---

13) 특징수는 parameter를 번역한 것으로 모수 추정치로도 불린다. 특징수는 고정 특징(fixed parameter)과 자유특징수(free parameter)로 구분되는데 전자는 연구자가 0이나 0이 아닌 상수를 부여하여 특징수를 고정한 경우이며, 후자는 주어진 자료에 의해 특징수가 추정될 수 있도록 제약을 풀어 허용한 경우이다.

14) 잔차(residual)란 어떤 변수의 변량중 다른 변수에 의해 설명되고 남는 변량이다. 따라서 잔차는 내생변수에만 발생한다(외생변수의 경우에는 다른 변수에 의해 설명되는 변량이 없기 때문에 잔차변량은 없다). 잔차변량은 내생변수의 총 변량중 경로계수로 수렴되고 남은 변량분이기 때문에 독립된 변수로 가정될 수 있고 이들간의 경로를 설정하는 것이 타당하다.

이중 외생변수간 경로(파이: Φ)는 기정 자유특징수로 설정되어 연구자가 설정하지 않아도 자동적으로 자유특징수로 가정된다(Lisrel 프로그램의 경우에 default 상태로 자동 설정됨). 따라서 이것도 상수나 마찬가지이다[15].

결국 특정의 경로모형에서 자유특징수를 결정요소 중 측정변수의 변량수와 외생-외생변수간 경로수도 상수로 정해져 있으므로 연구자가 자유특징수를 실질적으로 결정할 수 있는 요인은 나머지 경로인 외생-내생 변수간 경로수와 내생-내생 변수간 경로수, 그리고 내생변수 잔차간 경로수뿐이다. 즉, 연구자가 이들 경로(외생-내생변수간, 내생-내생변수간, 내생변수의 잔차간 경로)경로를 많이 설정할수록 자유특징수는 증가한다[16].

나. 모형인정의 조건

모형인정의 조건은 크게 필수조건과 모형인정 가능성을 높이기 위한 전략적 조건으로 대별할 수 있다. 필수조건은 모형이 인정되기 위한 필요불가결한 조건에 해당되며, 전략적 조건은 필수조건이외에 모형의 인정 가능성을 높이기 위해 추가적으로 고려해야 할 조건이나 전략들을 말한다.

1) 모형인정의 필수조건

연구자들이 경로분석을 하다보면, 설정된 연구모형이 'unidentified model'이나 'degree of freedom is negative'라는 메시지를 통해 더 이상 출력결과(모형의 적합도와 변수간 인과적 관계 계수)를 산출하지 않는 경우를 관찰하게 된다. 이것은 모형이 인정되지 않는 경우로서 연구자가 설정한 모형이 필수적으로 재고될 필요가 있음을 알리는 것이다.

---

15) 만일 연구자가 외생변수간 경로를 설정하고 싶지 않으면, Lisrel 프로그램에서 파이행렬(PH matrix)을 만들어 공변량에 해당하는 경로에 0의 값(무상관)을 지정하면 된다. 그러나 이러한 별도의 조치를 취하지 않으면, 자동적으로 경로가 설정되어 자유특징수가 된다.

16) 하지만 만일 연구자가 각 주 15)처럼 하는 별도의 조치가 있을 경우에는 그만큼 자유특징수는 줄어든다.

연구모형의 인정여부는 정보수와 자유특징수를 비교한 결과에 따라 결정된다. 정보수와 자유특징수를 비교한 결과는 논리적으로 세 가지 경우가 있다. 첫째는 정보수와 자유특징수가 같은 경우이다. 이러한 경우를 **포화모형**(saturated model; just-identified model)이라 한다. 두 번째는 자유특징수가 정보수보다 작은 경우이다. 이러한 경우를 **간명모형**(parsimonious model; over-identified model)이라 한다. 마지막의 경우는 자유특징수가 정보수보다 많은 경우이다. 이러한 경우를 **부정모형**(unidentified **혹은** under-identified model)이라 한다.

연구모형이 인정되려면, 다음의 [식 VII-23] 혹은 [식 VII-24]가 만족되어야 한다.

[식 VII-23] 모형인정 필수조건 = 정보수 ≥ 자유특징수

혹은

[식 VII-24] 모형인정 필수조건 = 모형의 자유도 ≥ 0, (왜냐하면, [식 VII-16]에 따라 모형의 자유도는 '정보수 - 자유특징수'이므로)

[식 VII-23]과 [식 VII-24]의 논리는 연구자가 구하고자 하는 값의 종류(자유특징수)가 주어진 자료의 정보수(관찰변수의 변량과 공변량의 수)보다 많을 경우에는 수학적으로 불능 상태가 되어 해를 못 구하며, 자유특징수가 정보수와 같거나 정보수보다 적을 경우에는 수학적으로 해를 구할 수 있음을 의미한다.

[식 VII-23]과 [식 VII-24]에 의하면, 정보수와 자유특징수가 같아서 자유도가 0인 경우(포화모형)와 자유특징수가 정보수보다 작아서 자유도가 양수(positive)인 경우(간명모형)경우에는 모형인정의 필수조건이 만족되어 모형이 인정된다. 하지만 정보수가 자유특징수보다 작아서 자유도가 음수(negative)인 경우(부정모형)에는 모형이 인정되지 않는다. 이 부정모형의 경우에 Lisrel 프로그램을 사용하여 경로분석을 할 경우 분석결과 파일에서 'unidentified model'이나 'degree of freedom is negative'라는 메시지가 등장하고 더 이상 분석결과가 산출되지 않는다. 이렇게 되면, 연구자는

자신이 과도한 수의 자유특징수를 발생시키는 모형을 설정해서 자유도가 음수가 되었음을 깨닫고, 양수의 자유도를 발생시키도록 자유특징수를 줄이는 전략을 취하여 모형을 인정받아야 한다.

2) 모형인정의 필수조건에 따른 모형인정과 불인정의 예들

독자들의 이해를 돕기 위하여 구체적으로 모형이 인정되는 경우와 인정되지 않는 전형적인 예를 들고자 한다. 편의상 앞으로 소개되는 모형의 예들은 기본모형과 복잡한 모형으로 구분하고자 한다. 여기서 기본모형이란 경로분석의 최소 조건인 변수의 수가 3개인 모형이며, 복잡한 모형은 기본모형에 변수를 두 개 더 추가한 5개의 경로모형이다. 혼란을 피하기 위하여 각 유형내에서의 경로모형들은 같은 수의 측정변수 수를 유지할 것이다.

앞으로 소개하는 기본모형과 복잡한 모형의 차이는 단순히 변수의 개수에서의 차이만을 고려한 것이 아니라 변수의 유형을 고려하였다는 점이다. 즉, 기본모형의 경우에는 외생변수가 단수(1개)로 설정된 반면, 복잡한 모형의 경우에는 외생변수가 복수(3개)로 설정되어 있다는 점을 유념할 필요가 있다.

가) 기본모형

■ 전형적인 포화모형의 예

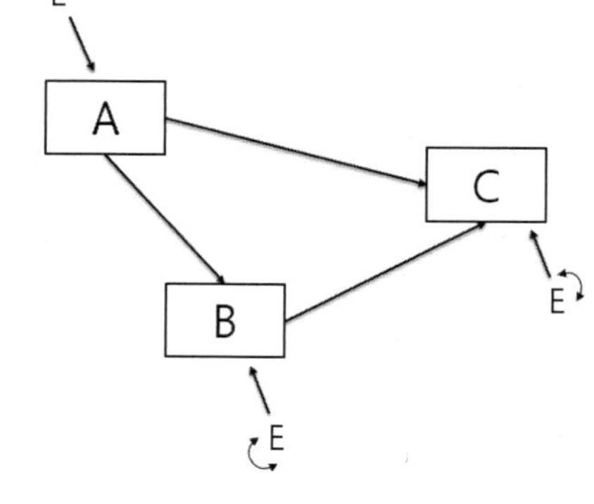

[그림 Ⅶ-12] 기본모형의 전형적 포화모형의 예

주; E=측정변수의 잔차변량

전형적인 포화모형(부분매개모형)을 반영하는 [그림 VII-12]의 경로모형에서 정보수, 자유특징수 및 모형의 자유도는 다음과 같다.

[식 VII-21]에 의해

정보수 = 3(측정 변수간 최대가능 경로수)
+ 3(측정변수의 변량(E)수) = 6

[식 VII-22]에 의해

자유특징수 = 3(측정변수간 설정된 경로수)
+ 0(내생변수 잔차간 경로수)
+ 3(측정변수의 변량(E)수) = 6

[식 VII-16]에 의해

모형의 자유도 = 6(정보수) - 6(자유특징수) = 0

따라서 이 모형은 모형의 자유특징수가 정보수와 같아 더 이상 추가경로를 추가할 수 있는 여지(자유도)가 없는 **포화모형**(saturated/ just-identified model)이다. [결론 3]에 의하면, 포화모형의 경우에 관측상관계수행렬과 예측상관계수행렬의 서로 대응되는 요소값들이 항상 모두 같으며(합치하며), 따라서 두 행렬간의 격차를 반영하는 잔차상관계수 행렬의 요소들은 항상 모두 0의 값을 갖는다. 따라서 F_{ML}값이 0이 되고 χ^2 값도 0이기 때문에 이 모형은 완전적합모형(perfect fit model)이다. 따라서 이 모형은 적합도를 평가하는 것이 수학적 중복(mathematical tautology)에 불과해 무의미하다. 따라서 모형을 주장함에 있어서 적합도는 포기하고 경로계수에만 의존해야 한다.

이 모형은 [식 VII-23]과 [식 VII-24]는 만족시켜 모형으로는 인정(identified) 되지만 모형의 간명성을 만족시키지 못해 이론적 가치는 절감된다. 과학의 목적이 복잡한 현상을 간명하게 설명할 수 있는 법칙을 발견하는데 있다고 할 때, 그 법칙을 반영하는 연구모형은 간명성을 갖추어야 가치가 있다. 그러나 포화모형은 전혀 간명하지 않은 모형으로서 현상을 그대로 복사한 것에 불과하다.

■ 간명화된 포화모형의 예

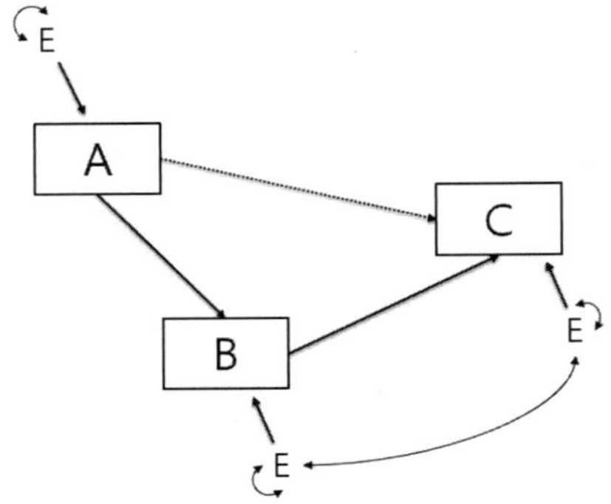

[그림 Ⅶ-13] 기본모형의 간명화된 포화모형의 예

주; 이 모형에서 점선은 경로가 설정되지 않았음을 의미함. E=측정변수의 잔차변량

내생변수의 잔차간 경로가 설정된 특수한 형태의 모형에 해당하는 [그림 VII-13]의 경로모형에서 정보수, 자유특징수 및 모형의 자유도는 다음과 같다.

[식 VII-21]에 의해

정보수 = 3(측정변수간 최대가능 경로수)
+ 3(측정변수의 변량(E)수) = 6

[식 VII-22]에 의해

자유특징수 = 2(측정변수간 설정된 경로수)
+ 1(내생변수 잔차간 경로수)
+ 3(측정변수의 변량(E)수) = 6

[식 VII-16]에 의해

모형의 자유도 = 6(정보수) - 6(자유특징수) = 0

따라서 이 모형 역시 이전 모형 [그림 VII-12]와 같이 모형의 자유특징수가 정보수와 같아 더 이상 추가경로를 추가할 수 있는 여지(자유도)가 없는 포화모형(saturated/ just-identified model)에 해당된다. 그런데 이 모형이 이전모형과 다른 점은 측정변수간 구조모형 중 한 경로, 즉 A→C 경로가 미 설정된 간명모형임에도 불구하고 내생변수의 잔차간 경로, 즉, E→E

경로가 추가됨으로써 간명성이 상쇄되어 결국 포화모형이 되었다는 점이다.

이 모형 역시 [식 VII-23]과 [식 VII-24]를 만족시켜 모형은 인정되지만 포화모형이 됨으로써 χ^2 값을 산출할 수 없어 이 모형은 역시 완전적합모형(perfect fit model)으로 판정되어 모형의 적합도를 평가하는 것이 불가능하다. 따라서 모형을 주장함에 있어서 이전 모형과 마찬가지로 모형의 적합도 검증은 포기하고 경로계수에만 의존해야 하는 단점이 있다.

그러나 이 모형은 이전 모형보다 변수간의 구조적 관계의 간명성(A→C)을 개선하였기 때문에 이론적 가치는 평가할 수 있을 것이다.

■ 간명모형의 예

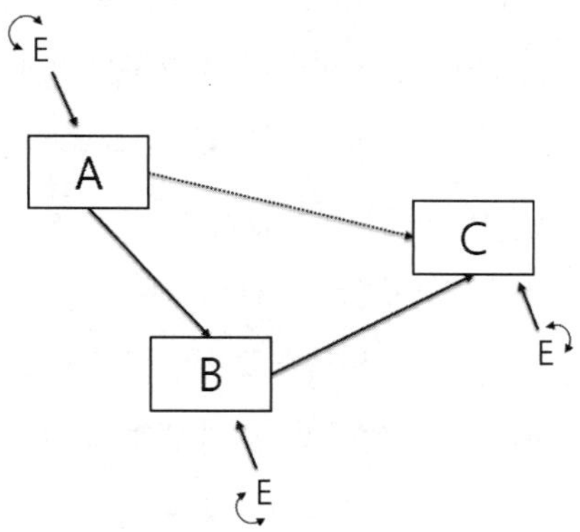

[그림 VII-14] 기본모형의 간명모형의 예

주; 이 모형에서 점선은 경로가 설정되지 않았음을 의미함. E=측정변수의 잔차변량

전형적인 간명모형(완전매개모형)을 반영하는 [그림 VII-14]의 경로모형에서 정보수, 자유특징수 및 모형의 자유도는 다음과 같다.

[식 VII-21]에 의해

정보수 = 3(측정 변수간 최대가능 경로수)
+ 3(측정변수의 변량(E)수) = 6

[식 VII-22]에 의해

자유특징수 = 2(측정변수간 설정된 경로수)
+ 0(내생변수 잔차간 경로수)
+ 3(측정변수의 변량(E)수) = 5

[식 VII-16]에 의해

모형의 자유도 = 6(정보수) - 5(자유특징수) = 1

이 모형은 모형의 자유특징수가 정보수보다 1만큼 작아서 추가경로를 설정할 수 있는 여지(자유도)가 1인 간명모형(parsimonious/ over-identified model)이다. [결론 1]에 의하면, 간명모형의 경우에 관측상관계수행렬과 예측상광계수행렬의 서로 대응되는 요소값 들 중 미설정 경로에 해당하는 관측상관계수와 예측상관계수가 차이를 보여 두 행렬간의 격차를 반영하는 잔차상관계수 행렬에서 0이 아닌 값을 갖는다. 따라서 F_{ML}값이 0이 아닌 값이 되고, 그에 따라 χ^2 값도 0이 아니기 때문에 이 모형은 적합도를 평가하는 것이 의미 있고 필요하다.

또한 이 모형은 [식 VII-23]과 [식 VII-24]의 조건들을 만족시키기 때문에 연구모형으로서 인정될 뿐만 아니라 포화모형에 비해 모형의 간명성(A→C)이 개선된 측면이 있어 이론적 가치가 크다.

■ 부정모형의 예

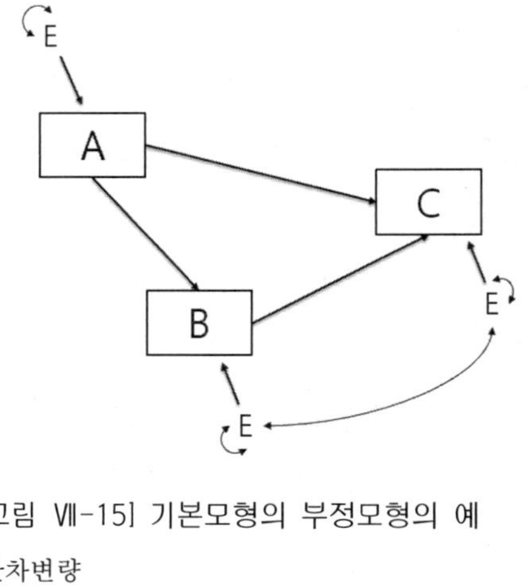

[그림 Ⅶ-15] 기본모형의 부정모형의 예

주; E=측정변수의 잔차변량

전형적인 부정모형(부분매개모형+내생변수 잔차간 경로)을 반영하는 [그림 VII-15]의 경로모형에서 정보수, 자유특징수 및 모형의 자유도는 다음과 같다.

[식 VII-21]에 의해

정보수 = 3(측정 변수간 최대가능 경로수)
+ 3(측정변수의 변량(E)수;) = 6

[식 VII-22]에 의해

자유특징수 = 3(측정변수간 설정된 경로수)
+ 1(내생변수 잔차간 경로수)
+ 3(측정변수의 변량(E)수) = 7

[식 VII-16]에 의해

모형의 자유도 = 6(정보수) - 7(자유특징수) = -1

이 모형은 모형의 자유특징수가 정보수보다 1만큼 더 많아서 과잉으로 정의된 (음수의 자유도) 부정모형(unidentified/under-identified model)이다. 자유도가 음수라는 것은 통계적으로 넌센스에 해당된다.

이러한 모형을 설정하게 되면, 컴퓨터 프로그램(Lisrel)에서 'degree of freedom is negative' 라는 메시지가 나타나면서 더 이상 결과물(적합도지수와 변수간 구조 경로계수 등)을 산출하지 않는다. 즉, 수학적으로 불능상태가 되어 해를 구할 수 없는 모형이라는 것이다.

이 모형의 경우 측정변수의 경로가 포화된 상태인데, [결론 3]에 의하면, 포화모형의 경우에 관측상관계수행렬과 예측상관계수행렬의 서로 대응되는 요소값들이 항상 모두 같으며(합치하며), 따라서 두 행렬간의 격차를 반영하는 잔차상관계수 행렬의 요소들은 항상 모두 0의 값을 갖는다. 따라서 F_{ML}값이 0이 되고 χ^2 값도 0이기 때문에 이 모형은 적합도를 평가하는 것이 수학적 중복(mathematical tautology)에 불과해 무의미하다.

게다가 결정적으로 이 모형은 [식 VII-23]과 [식 VII-24]는 만족시키기 못하는 모형으로서 인정될 수 없는 부정(unidentified) 모형이기 때문에 포화 모형처럼 경로계수를 산출할 수도 없다.

나) 복잡한 모형

앞서 설명하였듯이 지금부터 소개되는 복잡한 모형들은 앞서 소개한 기본모형에 비해 변수의 수가 많다는 것 이외에 중요한 차이점이 있는데, 그것은 기본모형에서는 외생변수가 단수(1개)인 반면, 복잡한 모형은 모형내 설정된 외생변수가 복수(3개)로 설정되었다는 것이다.

따라서 기본모형에서는 파이계수(Φ), 즉, 외생변수의 변량은 산출되지만, 공변량은 존재할 수 없다. 이에 앞으로 소개되는 복잡한 모형에서는 외생변수가 3개이므로 외생변수의 파이계수(Φ)는 변량 3개와 공변량 3개의 6개의 자유특징수가 고려된다.

다음의 [그림 VII-16]이 보여주듯이 외생변수의 파이계수 경로들은 일방이 아닌 쌍방의 화살표로 연결되어 있다. 즉, 이들 변수들간의 관계가 인과적 관계가 아닌 상관관계로 유지됨으로써 외생변수로서의 지위를 유지시키기 위함이다[17].

그리고 추가적으로 고려해야 할 점은 앞서도 기술하였듯이 이 외생변수들간의 경로계수(Φ)는 기정 자유특징수로 설정되어 연구자가 설정하지 않아도 자동적으로 자유특징수로 가정되어 산출된다(Lisrel 프로그램의 경우에 default 상태로 자동 설정됨). 따라서 Lisrel과 같은 컴퓨터 프로그램을 사용할 경우에는 파이(Φ)계수가 산출되어도 모형도(path diagram)에서는 표시하지 않는다.

17) 만일 외생변수간의 경로가 일방의 화살표로 설정될 경우 둘 중의 하나는 내생변수로 지위가 변화된다.

■ 포화모형 예

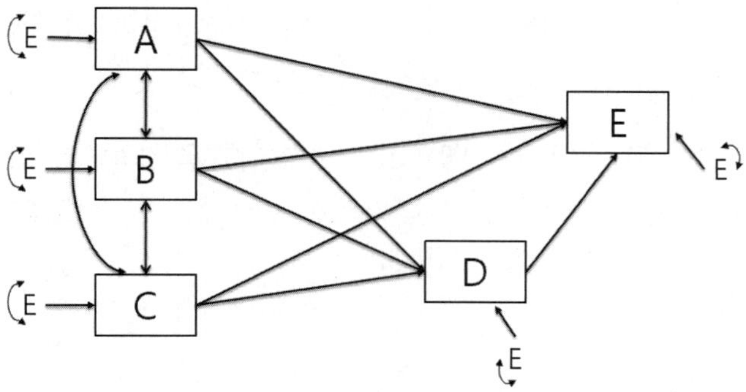

[그림 Ⅶ-16] 복잡한 모형의 전형적인 포화모형 예

주: 외생변수간 경로계수(Φ) (A↔B, B↔C, A↔C)들은 연구자가 설정하지 않아도 컴퓨터 프로그램(Lisrel)에서 기정 자유특징수로 설정되어 그 값은 자동 산출되지만 경로도(path diagram)에서는 표기되지 않음.

이 모형은 기본모형에서의 전형적인 포화모형(부분매개모형)과 변수의 수만 다를 뿐 모든 면에서 유사하다. 이 모형에서의 정보수, 자유특징수 및 모형의 자유도는 다음과 같다.

[식 Ⅶ-21]에 의해

정보수 = 10(측정 변수간 최대가능 경로수)
+ 5(측정변수의 변량(E)수) = 15

[식 Ⅶ-22]에 의해

자유특징수 = 10(측정변수간 설정된 경로수)
+ 0(내생변수 잔차간 경로수)
+ 5(측정변수의 변량(E)수) = 15

[식 Ⅶ-16]에 의해

모형의 자유도 = 15(정보수) - 15(자유특징수) = 0

기본모형의 포화모형 [그림 Ⅶ-12]와 같이 이 모형은 모형의 자유특징수가 정보수와 같아 더 이상 추가경로를 추가할 수 있는 여지(자유도)가 없는 **포화모형**(saturated/just-identified model)으로서 완전적합모형이다.

따라서 이 모형은 적합도를 평가하는 것이 수학적 중복(mathematical tautology)에 불과해 무의미하며, 따라서 모형을 주장함에 있어서 적합도는 포기하고 경로계수에만 의존해야 한다.

이 모형은 [식 VII-23]과 [식 VII-24]는 만족시켜 모형으로는 인정(identified) 되지만 모형의 간명성을 만족시키지 못해 이론적 가치는 절감된다.

■ 간명모형

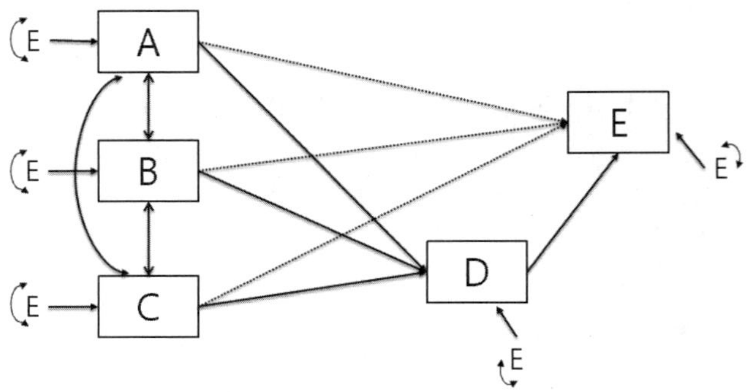

[그림 VII-17] 복잡한 모형의 간명모형 예

주: 외생변수간 경로계수(Φ) (A↔B, B↔C, A↔C)들은 연구자가 설정하지 않아도 컴퓨터 프로그램(Lisrel)에서 기정 자유특징수로 설정되어 그 값은 자동 산출되지만 경로도(path diagram)에서는 표기되지 않음. 점선은 미설정 경로를 의미함.

이 모형은 기본모형에서의 전형적인 간명모형(완전매개모형)과 변수의 수만 다를 뿐 모든 면에서 유사하다. 이 모형에서의 정보수, 자유특징수 및 모형의 자유도는 다음과 같다.

[식 VII-21]에 의해

정보수 = 10(측정 변수간 최대가능 경로수)
+ 5(측정변수의 변량(E)수) = 15

[식 VII-22]에 의해

자유특징수 = 7(측정변수간 설정된 경로수)
+ 0(내생변수 잔차간 경로수)
+ 5(측정변수의 변량(E)수) = 12

[식 VII-16]에 의해

모형의 자유도 = 15(정보수) - 12(자유특징수) = 3

이 모형은 모형의 자유특징수가 정보수보다 3만큼 작아서 추가경로를 설정할 수 있는 여지(자유도)가 3인 간명모형(parsimonious/ over-identified model)이다. 기본모형이 간명모형과 마찬가지로 이 모형은 F_{ML}값이 0이 아닌 값이 되고, 그에 따라 χ^2 값도 0이 아니기 때문에 이 모형은 적합도를 평가하는 것이 의미 있고 필요하다.

또한 이 모형은 [식 VII-23]과 [식 VII-24]의 조건들을 만족시키기 때문에 연구모형으로서 인정될 뿐만 아니라 포화모형에 비해 모형의 간명성(A→C)이 개선된 측면이 있어 이론적 가치가 크다.

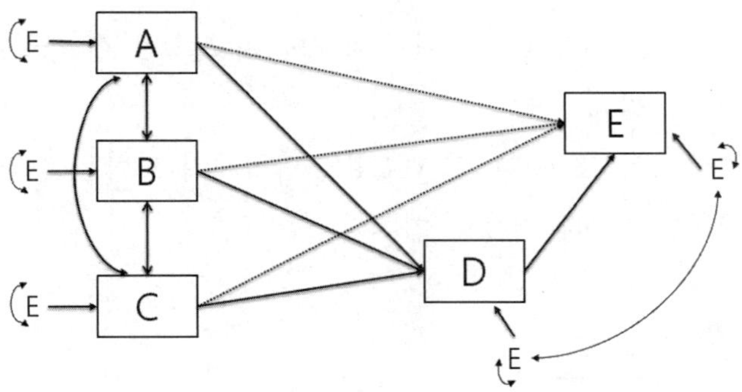

[그림 VII-18] 복잡한 모형의 잔차간 경로가 고려된 간명모형 예

이 모형은 앞서 소개한 복잡한 간명모형에 내생변수의 잔차간 경로가 추가된 모형이다. 이 모형에서의 정보수, 자유특징수 및 모형의 자유도는 다음과 같다.

[식 VII-21]에 의해

정보수 = 10(측정 변수간 최대가능 경로수)
+ 5(측정변수의 변량(E)수) = 15

[식 Ⅶ-22]에 의해

자유특징수 = 7(측정변수간 설정된 경로수)
+ 1(내생변수 잔차간 경로수)
+ 5(측정변수의 변량(E)수) = 13

[식 Ⅶ-16]에 의해

모형의 자유도 = 15(정보수) - 13(자유특징수) = 2

이 모형은 바로 앞에서 제시한 간명모형과 측정변수간 구조모형은 동일하지만, 내생변수의 잔차간 경로(E→E)가 추가됨으로써 자유도 숫자가 1개 줄어들었다. 그렇지만 여전히 이 모형은 자유특징수가 정보수보다 2만큼 작아서 추가경로를 설정할 수 있는 여지(자유도)가 2인 간명모형(parsimonious/over-identified model)이다. 따라서 F_{ML} 값이 0이 아닌 값이 되고, 그에 따라 χ^2 값도 0이 아니기 때문에 이 모형은 적합도를 평가하는 것이 의미 있고 필요하다.

이 모형 역시 [식 Ⅶ-23]과 [식 Ⅶ-24]를 만족시켜 모형은 인정되며 여전히 간명모형이므로 이론적으로 가치가 있다.

■ 부정모형

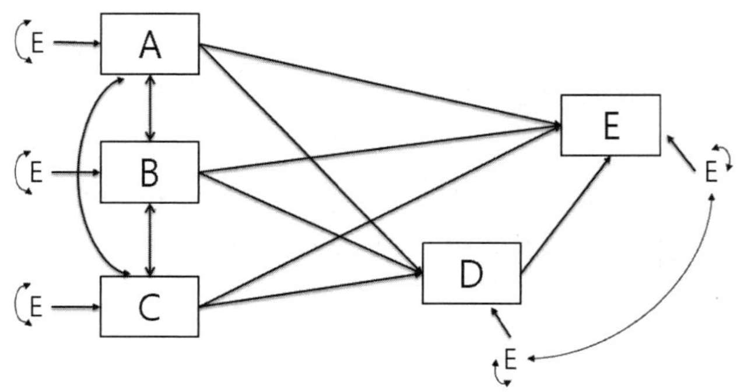

[그림 Ⅶ-19] 복잡한 모형의 부정모형 예

이 모형은 전형적인 부정모형(부분매개모형+내생변수 잔차간 경로)을 반영하는 것으로 이 경로모형에서 정보수, 자유특징수 및 모형의 자유도는 다음과 같다.

[식 VII-21]에 의해

정보수 = 10(측정 변수간 최대가능 경로수)
+ 5(측정변수의 변량(E)수;) = 15

[식 VII-22]에 의해

자유특징수 = 10(측정변수간 설정된 경로수)
+ 1(내생변수 잔차간 경로수)
+ 5(측정변수의 변량(E)수) = 16

[식 VII-16]에 의해

모형의 자유도 = 15(정보수) - 16(자유특징수) = -1

이 모형은 모형의 자유특징수가 정보수보다 1만큼 더 많아서 과잉으로 정의된(음수의 자유도) 부정모형(unidentified/under-identified model)이다. 자유도가 음수라는 것은 통계적으로 넌센스에 해당된다.

이 모형의 변수간 구조모형은 포화된 상태로 [결론 3]에 의하면, 포화모형의 경우에 관측상관계수행렬과 예측상광계수행렬의 서로 대응되는 요소값들이 항상 모두 같아(합치하여) 두 행렬간의 격차를 반영하는 잔차상관계수 행렬의 요소들은 항상 모두 0의 값을 갖는다. 따라서 F_{ML}값이 0이 되고 χ^2 값도 0이기 때문에 이 모형은 적합도를 평가하는 것이 수학적 중복(mathematical tautology)에 불과해 무의미하다.

게다가 결정적으로 이 모형은 [식 VII-23]과 [식 VII-24]는 만족시키기 못하는 모형으로서 인정될 수 없는 부정(unidentified) 모형이기 때문에 포화모형처럼 경로계수를 산출할 수도 없다.

3) 모형인정 가능성을 높이기 위한 전략적 조건들

앞서 우리는 모형이 인정되는 경우와 인정되지 않는 필수조건들을 살펴보았다. 여러 가지 경우를 살펴보았지만 요약하면 주어진 자료의 정보수에 비해 모형에서 설정되는 자유특징수가 더 많은 경우 자유도가 음수가 되어 모형이 인정되지 않는다는 것이었다.

결국 모형이 인정되려면, 자유특징수를 줄여 자유도를 적어도 0(포화모형)이거나 양수(간명모형)가 되도록 하여야 한다. 그렇다면 무엇을 어떻게 줄일 수 있는가?

모형의 자유특징수를 줄이기 위해 연구자 두 가지 전략을 세울 수 있다.

가) 파이계수(Φ)의 고정화(자유특징수⇒고정특징수)

모형이 부정될 경우 모형의 인정가능성을 높이기 위해서는 모형내 경로 중 파이(Φ)경로, 즉, 외생변수들의 변량과 그들간의 공변량에 대한 자유특징수를 해제(고정; fixed)하는 것을 고려해 볼 필요가 있다.

앞서 기술하였듯이 외생변수들간의 변량과 공변량들의 자유특징수는 기정(default) 자유특징수로 여겨져 연구자가 설정하지 않아도 자동적으로 설정된다. 그렇기 때문에 외생변수들의 변량과 그들간의 공변량들의 자유특징수를 줄이기 위해서는 별도의 조치가 필요하다.

<u>첫째, 외생변수들의 변량에 1.0의 상수를 부여하여 고정한다.</u> 이것은 외생변수의 변량을 추정하는 자유특징수를 고정특징수로 전환하는 것을 의미한다. 변량을 1로 가정한다는 것은 모든 척도를 표준화시킨 표준점수(Z)점수로 변환한다는 의미이기도 하다. 왜냐하면, 표준점수들의 표준편차는 항상 1이며, 따라서 그것을 제곱한 변량도 항상 1이기 때문이다. 하지만 비표준화된 척도의 경우 표준편차 값은 척도의 크기에 영향을 받고 그에 따라 변량 역시 척도에 영향을 받는다. 이럴 경우에 변량은 추정되는 것이 의미 있어 자유특징수가 될 수 있다. 하지만 모든 외생변수의 변량을 표준화 변량 즉, 1로 고정하게 되면, 경로분석에서 그 값을 추정할 필요가 없는 고정특징수가 된다. 따라서 그만큼 자유특징수가 줄어들어서 자유도가 발생하게 된다.

<u>둘째, 외생변수들간의 공변량을 0으로 고정하는 방법을 고려할 필요가 있다.</u> 외생변수들간의 공변량을 0으로 고정한다는 것은 외생변수들간의 상관관계를 가정하지 않는다는 의미이다. 경로모형에서의 외생변수는 회귀분석의 독립변수에 해당된다. 회귀분석에서 독립변수들간의 관계정도를 나타내는 것이 중다공선성(multicollinearity)인데, 중다공선성이 높다

는 것은 중복된 독립변수가 회귀모형에 불필요하게 포함되어 있다는 것을 의미하고, 이 경우에 중복된 독립변수중 하나는 회귀모형에서 제외시키게 된다. 결국 회귀분석에서 독립변수간의 관련성은 회귀분석의 목적인 종속변수에 대한 독립변수의 설명력 보다는 회귀분석에 포함된 독립변수 선정의 타당성을 진단하는데 적용된다.

마찬가지 논리로 경로분석의 외생변수간 공변량 계수는 내생변수에 대한 외생변수의 설명과는 거리가 멀다. 따라서 이들간의 관계를 자유특징수로 두어 추정하는 것은 큰 의미가 없을 뿐만 아니라 자유특징수를 증가시켜 경로모형이 부정되는 결과를 초래할 수 있다고 본다. 따라서 저자의 견해로는 절감의 법칙에 따라 외생변수들간의 공변량에 대한 자유특징수 역시 고정 특징수(0)로 전환하여 모형의 자유특징수를 줄여 모형의 인정가능성을 높이고 모형의 간명성을 높일 필요가 있다고 본다. 다음의 [그림 VII-20]은 지금까지 설명한 내용을 실제 부정모형으로 판정된 경로모형에 적용한 결과이다.

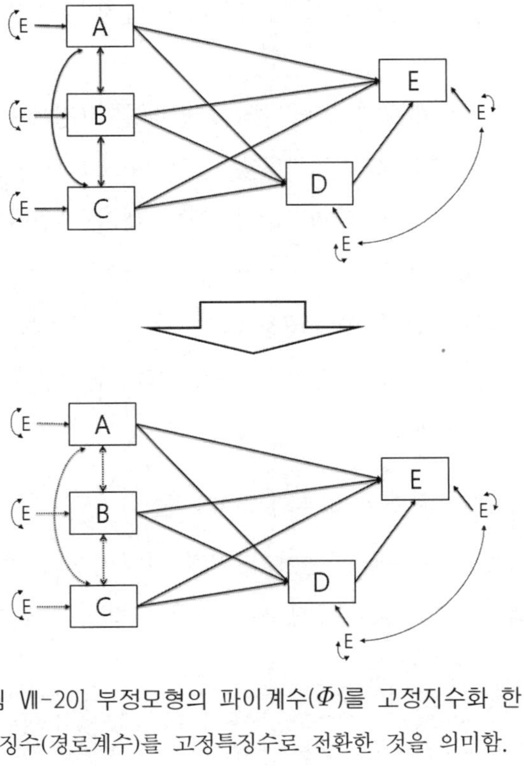

[그림 VII-20] 부정모형의 파이계수(Φ)를 고정지수화 한 예

주: 점선은 자유특징수(경로계수)를 고정특징수로 전환한 것을 의미함.

[그림 VII-20]에서 상단부의 경로모형은 앞서 검토한 것처럼 정보수(15)보다 자유특징수(16)가 1만큼 더 크기 때문에 자유도가 -1인 부정모형에 해당된다. 하지만 하단부의 경로모형은 외생변수들의 변량과 공변량을 모두 고정지수화함으로써 자유특징수 6개를 줄였다. 그 결과 이 모형의 자유도는 5가 되어 모형인정의 필수조건은 만족된다.

외생변수의 변량과 그들간의 공변량의 자유특징수를 고정특징수로 전환하는 것은 단순히 모형의 자유도를 높여 모형이 인정되는 필수조건 만족시키기 위한 전략에 불과하다. 이러한 조치를 취하게 되면, 일단 모형은 인정되어 경로모형에서의 변수간 관계에 대한 분석결과를 산출할 수 있다.

하지만, 외생변수의 변량과 그들간의 공변량을 고정특징수로 전환하더라도 모형의 자유도는 개선되지만 모형의 적합도는 변화하지 않는다. 왜냐하면, 앞서 설명하였듯이 모형의 적합도를 결정하는 기본요소인 F_{ML}값은 모형의 자유도(정보수-자유특징수)와는 관계없이 관측상관계수와 예측상관계수의 차이(잔차상관계수)를 반영하는 불합치 함수일 뿐이기 때문이다.

또한 외생변수들의 변량과 그들간의 공변량을 고정지수화하는 전략이 부정(unidentified)모형을 완전히 인정된(identified) 모형으로 바꾸어 주는 것을 보증하지는 않는다. 다만 Lisrel 프로그램의 경우에 이러한 조치를 취하게 되면, 'degree of freedom is negative'라는 부정모형의 메시지와 함께 경로분석결과를 전혀 산출하지 않는 답답한 문제는 해결할 수 있다[18]. 따라서 우리는 인정된 모형을 구하기 위해 다음의 추가 전략을 동시에 고려할 필요가 있다.

나) 통계적 유의도가 없는 경로의 해제

앞서 모형의 인정 가능성을 높이기 위해 외생변수의 변량과 공변량에 해당하는 파이계수(Φ)의 자유특징수를 줄이는 방법을 살펴보았다. 그렇

18) 이러한 조치를 할 경우 모형이 부정을 의미하는 'degree of freedom is negative'의 문제는 해결된다. 하지만 원래 부정모형일 경우에 수정된 모형의 일부의 경로에 대해서 추정할 수 없다(may not be identified)는 메시지가 나타나지만 결과물은 산출해준다.

다면, 독자들은 모형의 인정가능성을 더 높이기 위해 같은 방법이 내생변수에도 적용될 수 있는지에 대해서도 궁금해 할 수 있다.

결론적으로 말하면, 내생변수의 경우에는 그 변량을 추정하기 위한 자유특징수를 고정시킬 수 없다. 그 이유는 외생변수의 경우에는 그 변량이 다른 변수에 의해 설명되지 않는 반면, 내생변수의 총변량은 외생변수에 의해 설명된 변량과 그것에 의해 설명되지 못하는 잔차변량(E)의 합으로 구성되기 때문에 내생변수의 변량을 고정시키게 되면 모형의 적합도 뿐만 아니라 경로계수 등 산출결과에 심한 편기(bias)를 가져올 수 있기 때문이다.

따라서 우리가 자유특징수를 줄이기 위해 고려할 수 있는 나머지 요인은 외생변수와 내생변수간의 경로계수(감마; γ)와 내생변수간 경로(베타; β), 그리고 내생변수 잔차간 경로(싸이; ψ)들이다. 이 경로들이 원모형에서 설정되었을 경우에 해당경로의 고정지수 t값을 확인하여 통계적 유의성이 없을 경우에 경로를 해제하게 되면, 그만큼 자유특징수는 줄어들고 자유도는 증가하며, 모형의 간명성은 개선된다.

고정지수 t값과 통계적 유의도 검정기준을 제시하면 다음과 같다.

[식 VII-25] $$t = \frac{\text{모수추정치(비표준화 경로계수)}}{\text{표준오차}}$$

〈표 VII-8〉 경로계수의 유의도 검정 기준

t 절대값	양측검정시	단측검정시
$\lvert t \rvert > 2.58$	α=.01에서 유의함	α=.005에서 유의함
$\lvert t \rvert > 1.95$	α=.05에서 유의함	α=.025에서 유의함
$\lvert t \rvert > 1.65$	α=.10에서 유의함	α=.05에서 유의함

〈표 VII-8〉에 다양한 수준에서의 경로계수 검정기준이 제시되었는데, 대체로 양측검정의 α=.05를 임계치로 적용하는 것이 일반적이다. 따라서 설정된 경로들 중에서 고정지수(t)의 값이 절대값 2보다 작은 경로의 경우

통계적 유의도가 없는 것으로 해석할 수 있으므로 이러한 경우에 해당하는 경로의 해제를 우선적으로 고려해볼 필요가 있다.

지금까지 우리는 모형의 인정을 위해 자유특징수를 절감하는 전략들을 살펴보았다. 하지만 유의할 것은 이러한 조치들이 모형의 자유도를 높여 모형의 간명화는 개선할 수 있지만 그로 인해 모형의 적합도가 악화되는 결과를 초래한다는 점이다. 따라서 연구자는 모형의 간명도와 적합도는 서로 반비례관계에 있으므로 이 둘을 최적으로 만족시키기 위한 노력이 요구된다.

제 8 장 구조방정식 모형 분석

1. 경로분석과 구조방정식모형의 비교
2. 측정모형과 측정오차의 고려
3. 합성모형(구조모형+측정모형)

제 8 장 구조방정식 모형 분석

<구조방정식 모형 분석의 기본가정>

① 표본 수는 최소한 입력자료 상관행렬(공분산행렬)의 수보다 커야 한다. SEM에 사용되는 표본의 수는 추정될 모수의 수에 비해 적어도 5배 이상 되어야 하며, 10배의 표본 비율이 가장 적절한 표본 크기라고 본다.
② 입력될 자료는 자료의 정확성, 결측자료 및 극단치, 정규성, 선형성, 등분산성 등의 점검이 이루어진 자료이다.
③ 잔차와 잠재변수 간의 상관은 0이다.

1. 경로분석과 구조방정식모형의 비교

구조방정식 모형은 분석논리에서 기본적으로 경로분석과 다르지 않다. 다만 구조방정식 모형분석은 경로분석에 비해 몇 가지 점에서 개선된 분석이라고 할 수 있다.

그렇다면 어떠한 점이 개선되었는가?

우선 경로분석의 경우에는 변수간의 구조적 관계를 분석함에 있어서 측정변수(observed variable)만이 고려된 반면, 구조방정식 모형에서는 잠재변수(latent variable)를 고려할 수 있다. 즉, 잠재 변수를 가정할 수 있다는 점에서 구조방정식 모형은 경로분석보다 개선된 분석방법이라 할 수 있다.

잠재변수와 측정변수의 관계를 고전적 검사이론에 의해 표현하면 다음과 같다.

[식 Ⅷ-1] 측정치(X) = 진점수(T) + 오차(e)

⇒ 진점수(T) = 측정치(X) - 오차(e)

[식 Ⅷ-1의 예] IQ점수 = 지능 + IQ측정오차

⇒ 지능 = IQ점수 - IQ측정오차

잠재변수란 직접적으로 관찰되거나 측정되지 않은 변수로서 측정변수에 의해 간접적으로 추정되는 구성개념(construct)으로써 앞의 공식에 의하면, 잠재변수는 진점수로 구성된 변수이다. 측정변수는 잠재변수를 경험적으로 확인하기 위해 측정한 결과로서 X에 해당한다. 고전 검사이론에 의하면, 측정의 오차(e)가 0일 경우 측정치와 진점수가 일치하지만, 경험적 세계에서 이러한 가능성은 거의 없다. 다시 말하여 모든 측정치들은 다소간에 측정오차를 포함하기 마련이다. 이를 도시하면 [그림 Ⅷ-1]과 같다.

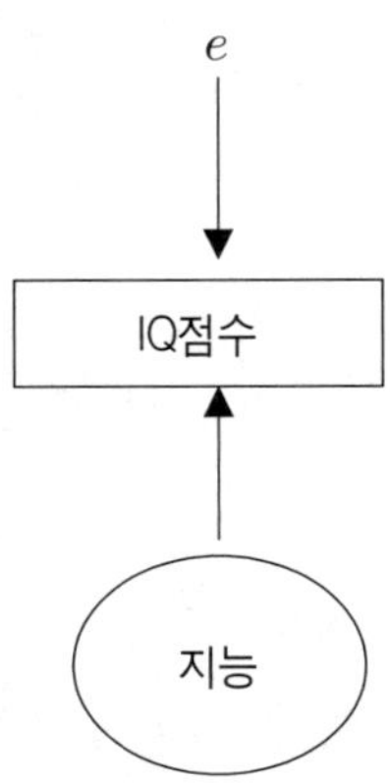

[그림 Ⅷ-1] 잠재변수와 측정변수 및 오차의 관계

연구자가 진정으로 알고자 하는 것은 잠재변수이다. 즉, [그림 Ⅷ-1]에서 연구자가 알고자 하는 것은 '지능'이며, IQ점수는 측정변수로서 '지능'(intelligence)을 알기 위한 지수(indicators)에 불과하다.

다음의 [그림 Ⅷ-2]와 [그림 Ⅷ-3]은 지능, 자기효능감, 學力의 구조적 관계를 분석하고자 할 때 경로분석과 구조방정식모형 분석을 적용하였을 경우의 모형도들이다.

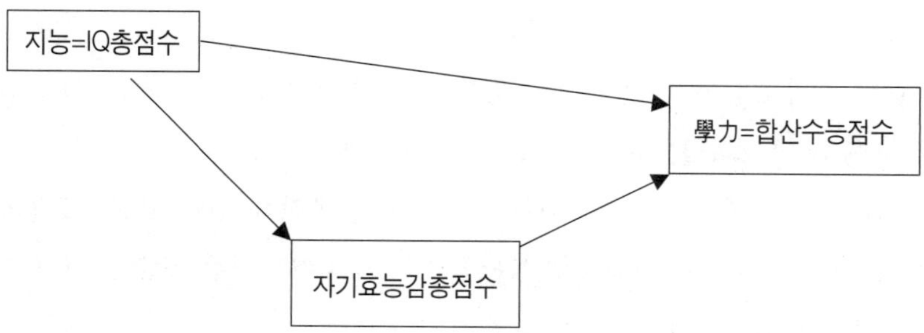

[그림 Ⅷ-2] 지능, 자기효능감, 학력의 관계에 대한 경로분석 모형 예

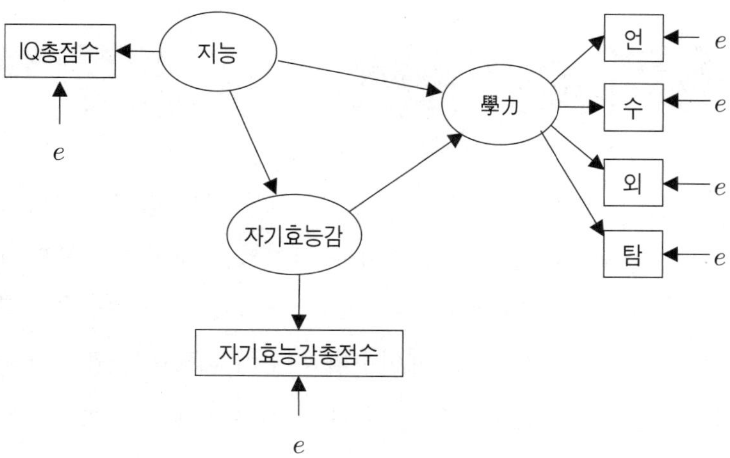

[그림 Ⅷ-3] 지능, 자기효능감, 학력의 관계에 대한 구조방정식 모형 예

구조방정식 모형 분석은 다음과 같은 점에서 경로분석보다 개선되었다고 할 수 있다.

첫째, 구조방정식 모형은 각 변수의 측정오차를 고려하는 측정모형과 잠재변수들간의 관계를 고려하는 구조모형을 동시에 고려할 수 있어 경제적이다. 경로분석의 경우에는 변수들간의 관계만을 고려할 수 있고, 측정상의 문제는 별도로 고려해야 한다.

둘째, 구조방정식 모형은 잠재변수(원형으로 된 변수)를 가정함으로써 眞변량으로 구성된 변수들간의 구조적 관계를 규명할 수 있어 실질적이다. 이에 비해 경로분석의 경우에는 변수측정에서 오차가 있어도 '측정변수=잠재변수'를 가정함으로써 측정오차를 포함한 측정변수들간의 구조적 관계만을 산출하게 되어 정확성이 떨어진다.

셋째, 측정모형에서 다요인 측정을 하나의 잠재변수로 수렴시킴으로써 구조모형의 간략화를 기할 수 있다. 이에 비해 경로분석에서 다요인 측정을 고려할 경우에는 그만큼 구조모형이 복잡해진다. 예컨대, 구조방정식 모형에 해당하는 [그림 Ⅷ-3]의 '학력'변수의 측정모형을 경로모형으로 변환할 경우 구조 모형은 매우 복잡해진다.

2. 측정모형과 측정오차의 고려

전술하였듯이, 구조방정식 모형이 경로분석과 다른 점은 구조방정식 모형이 변수간의 구조적 관계를 분석함에 있어서 측정모형을 함께 고려할 수 있다는 점이다. 측정모형(measurement model)이란 연구자가 관심을 두고 있는 잠재변수, 그리고 잠재변수의 지수에 해당하는 측정변수와 측정오차로 구성된 모형을 의미한다. 그러므로 [그림 Ⅷ-3]의 구조방정식 모형의 경우라면, 잠재변수의 수가 3개이므로 3개의 측정모형이 설정되게 된다.

그런데 [그림 Ⅷ-3]에 제시된 3개의 측정모형은 크게 단일 요인 측정모형과 다요인 측정모형으로 구분할 수 있다. 지능과 자기효능감의 경우에는 단일 측정모형으로 가정되었으며, 학력의 경우에는 다요인 측정모형으로 구성되었다.

가. 단일요인 측정모형

단일요인 측정모형이란 연구모형에서 설정된 잠재변수가 1개인 경우를 의미한다. 단일요인 측정모형은 단일 측정변수 모형과 다중 측정변수모형으로 구분할 수 있다.

1) 단일요인 단수측정 모형과 측정오차

단일요인 단수측정 모형은 특정의 잠재변수와 그에 대응하는 측정변수의 수가 같은 경우를 말한다. 예컨대, [그림 Ⅷ-3]의 구조 모형의 경우 잠재변수인 지능과 자기효능감의 측정변수는 각각 1개이다. 이 경우에 경로분석은 측정오차를 고려하지 않는다. 즉, 측정치를 그대로 잠재변수와 동일시하는 것이다.

하지만 잠재변수가 하나의 측정변수만을 가질 경우 그 둘을 동일시하는 것은 마치 잠재변수가 단 한 개의 측정변수에 의해 완벽하게 측정될 수 있다는 비현실적인 가정을 하고 있는 것이다.

이러한 문제를 해결하기 위해 구조방정식 모형에서는 [식 Ⅷ-2]와 같은 방식으로 측정오차를 추정하여 모형에 반영함으로써 잠재변수와 측정변수의 동일시 문제를 피할 수 있다.

[식 Ⅷ-2] 측정오차변량 $= 1 - \alpha$ (이순묵, 1990)

주: 1은 측정변수의 총변량이며, α는 측정의 신뢰도 계수이다.

예컨대, 자기효능감 검사가 단일요인으로 가정된 12개의 문항으로 구성되었다고 할 때, 우리는 문항간 내적 합치도 계수(Cronbach's α)를 별도로 산출하여 신뢰도 계수로 삼을 수 있다. 만일 그 값이 .75라면, 측정오차 변량은 .25이다. 이를 모형에 반영하면 다음과 같이 될 것이다[19].

19) 만일 Lisrel 프로그램을 이용하여 구조방정식 모형을 분석한다면, 측정오차를 추정하기 위한 Theta-Delta(TD)와 Theta-Epsilon(TE)행렬에서 해당 경로에 해당하는 행렬요소를 자유특징수(1)를 부여하지 않고, 대신 측정오차 값(이 경우라면, .25)을 고정지수(fixed parameter)로 입력한다.

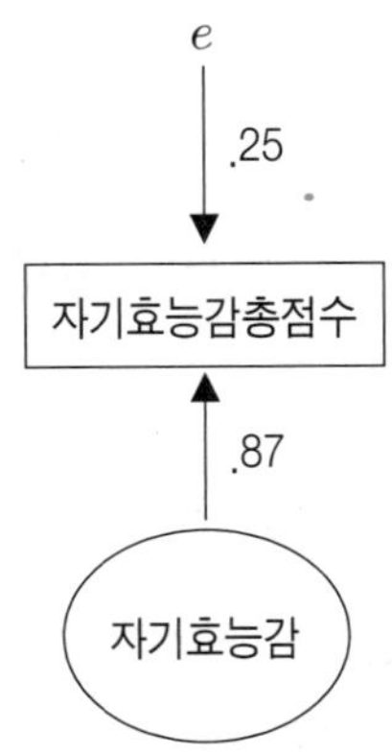

[그림 Ⅷ-4] 단일 측정변수 모형에서의 잠재변수와 측정변수 및 측정오차

그렇다면, 자기효능감의 잠재변수와 측정변수간의 경로계수는 어떻게 결정되는가? 이 값은 다음의 [식 Ⅷ-3]에 의해 결정된다.

[식 Ⅷ-3] 　 $\text{단일요인 단수측정변수간 경로계수} = \sqrt{1 - \text{측정오차변량}}$

따라서 자기효능감의 잠재변수와 측정변수의 경로계수의 값은 $\sqrt{1-.25}$ 이므로 .87이 된다.

그러나 만일 측정오차변량을 가정하지 않게 되면, 측정변수와 잠재변수의 경로계수는 1.00이 되어 동일한 변수로 가정된다. 그렇다면, 굳이 측정변수와 잠재변수를 구분할 필요성이 없게 되며, 마치 경로분석에서와 같이 측정변수만을 고려하는 것과 같아진다.

2) 단일요인 다측정모형과 측정오차

앞서 설명한 단일요인 단수측정 모형은 구조방정식 모형분석에서의 잠재변수, 측정변수, 그리고 측정오차의 관계를 설명하기 위한 것으로 구조모형의 한 부분으로서 포함시켜 구조방정식 모형 분석은 가능하나, 그 자체에 대한 독립적인 구조방정식 모형분석을 적용 할 수는 없다.

그러나 지금부터 소개할 단일요인 다측정모형부터는 독립적인 측정모형을 구축하고, 독립적인 구조방정식 모형분석을 적용할 수 있다. 즉, 이 단계부터 실질적인 구조방정식 측정모형 분석이 가능하다.

단일요인 다측정모형은 특정의 잠재변수의 수 보다 그에 대응하는 측정변수의 수가 더 많은 경우를 말한다. 예컨대, [그림 Ⅷ-5]의 측정모형의 경우 잠재변수인 학력에 대응하는 측정변수는 4개이다. 이 경우에 단일요인 단수측정 모형과는 달리 잠재변수와 측정변수의 동일시 문제가 제기되지 않기 때문에 구조방정식 모형이 적용될 수 있다. 사실 경로분석 이상으로 구조방정식 모형 분석이 필요한 것은 바로 이러한 경우 때문이다.

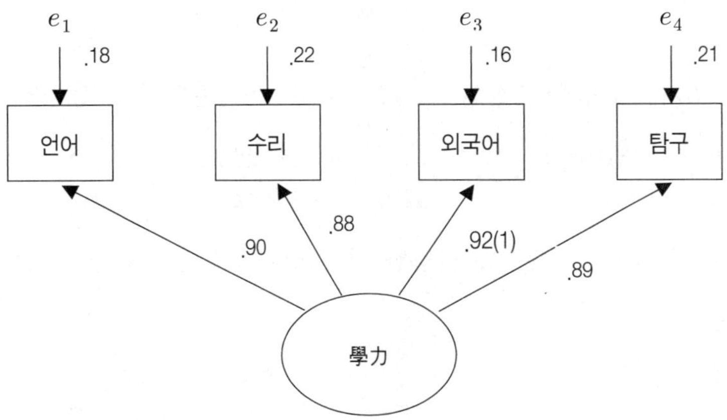

[그림 Ⅷ-5] 단일요인 다측정모형의 잠재변수와 측정변수 및 측정오차

주: (1)은 고정특징수로 설정된 값임

어떤 잠재변수를 추정함에 있어서 다수로 측정된 지수(측정변수)를 적용하는 것은 그 만큼 잠재변수의 구인 타당도를 높여줄 뿐만 아니라 측정의 안정성을 보장해 준다. 고도로 추상화된 개념을 모형을 구성하는 변수로 설정할 경우에 이 필요성은 더욱 커진다.

예컨대, 어떤 연구자가 모형 내에서 '교육열'이라는 본질적 개념을 잠재변수로 구성하고자 한다면, 그 교육열을 추정할 수 있는 다양한 측정 가능한 학부모들의 태도나 행동을 측정하여 교육열의 지표로 삼을 필요가 있다. 이 경우에 다양한 이질적인 지표들을 합산하여 총점수를 산출하는 것은 타당하지 않다[20]. 각각의 지표들의 성격을 그대로 유지하면서, 그들을

20) 경로분석의 경우라면 이러한 방식을 취할 수밖에 없다.

통해 '교육열'이라는 잠재변인을 추출할 수 있다면, 소위 교육열의 본질에 접근할 수 있을 것이다. 마찬가지로 앞의 예에서처럼 '學力'이라는 잠재변수는 수능에서의 언, 수, 외, 탐의 점수들을 단순히 합산하여 총점수를 결정하기 보다는 [그림 Ⅷ-5]와 같이 각각의 교과의 특성을 그대로 유지하면서도 공변량으로 수렴시킬 필요가 있다.

하나의 잠재변수를 추정하기 위한 측정 변수들은 앞의 예처럼 학력을 구성하는 인자(과목)로 구성될 수도 있지만, 다음과 같이 다른 방식으로도 구성될 수 있다.

구성인자: 유사한 속성의 구성인자들을 측정변수로 구성하여 수렴.

예)	잠재변수		측정변수				
	스트레스	=	불안감	+	공포감	+	우울감

측정방법: 동일한 속성을 다양한 방법으로 측정된 변수들을 잠재변수에로 수렴.

예)	잠재변수		측정변수				
	창의성	=	자기보고	+	관찰법	+	평정법

측정척도: 동일한 속성을 다양한 척도로 측정한 변수들을 잠재변수로 수렴.

예)	잠재변수		측정변수				
	지능	=	웩슬러 지능검사	+	그림 지능검사	+	인물화 지능검사

측정대상: 동일한 속성을 다양한 대상별로 측정된 변수들을 잠재변수로 수렴.

예)	잠재변수		측정변수				
	양육태도	=	아버지	+	어머니	+	조부모

[그림 Ⅷ-5]와 같이 여러 측정변수들이 하나의 잠재변수로 수렴되는 모형은 여러 측정단위를 하나의 요인으로 수렴시키는 요인분석 모형과 동일하다. 따라서 이와 같은 측정모형에서 잠재변수는 요인분석의 요인에 해

당하며, 측정변수는 요인분석의 측정변수에 해당하고, 잠재변수와 측정변수의 경로계수는 요인부하량(요인계수)에 해당된다. 따라서 앞으로는 요인분석의 맥락에서 용어를 바꾸어 사용하도록 한다.

단일요인 다측정모형의 경우에는 단일요인 단수측정 모형의 경우처럼 굳이 측정오차를 별도로 산출하여 프로그램에 고정특징수로 설정할 필요가 없다. Lisrel 프로그램을 사용한다면, 단일요인 다측정모형의 경우에 Lambda 행렬(LX나 LY)행렬을 통해 요인(잠재변수)과 그에 대응하는 측정변수들을 설정하고, 설정된 측정변수들 중 특정의 측정변수 1개를 선택해서 비표준화 경로계수에 고정특징수 1의 값을 부여하고, 나머지 측정변수들에 대해서는 자유특징수로 두면 된다. 이렇게 요인(잠재변수)과 특정의 측정변수의 비표준화 경로계수를 1의 값으로 고정하는 것을 단위 부하량 특징제약(ULI; unit loading identification)이라 하며, 요인(잠재변수)과 고정특징수로 제약된 측정변수를 참조변수(reference variable)라 한다.

다수의 측정변수 중 고정특징수를 적용할 측정변수의 선정은 신뢰도가 가장 높은 것을 선정하는 것이 바람직하다. [그림 Ⅷ-5]에서 학력이라는 요인(잠재변수)에 4개의 측정변수 중 '외국어'라는 측정변수가 가장 신뢰도가 높기 때문에 참조변수가 되어 단위부하량 특징제약이 되어 잠재변수와 (1)의 값으로 고정되었다.

이렇게 함으로써 요인(잠재변수)은 그것에 의해 설명된 참조변수의 공통변량(communality)[21]의 척도를 부여받게 된다. 즉, [그림 Ⅷ-5]에서 '학력→외국어'의 요인계수(비표준화경로계수)를 1로 고정하면, 참조변수인 외국어의 설명된 분산(공통변량)에 의해 학력에 척도가 부여된다.

여기서 주의할 점은 요인(잠재변수)과 참조변수의 요인계수(경로)를 1로 고정시킨다하더라도 그것이 요인과 참조변수를 동일시하는 것이 아니라는 점이다. 왜냐하면, 요인계수를 1로 고정하였을 경우 참조변수의 변량은 다음과 같이 정의되기 때문이다.

---

21) 측정변수의 총 변량중 공통요인(잠재변수)에 의해 설명되는 변량비

[식 Ⅷ-4]　　참조변수 = 1 × 요인 + 오차(이순묵, 1990)

[식 Ⅷ-4의 예]　외국어 = 1 × 학력 + 오차

따라서 오차가 0이 아닌 한 요인과 참조변수는 같지 않으며, 단지 동일한 척도를 가지게 될 뿐이다. 실제로 이러한 설정을 한 다음 분석을 실행하여 표준화해를 구하면, 요인(잠재변수)과 참조변수의 경로계수는 다른 측정변수의 자유특징수에 경로들처럼 1이 아닌 표준화 경로계수로 전환된다.

측정오차의 경우에도 오차에서 측정변수로의 경로계수를 ULI에 따라 요인계수에서와 같은 방식으로 고정특징수 1을 부여한다. 다만 요인계수와 다른 점은 요인계수의 경우에는 요인과 여러 측정변수 중 참조변수 하나에만 고정 값 1을 부여하는 반면, 측정오차의 경우에는 모든 측정오차들과 그에 대응하는 측정변수간에 고정 값 1을 모두 부여한다는 것이다. 이처럼 측정오차와 측정변수간의 잔차경로에 1을 부여하게 되면, 해당 측정변수의 총 변량중 설명되지 않은 변량인 잔차변량(혹은 고유변량)의 척도가 측정오차에 부여된다.

이 경우에도 요인계수의 경우와 같이 값 1을 부여한다는 것이 오차와 측정변수를 동일변수로 취급한다는 것이 아니라 단지 오차와 측정변수의 잔차변량의 척도를 동일하게 한다는 점을 유의할 필요가 있다. 따라서 요인계수와 마찬가지로 이러한 설정을 한 다음 분석을 실행하여 표준화해를 구하면, 1이 아닌 표준화된 오차가 산출된다.

이렇게 ULI를 취하게 되면, ULI를 취하는 수만큼 모형의 자유특징수는 줄어든다. 예컨대, [그림 Ⅷ-5]의 모형에서 자유특징수를 고려하면, 오차의 변량(e_i)은 4개이며, 오차와 측정변수간의 경로계수들은 4개이지만 모두 ULI 제약을 취하게 되므로 항상 0이고, 요인계수들(4개)중 '학력→외국어 요인계수'가 ULI 제약되었으므로 3개이고, 마지막으로 요인(잠재변수)의 변량에 대한 자유특징수가 1개로서 총 8개가 된다.

요컨대, 독립측정모형의 경우에 자유특징수는 경로분석과는 다른 공식이 요구되는데, ULI 제약을 적용했을 경우에 다음의 공식으로 계산가능할 것이다.

[식 Ⅷ-5] 독립측정모형의 자유특징수

$$= L_i + L_c + e_i + e_C + (LO_c - LO_{Fc})$$

주: L_i=요인(잠재변수)의 (변량)수, L_c=요인(잠재변수)간의 경로 수, e_i=오차변량 수, e_c=오차간 공변량 수, LO_C=요인(잠재변인)과 측정변인간의 경로 수, LO_{FC}=고정된 잠재변인과 참조변수의 고정된 경로 수

이 식에서 요인(잠재변수)의 (변량)수(L_i)는 요인(잠재변수)과 고정된 참조변수의 경로수(LO_{Fc})와 항상 같은 수이기 때문에 이 공식은 다음과 같이 축약할 수 있다.

[식 Ⅷ-6] 구조방정식 측정모형 자유특징수 $= L_c + e_i + e_c + LO_c$

주: L_c=요인(잠재변수)간의 경로 수, e_i=오차변량 수, e_c=오차간 공변량 수, LO_c=요인(잠재변인)과 측정변인간의 경로 수

하지만 구조방정식을 적용한 측정모형의 정보수는 경로모형의 정보수를 구하는 공식과 동일하다. 따라서 [그림 Ⅷ-5]의 측정모형의 경우에 측정변수의 수가 4개이므로 모형의 정보수는 [식 Ⅶ-20]에 의해 10개가 된다 (4×5/2=10이므로).

따라서 [그림 Ⅷ-5]의 자유도는 양수 2가 되고(10-8이므로), 이 모형은 인정될 수 있다.

3) 단일요인 다측정모형의 모형인정 필수조건

독립된 단일요인 다측정모형이 분석 가능한 모형으로서 인정되기 위해서는 [그림 Ⅷ-5]와 같이 1개의 잠재변수에 대하여 적어도 3개 이상의 측정변수가 있어야 된다. 즉, 단일요인 다측정모형의 경우에 측정변수의 수가 3개 이상이 되어야 하는 것은 모형인정의 필수조건에 해당된다.

하나의 단일요인에 측정변수가 2개인 단일요인 2측정변수 모형 [그림 Ⅷ-6]의 모형인정 여부를 살펴보자.

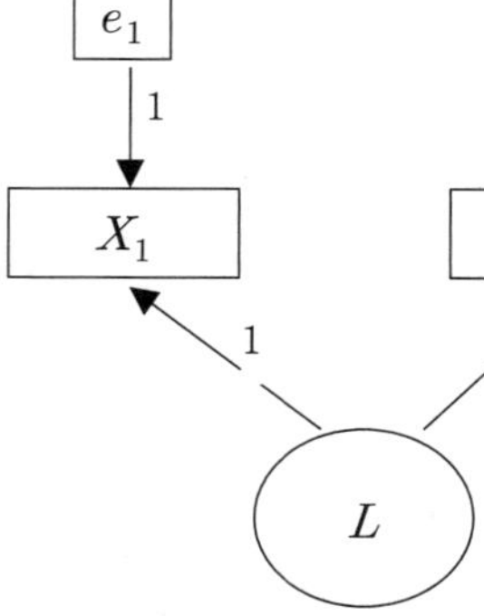

[그림 Ⅷ-6] 부정 측정모형 예(단일요인 2측정변수) 모형)

이 모형의 경우 정보수는 3이다(2×3/2). 이 모형은 최대로 간명화된 상태이다. 즉, 오차들간의 공변량이 전혀 가정되지 않았다. 그럼에도 불구하고 자유특징수는 ULI를 적용하여 [식 Ⅷ-6]으로 자유특징수를 산출할 경우 4가 된다(요인공변량 0개 + 오차변량 2개 + 오차공변량 0개, + 요인→측정변수의 경로계수 2개).

따라서 이 모형은 정보수보다 자유특징수가 1개 더 많아 자유도가 -1인 부정모형(unidentified model)에 해당된다(하지만 다음에서 소개되는 다요인으로 구성된 측정모형이나 구조모형과 측정모형이 혼합된 합성모형에서는 단일요인에 2개의 측정변수가 설정되어도 모형이 인정될 수 있다). 이렇게 되면, Lisrel 프로그램의 경우 'degree of freedom is negative'라는 메시지와 함께 분석이 중단된다.

굳이 이 같은 복잡한 계산을 하지 않아도 측정변수를 두 개만 포함하는 독립된 단일요인 모형이 인정되지 않는 이유를 직관적으로 설명할 수 있다. [그림 Ⅷ-6]과 같이 하나의 요인(잠재변수)에 두 개의 측정변수를 수렴시킨다는 것은 결국 두 측정변수간의 공변량(상관계수)을 산출하는 것과 크게 다름이 없다. 따라서 이러한 경우에 요인(잠재변수)을 둔다는 것은 실질적으로 의미 없는 것이다.

그러나 다음의 [그림 Ⅷ-7]과 같은 단일요인 3측정 이상의 모형은 모형 인정조건을 만족한다.

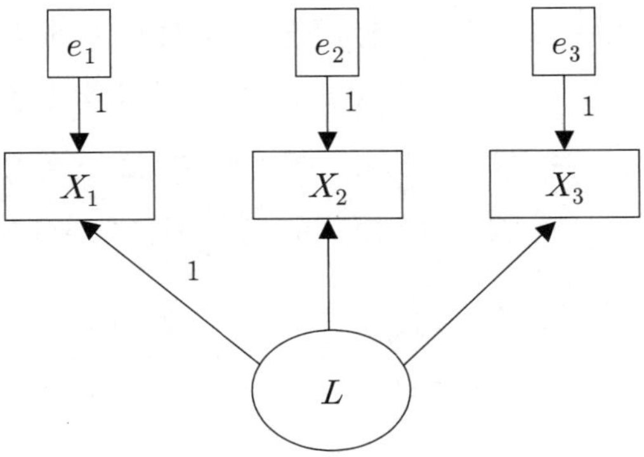

[그림 Ⅷ-7] 인정된 측정모형 예(단일요인 3 측정변수 모형)

주: 요인(잠재변수)와 참조변수간 그리고 오차와 측정변수간에 부여한 고정값 1은 모형설정을 위한 값이며, 분석을 실행한 후 표준화해를 구하면, 그 값은 표준화 경로계수와 오차로 전환된다.

이 모형의 정보수는 6개이다(3×4/2=6 이므로). 자유특징수는 [식 Ⅷ-6]에 따라 계산할 경우 요인(잠재변수)의 공변량 0개, 오차변량 3개, 오차공변량 0개, 요인-측정변수간 경로 3개로 이 숫자를 모두 합하면, 6이다.

따라서 이모형은 정보수와 자유특징수가 일치하는 포화(just identified) 모형으로서 일단 모형인정의 필수조건은 만족한다.

그리고 단일요인에 대한 측정변수 수가 점차 늘어날수록 모형의 자유도가 발생하여 모형의 인정가능성이 높아질 것이다.

4) 문항분할에 의한 단일요인 단수측정 모형과 측정오차

이 모형은 앞서 소개한 단일요인 단수측정 모형을 단일요인 다측정모형으로 전환한 것에 해당된다. 앞서 단일요인 단수측정모형의 경우에 측정변수와 잠재변수가 동일시되는 문제를 해결하기 위하여 신뢰도 계수에 근거한 오차를 계산하고, 이를 모형에 반영하는 방식을 취하였다.

단일요인 단수측정 모형에서의 측정변수와 잠재변수의 동일시 문제를 피할 수 있는 또 다른 방법은 측정도구가 비록 단일요인이라 하더라도 다수의 문항으로 구성되었을 경우에 그 문항들을 다수로 군집화하여 다수의 측정변수화를 시도하는 것이다.

예컨대, 단일요인으로 가정된 자기효능감 검사가 12개 문항으로 구성되었다면, 짝수의 문항과 홀수의 문항들을 각각 하나로 묶게 되면 두 개의 문항 군집을 형성할 수 있다. 그리고 이처럼 2개로 군집화된 문항군들을 2개의 측정변수로 가정하는 것이다. 이를 도시하면 다음의 [그림 Ⅷ-8]과 같다.

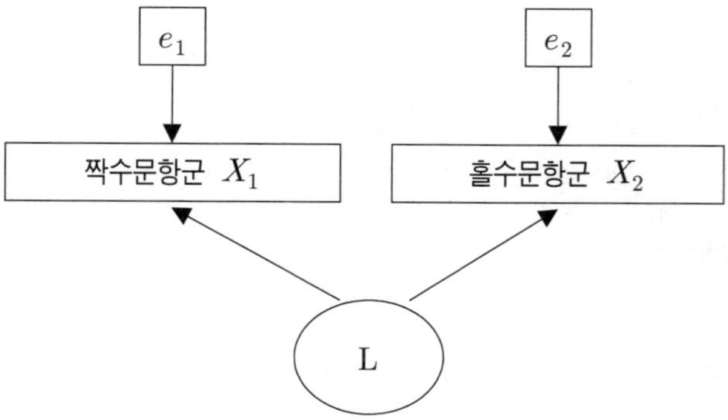

[그림 Ⅷ-8] 문항분할에 의한 단일요인 단수측정 모형의 2측정 모형 전환 예

주: 요인(잠재변수)와 참조변수간 그리고 오차와 측정변수간에 부여한 고정값 1은 모형설정을 위한 값이며, 분석을 실행한 후 표준화해를 구하면, 그 값은 표준화 경로계수와 오차로 전환된다.

이 모형은 구조상 앞서 설명한 단일요인 2측정 모형과 같다. 따라서 자유도가 음수이기 때문에 독립적인 측정모형으로는 인정될 수 없고, 다만 요인수가 2개 이상인 측정모형이나 구조모형의 일부로는 적용가능하다.

하나의 독립된 측정모형이 되기 위해 앞서 제시한 [그림 Ⅷ-7]과 같이 단일요인 3측정 모형으로 만들기 위해 측정변수를 세 개 이상 만드는 방법을 생각할 수 있을 것이다. 예컨대, 단일요인으로 가정된 자기효능감 검사가 12개 문항으로 구성되었다면, 다음의 [그림 Ⅷ-9]와 같이 모형을 구성하여 앞의 [그림 Ⅷ-7]의 단일요인 3측정 모형처럼 모형인정의 조건을 만족시킬 수 있을 것이다.

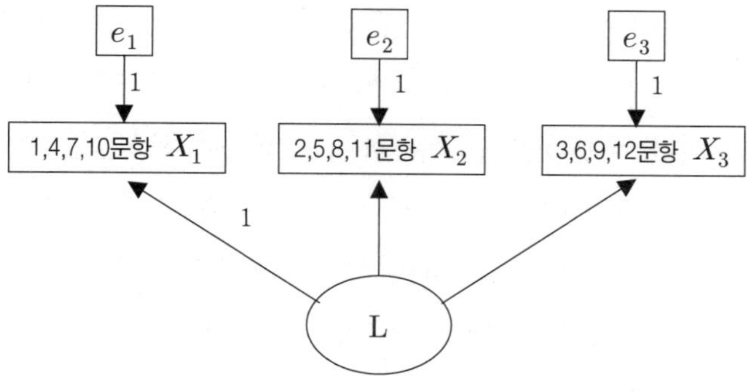

[그림 Ⅷ-9] 문항분할에 의한 단일요인 단수측정 모형의 3측정 모형 전환 예

주: 요인(잠재변수)와 참조변수간 그리고 오차와 측정변수간에 부여한 고정값 1은 모형설정을 위한 값이며, 분석을 실행한 후 표준화해를 구하면, 그 값은 표준화 경로계수와 오차로 전환된다.

그러나 단일요인으로 가정된 검사도구의 제한된 수의 문항을 과도한 수의 군집으로 구분할 경우에는 그에 따르는 부정적인 비용이 발생할 수 있다.

나. 다요인 측정모형: 확인적 요인분석

요인분석은 다수의 측정변수를 그보다 적은 수의 잠재변수로 수렴하여 변수의 수를 절감하기 위한 것이다. 따라서 잠재변수의 수는 측정변수의 수보다 작아야 한다. 여기서 측정변수는 다양한 수준에서 정의될 수 있다. 그것은 검사문항일수도 있고, 다양한 측정방법, 도구, 대상으로 측정된 측정변수일 수도 있다. 이렇게 다양하게 측정된 측정변수들을 속성별로 분류하여 묶기 위해서 요인분석이 실시된다.

요인분석은 크게 탐색적 요인분석(exploratory factor analysis)과 확인적 요인분석(confirmatory factor analysis)으로 대별된다.

먼저, 탐색적 요인분석은 이론상으로 체계화되거나 정립되지 않은 측정변수들을 적은 수의 잠재변수로 수렴시키기 위해 실시하는 요인분석법이다. 다시 말해서 탐색적 요인분석은 연구모형에 대한 아무런 기존의 이론적 구성이나 사전적 지식이 없는 상태에서 측정자료의 요인이나 개념을 추출해 내는 분석방법이라고 할 수 있다. 반면에 확인적 요인분석은 기존 연구의 이론이나 경험적인 연구 결과에 근거하여 분석 대상이 되는 측정 변수들의 요인구조에 대한 사전 지식이나 이론적 결과를 가지고 있어 그 내용을 가설 형식으로 모형화 하여 실시하는 요인분석법이다. SPSS 프로그램은 탐색적 요인분석만 가능하지만, 구조방정식의 측정모형은 두 가지가 모두 가능하다.

다음의 [그림 Ⅷ-10]은 세 가지 속성을 각각 세 가지 측정도구로 측정한 9개의 측정 변수들이 실제로 해당 속성별로 묶일 수 있는지를 확인하기 위한 확인적 요인분석 모형이다. 즉, A1 A2 A3는 불안이라는 동일한 속성(불안의 잠재변수 혹은 요인)을 세 가지 다른 측정도구로 측정한 측정변수이고, D1 D2 D3는 우울이라는 동일한 속성(우울의 잠재변수 혹은 요인)을 세 가지 다른 측정도구로 측정한 측정변수이며, F1 F2 F3는 공포라는 동일한 속성(공포의 잠재변수 혹은 요인)을 세 가지 다른 측정도구로 측정한 측정변수들이다.

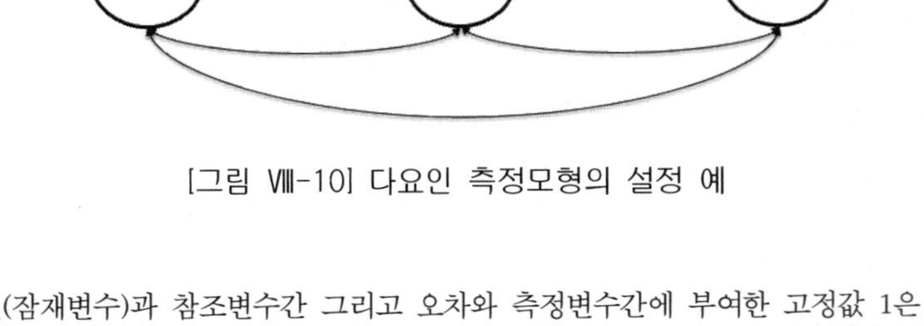

[그림 Ⅷ-10] 다요인 측정모형의 설정 예

주: 요인(잠재변수)과 참조변수간 그리고 오차와 측정변수간에 부여한 고정값 1은 모형설정을 위한 값이며, 분석을 실행한 후 표준화해를 구하면, 그 값은 표준화 경로계수와 오차로 전환된다.

이 모형의 정보수는 45개이다(9×10/2). 그리고 [식 Ⅶ-6]에 의해 자유특징수는 계산할 경우 요인(잠재변수)의 공변량 3개, 오차변량 9개, 오차공변량 0개, 요인-측정변수간 경로 9로 이 숫자를 모두 합하면, 21이다.

따라서 이 모형은 자유도가 24(45-21)로서 모형인정 조건을 만족시킨다. 인정된 모형의 분석결과는 다음의 [그림 Ⅷ-11]과 같다.

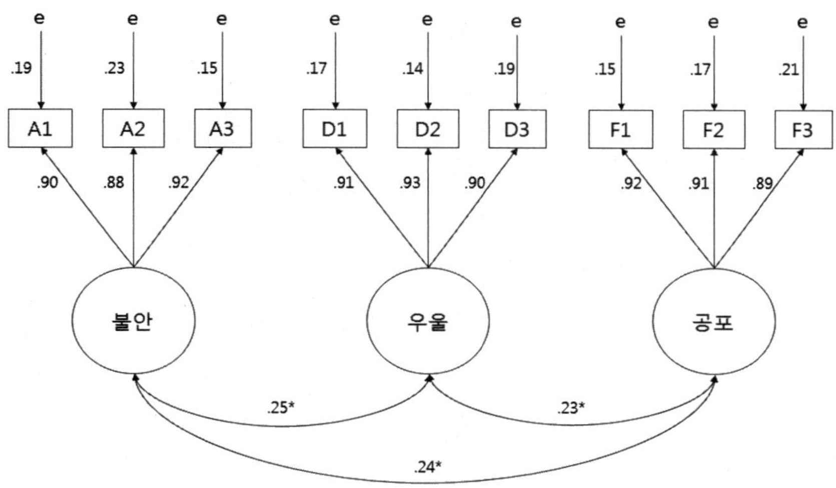

[그림 Ⅷ-11] 다요인 측정모형의 확인적 요인분석결과의 예

주: 이 모형에 표기된 숫자는 표준화해를 구한 결과임.

확인적 요인분석 결과 세 가지 요인에 걸쳐 측정오차들의 값이 비교적 작고, 그에 반비례해서 요인들과 측정변수들간의 경로계수의 값이 비교적 크기 때문에 신뢰도가 높으면서 수렴타당도도 높다고 평가할 수 있을 것이다. 또한 각기 다른 속성을 반영하는 세 요인들간의 경로계수들은 비교적 상관도가 낮아 변별타당도도 만족시키고 있다고 평가할 수 있을 것이다.

3. 합성모형(구조모형+측정모형)

가. 합성모형의 개념과 특징

합성모형은 변인간의 인과적 관계를 가정하는 구조모형과 각 변수의 측정모형을 결합한 모형으로 가장 일반적으로 적용되는 구조방정식 모형이다. 다음의 [그림 Ⅷ-12]는 그 예이다.

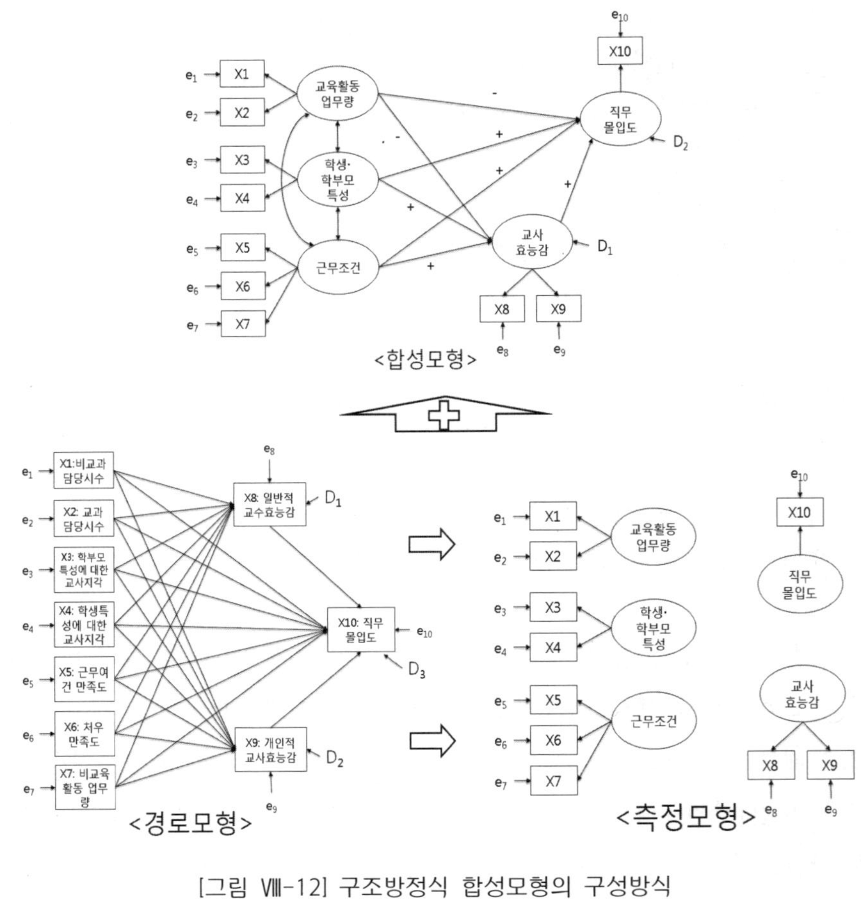

[그림 Ⅷ-12] 구조방정식 합성모형의 구성방식

주: ×1=비교과담당시수, ×2=교과담당시수, ×3=학부모특성에 대한 교사지각, ×4=학생특성에 대한 교사지각, ×5=근무여건만족도, ×6=처우만족도, ×7=비교육활동업무량, ×8=일반적교수효능감, ×9=개인적교사효능감, ×10=직무몰입도, D_i=내생변수의 잔차, e_i=오차, + = 정적 관계, −=부정관계.

구조방정식 합성모형의 장점을 제시하면 다음과 같다.

첫째, 합성모형을 적용하면, 경로분석에서와 같이 변수간의 구조적 관계를 검증할 수 있을 뿐만 아니라 확인적 요인분석과 같이 어떤 변수를 잠재변수와 측정변수와 오차로 구분하여 고려할 수 있다. 경로분석의 경우에는 측정오차를 가정하지 않기 때문에 측정변수를 연구변수와 동일시하여 측정변수들간의 직접적인 구조적 관계만을 고려할 수밖에 없다. 하지만 합성모형의 경우에는 측정변수의 총 변량을 오차변량과 잠재변수 변량으로 구분하고, 잠재변수(이론변수)들간의 구조적 관계를 검증하기 때문에 보다 신뢰롭고 타당한 구조적 관계를 검증할 수 있다는 장점이 있다.

둘째, 합성모형의 또 다른 장점은 측정모형이 독립적 측정모형으로는 모형인정이 안되어 분석이 불가능하던 것이 합성모형의 일부로 편입되면서 분석가능한 측정모형이 된다는 것이다. 앞서 설명하였듯이, 단일요인(잠재변수) 다측정모형이 하나의 독립된 측정모형으로 인정되기 위해서는 적어도 3개 이상의 측정변수가 있어야 한다는 점을 설명하였다. 따라서 독립적으로 설정된 단일요인 2측정 모형(앞의 [그림 Ⅷ-6] 참조)은 모형으로서 인정될 수 없었다. 그러나 합성모형의 경우에는 이러한 제약이 없어질 수 있다. 예컨대, 현재의 [그림 Ⅷ-12]에 제시된 측정모형들 중 자체적으로 독립적인 측정모형이 인정될 수 있는 것은 잠재변수 '근무조건'에 해당하는 측정모형뿐이다. 나머지 측정모형들은 측정변수수가 2개 이하로서 자체적으로는 모형조차 인정이 되지 않는다. 하지만 이 모든 측정모형들이 합성모형으로 편입되면서 분석 가능한 측정모형이 될 수 있다.

셋째, 합성모형은 모형을 구성하고 있는 각 잠재변수를 추정함에 있어서 다양한 요인(특성), 다양한 측정방법, 다양한 측정도구, 다양한 대상에 걸쳐 측정되는 다수의 측정변수들을 적용할 수 있기 때문에 경제적이다. 예컨대, 앞서 제시한 [그림 Ⅷ-12]의 경우 경로분석을 적용하게 되면, 7개의 외생 측정변수들을 현재와 같이 세 개의 잠재변수로 묶을 수가 없으며 내생변수 '교사효능감'의 2개의 측정요인도 잠재변수로 묶을 수가 없다. 경로분석의 경우에는 7개의 외생 측정변수와 2개의 내생변수의 측정변수를 모두 연구변수로 가정하여야 하며, 그럴 경우 분석은 매우 복잡해진다. 그러나 구조방정식 합성모형의 경우에는 특히 7개의 외생 측정변수들이 3개의 잠재변수(교육활동업무량, 학생학부모 특성, 근무조건)로 묶이고, 2개의 내생 측정변수들이 1개의 잠재변수(교사효능감)로 축약됨으로써 모형이 훨씬 더 간명해지는 결과를 가져왔고, 그 결과 이론적 가치도 향상될 수 있다.

하지만 셋째의 장점은 역으로 제한점이 될 수도 있다. [그림 Ⅷ-12]에서 보듯이, 합성모형은 경로모형에 비해 경로계수수가 축약되어 추상화되었지만, 대신 그만큼 구체성은 떨어진다. 예컨대, 독자들은 합성모형을 통해 잠재변수인 교육활동 업무량, 학생학부모 특성, 근무조건이 교사의 효능감과 직무몰입도에 어떠한 영향을 미치는지에 대한 일반화된 법칙을 파악할 수 있지만, 구체적으로 어떠한 업무량, 어떠한 근무조건, 그리고 학생과 학부모 중 어떠한 집단의 특성이 어떻게 교사효능감에 영향을 미치는지에 대해서 궁금할 수 있다. 따라서 측정변수의 과도한 잠재변수화는 모형의 추상화를 만족시킬 수 있지만 구체성을 떨어뜨릴 수 있다. 따라서 연구자들은 측정변수의 개념적 속성을 고려하여 적절한 수준의 잠재변수화를 시도해야 할 것이다. 많은 분들이 마치 구조방정식 모형분석이 회귀분석이나 경로분석보다 개선된 분석방법이라는 점을 말하지만 모든 연구상황에서 그러한 것은 아닐 수 있다. 오히려 구체적이고 탐색적인 성격의 연구를 추구할 경우에는 구조방정식 모형분석 만큼이나 경로분석 및 회귀분석방법이 적절할 수 있을 것이다.

나. 합성모형의 분석 예

지금부터는 합성모형의 분석과정을 설명하기 위해 앞서 [그림 Ⅷ-12]에서 제시한 가설적 합성모형을 실제 자료에 적용시켜 분석한 예를 분석단계별로 살펴보고자 한다. 참고로 이 내용은 저자의 논문(임성택, 2001).

[단계 1] 연구모형 및 가설의 설정

구조방정식 모형 분석의 첫 단계는 연구가설과 연구가설을 반영한 가설적 모형을 구성하여 제시하는 것이다. 앞의 [그림 Ⅷ-12]에 제시된 세 가지 모형들은 가설적 모형들이다. 이 중 여기서는 합성모형을 예로 다루기로 하였으므로 가설모형은 [그림 Ⅷ-12]의 상단부 모형이 가설모형에 해당된다.

이 모형은 다음과 같은 연구가설들이 반영되어 있다(+ 와 −로 표현됨).

가설 1. 교사의 교육활동업무량은 교사효능감에 직접적인 부적효과를 보일 것이다.

가설 2. 학부모와 학생에 대한 교사의 지각은 교사효능감에 직접적인 정적효과를 보일 것이다.

가설 3. 교사의 근무조건은 교사효능감에 직접적인 정적효과를 보일 것이다.

가설 4. 교사의 교육활동업무량은 교사의 직무몰입도에 직접적인 부적효과를 보일 것이다.

가설 5. 학부모와 학생에 대한 교사의 지각은 교사의 직무몰입도에 직접적인 정적효과를 보일 것이다.

가설 6. 교사의 근무조건은 교사의 직무몰입도에 직접적인 정적효과를 보일 것이다.

가설 7. 교사의 교육활동업무량은 교사의 직무몰입도에 교사효능감을 매개로 간접적인 부적효과를 보일 것이다.

가설 8. 학부모와 학생에 대한 교사의 지각은 교사의 직무몰입도에 교사효능감을 매개로 간접적인 긍정효과를 보일 것이다.

가설 9. 교사의 근무조건은 교사의 직무몰입도에 교사효능감을 매개로 간접적인 정적효과를 보일 것이다.

[단계 2] 측정변수의 상관행렬과 표준편차의 산출

구조방정식 모형을 분석하기 위해서는 우선 이 분석에서 원자료로 사용된 측정변수간 상관행렬과 각 측정변수별 표준편차를 마련하여야 한다. 그 자료들을 제시하면 다음의 〈표 VIII-1〉과 같다.

〈표 VIII-1〉 합성모형 분석예시를 위한 측정변수의 상관행렬과 표준편차

변수명	1	2	3	4	5	6	7	8	9	10
1.비교과담당시수	1.00									
2.교과담당시수	.32	1.00								
3.학부모의 특성	.08	.11	1.00							
4.학생들의 특성	.12	.12	.57	1.00						
5.근무여건만족도	-.04	-.01	.26	.33	1.00					
6.처우만족도	-.01	.04	.12	.12	.25	1.00				
7.비교육활동업무량	-.01	-.04	-.13	-.22	-.35	-.25	1.00			
8.교수효능감	-.07	-.01	.27	.29	.26	.21	-.09	1.00		
9.개인적교사효능감	-.11	.00	.32	.34	.34	.21	-.12	.58	1.00	
10.직무몰입도	-.11	-.06	.20	.18	.25	.23	.02	.30	.50	1.00
표준편차(SD)	.49	4.80	6.69	10.40	5.81	3.34	1.03	6.13	6.10	4.07

주: N=462

[단계 3] 모형의 인정가능성 검토

앞서 제시한 [그림 VIII-12]의 합성모형을 분석함에 있어서 연구자가 가장 먼저 검토할 것은 설정된 가설적 모형이 구조방정식 모형 분석 모형으로 인정가능한지를 검토하는 것이다. 모형의 인정가능성을 검토함에 있어서 가장 먼저 검토할 것은 모형인정의 필수조건으로서 [식 VII-24]에 의해 모형의 자유도가 0보다 같거나 커야하며 음수가 되어서는 안된다는 것이다.

모형의 자유도는 모형의 정보수에서 자유특징수를 감한 것인바 [식 VII-16], 자유도를 구하기 위해서는 모형의 정보수와 자유특징수를 계산해야 한다.

우선 [그림 Ⅷ-12]의 합성모형의 정보수는 측정변수 수가 10개이므로 **55**이다[10×11/2 이므로].

다음으로 합성모형의 자유특징수는 경로모형과 측정모형을 결합한 것이기 때문에 그것의 자유특징수는 경로모형의 자유특징수와 측정모형의 자유특징수를 단순히 합하면 될 것이라고 생각할 수 있다. 하지만 실제로는 그렇지 않다. 왜냐하면, 합성모형은 잠재변수들간의 구조적 관계를 나타내는 구조모형과 측정모형으로 구분할 수 있는데, 두 모형이 결합되면서 잠재변수는 공통요인이 된다. 이를 도시하면 다음의 [그림 Ⅷ-13]과 같다.

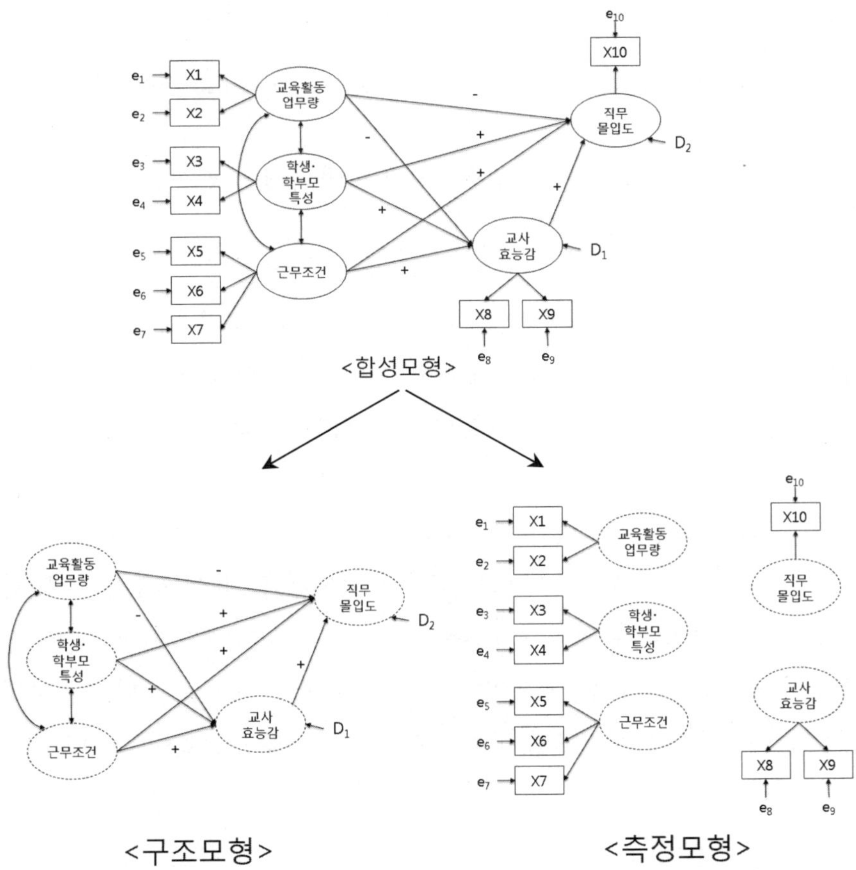

[그림 Ⅷ-13] 구조방정식 합성모형의 분해

주: 구조모형과 측정모형의 **점선의 원형**은 잠재변수로서 합성모형에서 **공통요소**에 해당됨.

[그림 Ⅷ-13]에서 구조모형의 자유특징수는 앞서 제시한 경로분석의 자유특징수를 산출을 위한 [식 Ⅶ-22]를 그대로 적용할 수 있다. 다만 다른 점은 구조모형의 자유특징수 산출에서는 측정변수를 대신하여 잠재변수가 산출요소로 적용된다는 것이다. 따라서 구조모형의 자유특징수 산출식은 다음과 같이 변환된다.

[식 Ⅶ-22]에 의하면, 경로모형의 자유특징수 $= O_c + r_c + O_i$

⇩⇩⇩

[식 Ⅷ-7] 합성모형의 구조모형 자유특징수$= L_C + r_C + L_i$

주: L_C = 잠재변수간 설정 경로수, r_C=내생변수 잔차간 경로수, L_i=잠재변수(변량)수

이 식을 적용하여 현재의 구조모형의 자유특징수를 산출하면

구조모형의 자유특징수 $= 10 + 0 + 5 = 15$이다.

다음으로 합성모형에 포함된 측정모형들의 자유특징수를 산출하여야 하는데, 이 경우에는 앞서 제시한 독립적인 측정모형의 자유특징수 산출식[식 Ⅷ-5]를 그대로 적용할 수 없다. 왜냐하면, 합성모형의 경우에 측정모형들이 합성모형의 일부로 편입되는 과정에서 자신들의 잠재변수들이 구조모형과 결합하기 위한 공통요소가 되었고, 구조모형의 자유특징수를 구하는 [식 Ⅷ-7]에서 이미 잠재변인들이 적용되었다. 따라서 같은 모형(합성모형)내에 포함된 측정변수의 자유특징수를 산출함에 있어서 잠재변수를 더 이상 적용할 수 없게 되었다. 그러므로 앞서 제시된 독립적인 측정모형의 자유특징수를 산출하던 [식 Ⅷ-5]는 [식 Ⅷ-8]과 같이 변환되어야 한다.

[식 Ⅷ-5] 독립 측정모형의 자유특징수

$$= L_i + L_c + e_i + e_C + (LO_c - LO_{Fc})$$

⇩⇩⇩

[식 Ⅷ-8] 합성 측정모형의 자유특징수

$$= L_i + L_c + e_i + e_C + (LO_c - LO_{Fc}) - L_i$$

$$= L_c + e_i + e_C + (LO_c - LO_{Fc})$$

측정모형에서 잠재변인과 참조변인간의 설정 경로수는 한 개이므로,

$$= L_c + e_i + e_C + (LO_c - 1)$$

$$= (L_c + e_i + e_C + LO_c) - 1$$

주: L_i=요인(잠재변수)의 (변량)수, L_c=요인(잠재변수)간의 경로 수, e_i=오차변량 수, e_c=오차간 공변량 수, LO_c=요인(잠재변인)과 측정변인간의 경로 수, LO_{FC}=고정된 잠재변인과 참조변수의 고정된 경로 수

그런데 이 식에서 $L_c + e_i + e_C + LO_c$ 항은 구조방정식 측정모형의 자유특징수를 산출하기 위한 축약식 [식 Ⅷ-6]과 동일하다. 따라서 구조방정식 합성모형에 포함된 측정모형이 n개 있다고 할 때, 측정모형들의 자유특징수는 다음의 식에 의해 산출된다.

[식 Ⅷ-9] 합성측정모형의 총 자유특징수

$$= \sum_{1}^{n}(\text{독립측정모형자유특징수}) - n$$

주: n=측정모형수 L_c=요인(잠재변수)간의 경로 수, e_i=오차변량 수, e_c=오차간 공변량 수, LO_c=요인(잠재변인)과 측정변인간의 경로 수

현재의 합성모형의 경우 측정모형은 교육활동업무량, 학생학부모특성, 근무조건, 교사효능감의 4개만이 고려되어야 한다(직무몰입도변수는 단요인 단수측정 모형이므로 이 변수와 관련된 자유특징수는 이미 구조모형에 반영되었음).[22]

[식 VIII-9]를 적용하여 현재의 합성모형에 포함된 4개의 측정모형(교육활동업무량, 학생학부모특성, 근무조건, 교사효능감)의 자유특징수 합을 계산하면,

합성측정모형의 자유특징수 합 $= 4 + 4 + 6 + 4 - 4 = 14$이다.

따라서 이 합성모형의 전체(구조모형+측정모형) 자유특징수는 15+14 =29이고, 자유도는 정보수(55)-전체 자유특징수(29)이므로 26이다. 자유도가 양수로 산출되었으므로 이 합성모형은 구조방정식 모형으로 분석 가능한 모형으로 인정될 수 있다.

> 결론 5 합성모형은 구조모형과 측정모형의 잠재변수들을 공통요소로 하여 그 두 모형이 결합된 모형이므로 합성모형의 자유특징수는 구조모형과 측정모형의 자유특징수의 합에서 잠재변수의 수만큼 감해야 한다.

[단계 4] 가설모형의 적합도 검증

구조방정식을 실행을 위한 전제조건인 모형인정이 되면, 연구자는 실제 자료를 적용하여 분석을 수행하게 된다. 우선 연구자가 관심을 두어야 할 분석결과는 가설모형의 적합도이다. 다음은 현재의 합성모형의 적합도 분석결과이다.

---

22) 직무몰입도 변수는 잠재변수가 측정변수와 동일시(잠재변수=측정변수)되는 단일요인 단수측정모형으로 측정모형으로 볼 수 없다. 이 변수의 경우에는 잠재변수가 측정변수와 동일시되어 구모모형의 자유특징수에 이미 반영되었다. 다만 그럼에도 불구하고 경로도형에서 잠재변수와 측정변수를 구분해 놓은 것은 오로지 측정변수의 측정오차를 모형에 반영하기 위함이다.

〈표 Ⅷ-2〉 가설모형의 적합도 분석결과

적합도 지수명	$\chi^2(df)$ / 의의도	RMSEA	SRMR	GFI	CFI
적합도 지수	54.64(26) / p 〈 .001	.048	.041	.980	.960
적합도 기준	p 〉 .05	〈.08	〈.05	〉.90	〉.90
적합도 판정결과	부적합	적합	적합	적합	적합

〈표 Ⅷ-2〉는 앞서 [그림 Ⅷ-13]의 상단부에 제시된 가설모형(합성모형)의 적합도 분석 결과이다. 이 모형의 적합도는 앞서 이 책에서 설명한 5가지 적합도 지수를 적용하였다. 카이스퀘어(χ^2) 값을 제외한 나머지 4개의 적합도 지수(RMSEA, RMR, GFI, AGFI)는 모두 가설적으로 설정된 모형이 적합한 것으로 판정하고 있다. 카이스퀘어(χ^2) 지수가 부적합 판정을 하고 있으나, 이는 자료의 표본수(N=462)가 크기 때문으로 해석할 수 있다. 카이스퀘어(χ^2) 값 지수는 모델이 제대로 되고, 모델검증의 조건이 충족된 상태에서도 큰 표본 집단에 적용시켰을 경우 통계적 의의도를 가지며, 특히 간명한 모델일수록 카이스퀘어(χ^2) 값의 의의도는 민감하게 반응한다(이순묵, 1990)는 점을 고려하면, 모델의 적합도를 가리키는 다섯 가지 지수들 중 대부분이 모델이 적합함을 나타내고 있으므로 우리는 이 모델이 적합하다고 판정할 수 있을 것이다.

[단계 5] 모형의 수정과 수정 모형의 적합도 검증

앞서 설명하였듯이 가설모형의 적합도가 부적합 판정을 받게 되면, 미설정된 경로들의 수정지수(MI; modification indices)를 확인하여 그 값이 4이상인 가진 경로(path)를 추가 설명하는 식으로 모형 수정을 시도한다. 이 경우에 모형의 간명성은 기회비용이 된다. 반대로 모델이 적합할 경우에는 적합도를 훼손하지 않는 범위내에서 설정된 경로의 고정지수(t)가 절대값 2보다 작을 경우 통계적 유의성이 없는 것으로 판정하여 설정된 경로를 제거하는 식으로 모델의 간명화를 시도하게 된다. 이 경우에는 모형의 적합도가 기회비용이 된다.

현재의 모형에서는 모형이 적합한 것으로 판명되었으므로 그 적합도를 훼손하지 않는 범위내에서 모형의 간명화를 시도해야 할 것이다. 다음의 [그림 Ⅷ-14]는 가설모형의 검증결과와 수정모형을 보여주고 있다.

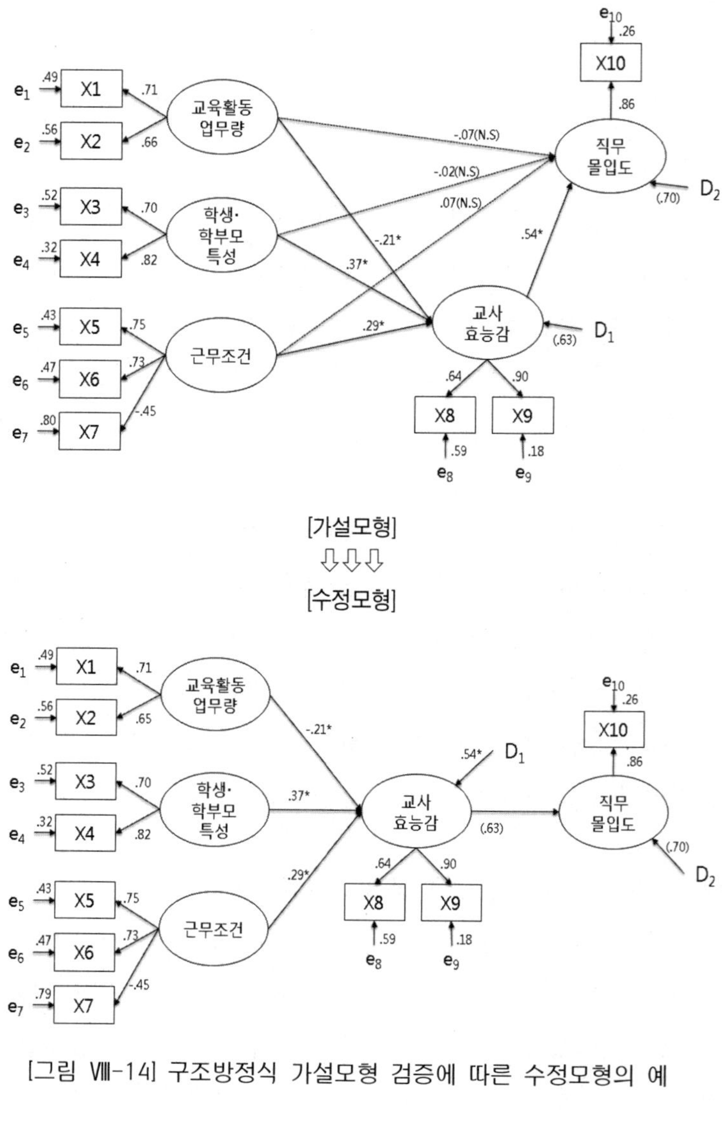

[그림 Ⅷ-14] 구조방정식 가설모형 검증에 따른 수정모형의 예

주: 가설모형의 경로도에서 점선은 고정지수(t)의 절대값이 2보다 작은 경로들임

모형의 간명화를 시도하기 위하여 가설모형을 검증한 결과 이 모형의 종속변수인 교사의 직무몰입도에 대한 3개의 외생변수들(교육활동업무

량, 학생학부모특성, 근무조건)의 직접효과(direct effects)를 반영하는 경로들의 고정지수(t)가 모두 임계치(절대값 2)보다 적었다. 따라서 이 모형에서 이 경로들은 삭제하여 모형의 간명도를 높였다.

모형의 간명화는 모형의 적합도를 떨어뜨릴 수 있기 때문에 모형의 적합도를 훼손하지 않는 범위에서 이루어져야 한다. 따라서 수정된 모형의 적합도는 다시 검토될 필요가 있다. 다음의 〈표 Ⅷ-3〉은 수정된 모형의 재산출된 적합도 지수이다.

〈표 Ⅷ-3〉 가설모형의 적합도 분석결과

적합도지수명	χ^2(df) / 의의도	RMSEA	SRMR	GFI	CFI
적합도지수	57.57(29) / p 〈 .001	.046	.042	.980	.960
적합도 기준	p 〉 .05	〈.08	〈.05	〉.90	〉.90
적합도 판정결과	부적합	적합	적합	적합	적합

수정모형의 적합도중 χ^2지수의 자유도는 가설모형의 자유도보다 3개 늘었는데, 이는 세 개의 자유도는 외생변수(교육활동업무량, 학생학부모특성, 근무조건)에서 종속변수로의 직접효과를 반영하는 경로들이 해제되었기 때문에 증가한 것이다.

현재의 경우처럼 모형이 간명화 되게 되면, χ^2 값은 증가하여 이 지수에서의 적합도는 떨어질 가능성이 크다. 따라서 간명화의 방식으로 모형이 수정될 경우에 χ^2 값의 상승(모형의 부적합화)이 통계적 유의성이 있는지를 확인할 필요가 있다. 만약 χ^2 값의 변화가 통계적 유의성이 있을 경우에는 모형수정이 모형의 적합도를 유의미하게 훼손하는 것으로 해석할 수 있다. 이러한 점을 고려하여 Bentler와 Bonett(1980)은 소위 델타 카이스퀘어($\Delta\chi^2$)의 개념을 적용하여 모형의 적합도 변화의 차이를 검증하고자 하였다.

[식 Ⅷ-10] $$\Delta\chi^2 = \chi_s^2 - \chi_t^2 \qquad \Delta df = df_s - df_t$$

주: χ_s = 자유도가 큰 모형의 카이스퀘어, χ_t = 자유도가 작은 모형의 카이스퀘어

카이스퀘어 검증법에 따라 델타 자유도(Δdf)가 일정하다고 할 때, 델타 카이스퀘어($\Delta \chi^2$)이 크면 클수록 비교하는 두 모형의 적합도차이가 크다고 할 수 있으며, 반대로 델타 카이스퀘어($\Delta \chi^2$)값이 일정하다고 할 때 자유도가 적으면 적을수록 두 모형의 적합도는 차이가 크다고 할 것이다.

델타 카이스퀘어($\Delta \chi^2$)의 검증은 일반 카이스퀘어 검증시 적용하는 방법과 동일하다. 즉, 델타 카이스퀘어($\Delta \chi^2$)값 그에 해당하는 델타 자유도(Δdf)가 주어지면, 델타 자유도(Δdf)를 일반 자유도로 삼아 통계책의 부록에 제시되는 카이스퀘어 분포표에서 그 자유도에서의 유의수준(α=.01 혹은 .05)에 해당하는 임계치를 확인하고, 델타 카이스퀘어($\Delta \chi^2$)값이 임계치보다 크면, 그 값이 통계적 유의성이 있다고 판정하고, 반대로 그 값이 임계치보다 작으면 통계적 유의성이 없는 것으로 판정하면 된다.

현재의 가설모형과 수정모형의 χ^2 값들은 54.64와 57.57이고, 자유도는 26과 29이므로 이를 [식 Ⅷ-10]에 대입하여 델타 카이스퀘어($\Delta \chi^2$)값을 구하면 다음과 같다.

$$\Delta \chi^2 = 57.57 - 54.64 = 2.93 \qquad \Delta df = 29 - 26 = 3$$

카이스퀘어 분포표에서 자유도가 3일 때 α=.05에 해당하는 임계치는 7.82이다. 따라서 가설모형과 수정모형의 카이스퀘어 값의 차이인 델타 카이스퀘어($\Delta \chi^2$)값 2.93은 임계치보다 작으므로 통계적으로 유의미하지 않다고 해석된다. 즉, 두 모형의 카이스퀘어 적합도 차이는 다르지 않다는 것이다. 따라서 현재의 모형에서 수정모형을 취했을 때 자유도를 3개나 증가시켰음에도 불구하고 χ^2지수의 변화는 통계적으로 유의하지 않으므로 수정모형이 가설모형의 적합도보다 나빠지지 않았다고 볼 수 있다.

현재모형의 경우에는 모형의 간명화를 위한 모형 수정 경우에 해당된다. 하지만 반대로 모형의 적합도를 높이는 방향으로의 모형수정의 경우에는 어떠할까? 모형의 적합도를 높이기 위해서는 추가적인 경로를 설정하므로 수정모형의 자유도가 가설모형의 자유도보다 작아질 것이다. 이 경우에도 [식 Ⅷ-10]은 그대로 적용할 수 있다. 다만 차이점이 있다면, 이 경우에는 모형의 복잡화를 통한 χ^2의 적합도 감소 변화량을 검토하는 것이다.

사실 현재의 모형에서는 가설모형이든 수정모형이든 χ^2 적합도 지수는 모두 부적합 판정을 내려야 하기 때문에 델타 카이스퀘어($\Delta\chi^2$)의 통계적 유의성을 가리는 것은 큰 의미는 없다. 하지만, 모형의 간명도를 높이기 위한 모형수정이 적합도를 크게 훼손하지 않았다는 점을 보여주기 위해서는 의미가 있다. 하지만, 다른 경우에는 이러한 모형의 수정이 카이스퀘어(χ^2) 지수의 적합도 여부를 결정할 수 도 있다.

아무튼 현재의 모형은 카이스퀘어(χ^2)를 비롯한 여타의 적합도 지수들에 걸쳐 가설모형과 수정모형간의 적합도가 큰 차이를 보이지 않는다. 따라서 적합도가 유사하다면, 가설모형보다는 모형의 간명성이 더 개선된 수정모형을 채택하는 것이 옳은 결정일 것이다.

[단계 6] 최종모형의 변수간 인과적 관계 분석

수정모형이 확정모형으로 결정되었으므로 수정모형에서의 변수간 인과적 관계를 검토하게 된다. 〈표 Ⅷ-4〉는 수정 모형에서의 변수간 관계를 나타내는 경로계수와 내생변수에 대한 외생변수의 설명효과이다.

〈표 Ⅷ-4〉 수정모형에서의 내생변수에 대한 외생변수의 효과

경로유형	경로	전체 효과	간접 효과	전체 설명량
독립변수→매개변수	1. 교육활동업무량→교사효능감	-.21*	-	37%
	2. 학부모·학생에 대한 태도→교사효능감	.37*	-	
	3. 근무조건만족도→교사효능감	.29*	-	
매개변수→종속변수	4. 교사효능감→직무몰입도	.54*	-	30%
독립변수→종속변수	1. 교육활동업무량→직무몰입도	-.12*	-.12*	-
	2. 학부모·학생에 대한 태도→직무몰입도	.20*	.20*	-
	3. 근무조건만족도→직무몰입도	.16*	.16*	-

주 1: - 는 수정모형에서 '해당 없음'을 의미함

주 2: * $p<.05$

사실 내생변수에 대한 외생변수의 관계와 설명효과는 회귀방정식의 회귀계수와 설명효과와 같은 의미이다. 그러나 중요한 차이점은 구조방정식 모형분석의 경우에 내생변수에 대한 외생변수의 효과가 직접효과와 간접효과로 분해되어 분석될 수 있다는 점이다. 이 점이 회귀방정식 이상으로 구조방정식을 통한 변수간 관계를 탐색해야 하는 주된 이유이다. 예컨대, 내생변수인 교사의 직무몰입도에 대한 세 개의 외생변수(교육활동업무량, 학생학부모의 특성, 근무조건)의 전체효과는 직접효과와 더불어 이 모형이 매개변수에 해당하는 교사효능감을 통한 간접효과로 분해되어 있다.

현재의 경우에는 수정된 모형이 완전매개모형에 해당하므로 내생변수인 교사의 직무몰입도에 대한 외생변수들의 간접효과가 곧 전체효과에 해당된다. 하지만 가설모형에서와 같이 내생변수에 대한 외생변수의 직간접 효과가 모두 통계적 유의성이 검정되면, 전체효과는 간접효과와 더불어 직접효과로 분해되어야 한다.

<표 Ⅷ-4>의 맨 오른쪽 열에 있는 전체설명량은 회귀분석에서의 설명변량 혹은 결정계수와 동일한 의미로 해석된다. 즉, 수정모형은 2단계의 회귀분석과정으로 분해될 수 있는데, 첫째는 교사효능감에 대한 외생변수들의 중다회귀분석 모형으로 가정될 수 있으며, 둘째는 교사의 직무몰입도에 대한 매개변수(교사효능감)의 단순회귀분석 모형이다. 전자의 경우에 교사의 직무환경으로 볼 수 있는 세 개의 외생변수들이 교사효능감 총변량의 37%를 설명하는 것으로 되어 있다. 이를 역으로 설명하면, 교사효능감 총변량의 63%가 외생변수 세 개에 의해 설명될 수 없는 변량이라는 뜻인데, 이는 [그림 Ⅷ-14]에서의 교사효능감 잠재변인의 잔차(D_1)에 해당된다. 즉, 교사효능감의 잔차변량(.63)을 교사효능감 총변량 1에 대한 백분율로 나타낸 것이 63%라는 숫자다. 마찬가지로 현재의 수정모형에서 교사의 직무몰입도에 대한 유일한 설명변수인 교사효능감은 30%의 설명력을 보이고 있으며, 그 의미는 교사효능감에 대한 직무환경변수들의 경우와 같이 해석하면 된다.

다음은 현재 모형의 연구결과를 해석하여 기술한 것이다.

연구의 연구가설을 검증한 결과를 제시하면 다음과 같다. 첫째, 이 연구의 독립변수인 교사의 직무 관련 환경적 변수들(교사의 업무량, 학생 및 학부모의 특성 및 근무조건)이 교사 효능감에 의의있는 직접효과를 가질 것이라는 가설은 긍정되었다. 각각의 경로계수(표준화 회귀계수)들을 살펴보면, 교사의 업무량은 -.21, 학생 및 학부모의 특성요인은 .37. 그리고 근무조건은 .29로서 교사효능감에 대하여 학생 및 학부모의 특성요인이 가장 큰 효과를 나타냈으며, 그 다음이 근무조건이었고, 가장 낮은 효과를 보인 것은 교사의 교육활동 업무량이었다. 각 독립변수들이 교사효능감에 대해 가지는 효과의 방향을 살펴보면, 교사의 업무량이 적을수록, 학생 및 학부모의 특성에 대한 교사의 지각이 긍정적일수록 그리고 근무조건을 긍정적으로 지각할수록 교사들의 효능감은 높아지는 것으로 나타났다. 그리고 세 독립변수들은 교사효능감의 전체변량 중 37%를 설명하였다. 이는 교사의 직무와 관련된 환경적 변수들(교사의 업무량, 학생 및 학부모의 특성 및 근무조건)이 교사효능감을 결정하는 중요한 변수들임을 입증하는 것으로 해석할 수 있다.

둘째, 교사효능감이 교사의 직무몰입도에 의의있는 직접효과를 가질 것이라는 가설 역시 긍정되었다. 이에 대한 경로계수는 표준화 회귀계수 .54로서 교사효능감이 높은 교사일수록 직무몰입도가 높아짐을 나타내고 있다. 그리고 교사효능감은 교사의 직무몰입도 전체변량중 30%를 설명하는 것으로 나타났다. 이는 교사효능감이 교사의 직무몰입도를 결정하는 중요한 변수임을 보여주고 있다.

셋째, 교사의 직무관련 환경적 변수들(교사의 업무량, 학생 및 학부모의 특성 및 근무조건)이 교사의 직무몰입도에 의의있는 직접 효과(direct effects)를 가질 것이라는 가설은 기각되었다. 이는 직무관련 환경적 변수들은 교사의 직무몰입도를 결정하는 직접적인 요인이 아님을 의미한다.

넷째, 교사의 직무관련 환경적 변수들(교사의 업무량, 학생 및 학부모의 특성 및 근무조건)이 교사효능감을 매개변수로 하여 교사의 직무몰입도와 의의있는 간접 효과(indirect effects)를 가질 것이라는 가설은 긍정되었다. 이는 교사의 직무관련 환경적 변수들이 교사의 직무몰입도를 결정하는 직접적인 요인은 아니지만, 교사효능감이라는 변수를 통하여 교사의 직무몰입도에 영향을 미치는 간접적인 요인임을 나타낸다. 세 가지 직무관련 환경요인중 교사효능감을 매개변수로 하여 교사의 직무몰입도에 가장 큰 간접적 영향을 미치는 요인은 학생 및 학부모의 특성요인이었으며(.20), 그 다음이 근무조건이었고(.16), 교육활동 업무량이 가장 낮은 간접효과(-.12)를 가지는 것으로 나타났다. 종속변수에 대해 각 독립변수가 가지는 간접효과의 방향을 살펴보면, 교사효능감을 매개로 하여 교사의 업무량이 적을수록, 학생 및 학부모의 특성에 대한 교사의 지각이 긍정적일수록 그리고 근무조건을 긍정적으로 지각할수록 교사들의 직무몰입도는 높아지는 것으로 밝혀졌다.

위의 가설검증결과를 요약하면, 본 연구의 독립변수였던 교사의 직무관련 환경변인들과 매개변수인 교사효능감 모두 교사의 직무몰입도를 결정하는 의의있는 변인들이었다. 하지만 특기할 사실은 교사의 직무관련 환경변인들은 교사의 직무몰입도에 직접적인 영향을 미치기보다는 교사효능감이라는 심리적 매개변인을 통하여 교사의 직무몰입도에 간접적인 영향력만을 가진 반면, 교사효능감은 직무몰입도에서의 교사의 개인차를 직접적으로 설명하는 중요한 변인이라는 것이다.

지금까지 저자는 구조방정식 모형분석의 기본만을 설명하였다. 구조방정식 모형분석은 점차 다양한 연구문제 상황에 맞추어 지속적으로 진화하는 과정에 있다. 최근 들어 국가 및 공공연구기관에서 수행하고 있는 종단적 자료분석이나 실험적 자료의 분석에도 적용되고 있다. 그러나 그것들은 구조방정식 모형분석의 기본논리에서 파생된 것들로 볼 수 있다. 따라서 연구자들은 다양한 자료에 최적화된 파생형 구조방정식 모형분석의 방법들에 적응할 필요가 있을 것이다. 다음기회를 통하여 저자는 이 파생적 구조방정식 모형분석의 기본원리를 보다 쉽고도 적실히 이해할 수 있는 설명서를 집필할 수 있기를 기대해 본다.

제 9 장 카이스퀘어(Chi-square / χ^2) 분석

1. 일차원카이스퀘어 분석 예
2. 2차원카이스퀘어 분석(교차분석) 예

제 9 장 카이스퀘어(Chi-square / χ^2) 분석

카이스퀘어 분석은 자료가 둘 혹은 그 이상의 상호 배타적인 범주나 집단에 걸쳐 분포된 빈도의 차이를 비교분석 하는데 사용되는 비모수 통계적 방법이다. 카이스퀘어 분석은 각 집단별 빈도에서의 차이를 검증하기 위하여 각 비교집단 내에서 기대빈도와 관찰빈도를 비교하여 그 차이를 확인한다. 실제로 관찰빈도와 기대빈도가 서로 일치하지 않을수록 카이스퀘어 값은 증가한다. 여기서 기대빈도란 비교하는 집단이 특정 측정과 관련하여 동질적인 집단이라고 가정했을 때(다시 말하여 영가설이 사실일 때) 각 집단으로 분류되어야 마땅한 빈도수를 말한다. 다음과 같은 일차원 카이스퀘어 분석 예를 살펴보자.

1. 일차원 카이스퀘어 분석 예

연구자가 100명의 사람들을 대상으로 국산 사과와 외국산 사과의 맛을 비교하여 더 맛이 좋은 사과를 선택하도록 하였다. 만일 두 종류의 사과 맛이 같다고 가정한다면(영가설이 사실이라면), 확률상 그리고 이론적으로 전체연구대상자 100명중 반수인 50명은 국산사과를 그리고 나머지 반수인 50명은 외국산 사과를 선택해야 할 것이다. 이때의 빈도를 기대빈도라 한다.

하지만 실제로 실험을 한 결과 70명이 국산사과를 그리고 나머지 30명만이 외국산 사과가 더 맛있었다고 하였다. 이처럼 실제 실험이나 조사를 통하여 얻은 빈도를 관찰빈도라 한다.

방금 제시한 예를 표로 제시하면 다음과 같을 것이다.

질문: 어떤 사과가 더 맛이 있는가?

〈표 IX-1〉 국산사과와 외국사과에 대한 관찰빈도와 기대빈도

구 분	국산 사과 선택	외국 사과 선택
관찰빈도/기대빈도	70/50	30/50

〈표 IX-1〉에서 카이스퀘어 값을 구하는 공식은 다음과 같다.

[식 IX-1] $$\chi^2 = \Sigma \frac{(fo - fe)^2}{fe}$$

주: fo = 관찰빈도, fe = 기대빈도

〈표 IX-1〉의 자료를 대입해보면,

$$\chi^2 = \frac{(70-50)^2}{50} + \frac{(30-50)^2}{50} = \frac{400}{50} + \frac{400}{50} = 8 + 8 = 16.00$$

자유도 $= c$(컬럼수)-1 이다. 그러므로 이 경우 $2-1=1$이 된다.

우리가 얻은 χ^2 값 16은 자유도 1과 의의도 수준(α값) .05에 해당하는 임계치인 3.841보다 크므로 통계적으로 의의 있다. 다시 말하여, 국산 사과와 외국산 사과의 맛이 같을 것이라는 영가설은 기각되고, 국산사과가 외국산 사과보다 더 맛이 있을 것이라는 연구가설이 입증되었다. 요컨대, χ^2값이 증가할수록 집단간 빈도의 차이는 통계적으로 의의있는 것으로 판명될 가능성이 커진다. 그리고 χ^2값은 각 집단 내에서의 기대빈도와 관찰빈도의 차이가 클수록 증가한다.

2. 2차원 카이스퀘어 분석(교차분석) 예

연구자는 일차원적 카이스퀘어 분석을 확장하여 국산사과와 외국산 사과에 대한 한국인과 외국인으로 선호도를 구분하여 비교한 결과 다음과 같은 2차원적 관찰빈도 분포를 얻었다.

〈표 Ⅸ-2〉 국산 사과와 외국 사과에 대한 관찰빈도 합계

구 분		국산 사과 선택	외국 사과 선택	합계
관찰빈도	한국인	45	1	46
	외국인	25	29	54
	합계	70	30	100

2차원적 카이스퀘어 분석에 필요한 기대빈도는 다음과 같은 공식으로 계산한다.

① $\text{한국인} - \text{국산사과} = \dfrac{\text{한국인 합계빈도} \times \text{국산사과 합계빈도}}{\text{전체사례수}}$

$$= \frac{46 \times 70}{100} = 32.2$$

② $\text{한국인} - \text{외국사과} = \dfrac{\text{한국인 합계빈도} \times \text{외국사과 합계빈도}}{\text{전체사례수}}$

$$= \frac{46 \times 30}{100} = 13.8$$

③ $\text{외국인} - \text{국산사과} = \dfrac{\text{외국인 합계빈도} \times \text{국산사과 합계빈도}}{\text{전체사례수}}$

$$= \frac{54 \times 70}{100} = 37.8$$

④ $\text{외국인} - \text{외국사과} = \dfrac{\text{외국인 합계빈도} \times \text{외국사과 합계빈도}}{\text{전체사례수}}$

$$= \frac{54 \times 30}{100} = 16.2$$

각 집단별 관찰빈도와 기대빈도를 함께 제시하면 다음과 같다.

〈표 Ⅸ-3〉 국산사과와 외국사과에 대한 관찰빈도와 기대빈도 합계

구 분		국산 사과 선택	외국 사과 선택	합계
관찰빈도/기대빈도	한국인	45/32.2	1/13.8	46
	외국인	25/37.8	29/16.2	54
	합계	70	30	100

χ^2값을 구하는 공식은 일차원적 카이스퀘어 분석과 같다.

$$\chi^2 = \frac{(45-32.2)^2}{32.2} + \frac{(1-13.8)^2}{13.8} + \frac{(25-37.8)^2}{37.8} + \frac{(29-16.2)^2}{16.2}$$

$$= \frac{163.84}{32.2} + \frac{163.84}{13.8} + \frac{163.8}{37.8} + \frac{163.8}{16.2}$$

$$= 5.09 + 11.87 + 4.33 + 10.11 = 31.4$$

자유도$=(C-1)(R-1)(2-1)(2-1)=1$이 된다.

우리가 얻은 χ^2값 31.2는 자유도 1과 의의도 수준(α값) .05에 해당하는 임계치인 3.841보다 크므로 통계적으로 의의 있었다. 이 결과에 대한 해석 방식은 변량분석의 2 × 2 요인 분석결과 해석방식과 같이 주효과와 상호 작용 효과로 구분하여 해석한다. 결과를 해석하면, 전반적으로 국산 사과가 외국산 사과보다 선호도가 높았으며, 특히 한국 사과에 대한 선호도는 외국인보다 한국인의 경우에 더욱 높은 반면 외국 사과에 대한 선호도는 한국인 보다 외국인의 경우에 더 높았다.

참고문헌

이순묵(1990). **공변량구조분석**. 서울: 성원사.

임성택(2001). 교사의 직무몰입도 결정요인의 구조분석. **교육심리연구**, 15(4), 141-162.

임성택(2011). **교사효능감**. 서울: 강현출판사.

Baron, R. M., & Kenny, D. A. (1986). The moderator-mediator variable distinction in social psychological research: Conceptual, strategic, and statistical considerations. *Journal of Personality and Social Psychology, 51*, 1173-1182.

Bentler, P. M. (1990). Comparetive fit indexes in structural model. *Psychological Bulletin, 107*(2), 238-246.

Box, G. E. P. (1954). Some theorems on quadratic forms applied in the study of analysis of variance problems. *Annals of Mathematical Statistics, 25,* 290-302.

Jaccard, J., & Turrisi, R. (2003). Interaction effects in multiple regression (2nd ed.). Thousnd Oaks, CA: Sage.

Joreskog, K. G., & Sorbom, D. (1984). *LISREL VI: Analysis of linear structural relationships by the method of maximum likelihood.* Chicago: National Educational Resources.

Steiger, J. H., & Lind, J. C. (1980). *Statistically-based tests for the number of common factors.* Paper presented at the annual Spring Meeting of the Psychometric Society, Iowa City, IA.

부 록

[부록 1] 카이스퀘어(χ^2) 분포표

[부록 2] F 분포표(α=.05)

[부록 3] F 분포표(α=.01)

[부록 4] t 분포표

[부록 5] 표준정규분포표(z)

[부록 1] 카이스퀘어(χ^2) 분포표

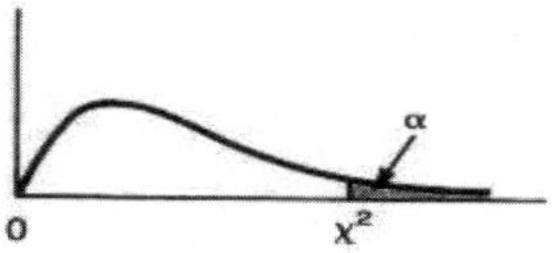

df	.995	.990	.975	.950	.900	.750	.500	.250	.100	.050	.025	.010	.005
1	0.00	0.00	0.00	0.00	0.02	0.10	0.45	1.32	2.71	3.84	5.02	6.63	7.88
2	0.01	0.02	0.05	0.10	0.21	0.58	1.39	2.77	4.61	5.99	7.38	9.21	10.60
3	0.07	0.11	0.22	0.35	0.58	1.21	2.37	4.11	6.25	7.81	9.35	11.34	12.84
4	0.21	0.30	0.48	0.71	1.06	1.92	3.36	5.39	7.78	9.49	11.14	13.28	14.86
5	0.41	0.55	0.83	1.15	1.61	2.67	4.35	6.63	9.24	11.07	12.83	15.09	16.75
6	0.68	0.87	1.24	1.64	2.20	3.45	5.35	7.84	10.64	12.59	14.45	16.81	18.55
7	0.99	1.24	1.69	2.17	2.83	4.25	6.35	9.04	12.02	14.07	16.01	18.48	20.28
8	1.34	1.65	2.18	2.73	3.49	5.07	7.34	10.22	13.36	15.51	17.53	20.09	21.95
9	1.73	2.09	2.70	3.33	4.17	5.90	8.34	11.39	14.68	16.92	19.02	21.67	23.59
10	2.16	2.56	3.25	3.94	4.87	6.74	9.34	12.55	15.99	18.31	20.48	23.21	25.19
11	2.60	3.05	3.82	4.57	5.58	7.58	10.34	13.70	17.28	19.68	21.92	24.72	26.76
12	3.07	3.57	4.40	5.23	6.30	8.44	11.34	14.85	18.55	21.03	23.34	26.22	28.30
13	3.57	4.11	5.01	5.89	7.04	9.30	12.34	15.98	19.81	22.36	24.74	27.69	29.82
14	4.07	4.66	5.63	6.57	7.79	10.17	13.34	17.12	21.06	23.68	26.12	29.14	31.32
15	4.60	5.23	6.26	7.26	8.55	11.04	14.34	18.25	22.31	25.00	27.49	30.58	32.80
16	5.14	5.81	6.91	7.96	9.31	11.91	15.34	19.37	23.54	26.30	28.85	32.00	34.27
17	5.70	6.41	7.56	8.67	10.09	12.79	16.34	20.49	24.77	27.59	30.19	33.41	35.72
18	6.26	7.01	8.23	9.39	10.86	13.68	17.34	21.60	25.99	28.87	31.53	34.81	37.16
19	6.84	7.63	8.91	10.12	11.65	14.56	18.34	22.72	27.20	30.14	32.85	36.19	38.58
20	7.43	8.26	9.59	10.85	12.44	15.45	19.34	23.83	28.41	31.41	34.17	37.57	40.00
21	8.03	8.90	10.28	11.59	13.24	16.34	20.34	24.93	29.62	32.67	35.48	38.93	41.40
22	8.64	9.54	10.98	12.34	14.04	17.24	21.34	26.04	30.81	33.92	36.78	40.29	42.80
23	9.26	10.20	11.69	13.09	14.85	18.14	22.34	27.14	32.01	35.17	38.08	41.64	44.18
24	9.89	10.86	12.40	13.85	15.66	19.04	23.34	28.24	33.20	36.42	39.36	42.98	45.56
25	10.52	11.52	13.12	14.61	16.47	19.94	24.34	29.34	34.38	37.65	40.65	44.31	46.93
26	11.16	12.20	13.84	15.38	17.29	20.84	25.34	30.43	35.56	38.89	41.92	45.64	48.29
27	11.81	12.88	14.57	16.15	18.11	21.75	26.34	31.53	36.74	40.11	43.19	46.96	49.64
28	12.46	13.56	15.31	16.93	18.94	22.66	27.34	32.62	37.92	41.34	44.46	48.28	50.99
29	13.12	14.26	16.05	17.71	19.77	23.57	28.34	33.71	39.09	42.56	45.72	49.59	52.34
30	13.79	14.95	16.79	18.49	20.60	24.48	29.34	34.80	40.26	43.77	46.98	50.89	53.67
40	20.71	22.16	24.43	26.51	29.05	33.66	39.34	45.62	51.81	55.76	59.34	63.69	66.77
50	27.99	29.71	32.36	34.76	37.69	42.94	49.33	56.33	63.17	67.50	71.42	76.15	79.49
60	35.53	37.48	40.48	43.19	46.46	52.29	59.33	66.98	74.40	79.08	83.30	88.38	91.95
70	43.28	45.44	48.76	51.74	55.33	61.70	69.33	77.58	85.53	90.53	95.02	100.43	104.21
80	51.17	53.54	57.15	60.39	64.28	71.14	79.33	88.13	96.58	101.88	106.63	112.33	116.32
90	59.20	61.75	65.65	69.13	73.29	80.62	89.33	98.65	107.57	113.15	118.14	124.12	128.30
100	67.33	70.06	74.22	77.93	82.36	90.13	99.33	109.14	118.50	124.34	129.56	135.81	140.17

[부록 2] F 분포표(α=.05)

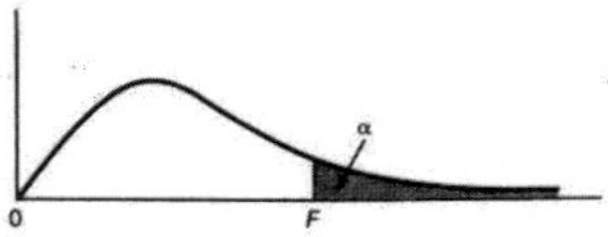

분모의 자유도(Degrees of Freedom for Denominator)	분자의 자유도(Degrees of Freedom for Numerator)															
	1	2	3	4	5	6	7	8	9	10	15	20	25	30	40	50
1	161.45	199.50	215.71	224.58	230.16	233.99	236.77	238.88	240.54	241.88	245.95	248.01	249.26	250.10	251.14	251.77
2	18.51	19.00	19.16	19.25	19.30	19.33	19.35	19.37	19.38	19.40	19.43	19.45	19.46	19.46	19.47	19.48
3	10.13	9.55	9.28	9.12	9.01	8.94	8.89	8.85	8.81	8.79	8.70	8.66	8.63	8.62	8.59	8.58
4	7.71	6.94	6.59	6.39	6.26	6.16	6.09	6.04	6.00	5.96	5.86	5.80	5.77	5.75	5.72	5.70
5	6.61	5.79	5.41	5.19	5.05	4.95	4.88	4.82	4.77	4.74	4.62	4.56	4.52	4.50	4.46	4.44
6	5.99	5.14	4.76	4.53	4.39	4.28	4.21	4.15	4.10	4.06	3.94	3.87	3.83	3.81	3.77	3.75
7	5.59	4.74	4.35	4.12	3.97	3.87	3.79	3.73	3.68	3.64	3.51	3.44	3.40	3.38	3.34	3.32
8	5.32	4.46	4.07	3.84	3.69	3.58	3.50	3.44	3.39	3.35	3.22	3.15	3.11	3.08	3.04	3.02
9	5.12	4.26	3.86	3.63	3.48	3.37	3.29	3.23	3.18	3.14	3.01	2.94	2.89	2.86	2.83	2.80
10	4.96	4.10	3.71	3.48	3.33	3.22	3.14	3.07	3.02	2.98	2.85	2.77	2.73	2.70	2.66	2.64
11	4.84	3.98	3.59	3.36	3.20	3.09	3.01	2.95	2.90	2.85	2.72	2.65	2.60	2.57	2.53	2.51
12	4.75	3.89	3.49	3.26	3.11	3.00	2.91	2.85	2.80	2.75	2.62	2.54	2.50	2.47	2.43	2.40
13	4.67	3.81	3.41	3.18	3.03	2.92	2.83	2.77	2.71	2.67	2.53	2.46	2.41	2.38	2.34	2.31
14	4.60	3.74	3.34	3.11	2.96	2.85	2.76	2.70	2.65	2.60	2.46	2.39	2.34	2.31	2.27	2.24
15	4.54	3.68	3.29	3.06	2.90	2.79	2.71	2.64	2.59	2.54	2.40	2.33	2.28	2.25	2.20	2.18
16	4.49	3.63	3.24	3.01	2.85	2.74	2.66	2.59	2.54	2.49	2.35	2.28	2.23	2.19	2.15	2.12
17	4.45	3.59	3.20	2.96	2.81	2.70	2.61	2.55	2.49	2.45	2.31	2.23	2.18	2.15	2.10	2.08
18	4.41	3.55	3.16	2.93	2.77	2.66	2.58	2.51	2.46	2.41	2.27	2.19	2.14	2.11	2.06	2.04
19	4.38	3.52	3.13	2.90	2.74	2.63	2.54	2.48	2.42	2.38	2.23	2.16	2.11	2.07	2.03	2.00
20	4.35	3.49	3.10	2.87	2.71	2.60	2.51	2.45	2.39	2.35	2.20	2.12	2.07	2.04	1.99	1.97
22	4.30	3.44	3.05	2.82	2.66	2.55	2.46	2.40	2.34	2.30	2.15	2.07	2.02	1.98	1.94	1.91
24	4.26	3.40	3.01	2.78	2.62	2.51	2.42	2.36	2.30	2.25	2.11	2.03	1.97	1.94	1.89	1.86
26	4.23	3.37	2.98	2.74	2.59	2.47	2.39	2.32	2.27	2.22	2.07	1.99	1.94	1.90	1.85	1.82
28	4.20	3.34	2.95	2.71	2.56	2.45	2.36	2.29	2.24	2.19	2.04	1.96	1.91	1.87	1.82	1.79
30	4.17	3.32	2.92	2.69	2.53	2.42	2.33	2.27	2.21	2.16	2.01	1.93	1.88	1.84	1.79	1.76
40	4.08	3.23	2.84	2.61	2.45	2.34	2.25	2.18	2.12	2.08	1.92	1.84	1.78	1.74	1.69	1.66
50	4.03	3.18	2.79	2.56	2.40	2.29	2.20	2.13	2.07	2.03	1.87	1.78	1.73	1.69	1.63	1.60
60	4.00	3.15	2.76	2.53	2.37	2.25	2.17	2.10	2.04	1.99	1.84	1.75	1.69	1.65	1.59	1.56
120	3.92	3.07	2.68	2.45	2.29	2.18	2.09	2.02	1.96	1.91	1.75	1.66	1.60	1.55	1.50	1.46
200	3.89	3.04	2.65	2.42	2.26	2.14	2.06	1.98	1.93	1.88	1.72	1.62	1.56	1.52	1.46	1.41
500	3.86	3.01	2.62	2.39	2.23	2.12	2.03	1.96	1.90	1.85	1.69	1.59	1.53	1.48	1.42	1.38
1000	3.85	3.00	2.61	2.38	2.22	2.11	2.02	1.95	1.89	1.84	1.68	1.58	1.52	1.47	1.41	1.36

[부록 3] F 분포표(α=.01)

분모의 자유도(Degrees of Freedom for Denominator)	분자의 자유도(Degrees of Freedom for Numerator)															
	1	2	3	4	5	6	7	8	9	10	15	20	25	30	40	50
1	4052	4999	5403	5624	5763	5858	5928	5981	6022	6055	6157	6208	6239	6260	6286	6302
2	98.50	99.00	99.17	99.25	99.30	99.33	99.36	99.37	99.39	99.40	99.43	99.45	99.46	99.47	99.47	99.48
3	34.12	30.82	29.46	28.71	28.24	27.91	27.67	27.49	27.35	27.23	26.87	26.69	26.58	26.50	26.41	26.35
4	21.20	18.00	16.69	15.98	15.52	15.21	14.98	14.80	14.66	14.55	14.20	14.02	13.91	13.84	13.75	13.69
5	16.26	13.27	12.06	11.39	10.97	10.67	10.46	10.29	10.16	10.05	9.72	9.55	9.45	9.38	9.29	9.24
6	13.75	10.92	9.78	9.15	8.75	8.47	8.26	8.10	7.98	7.87	7.56	7.40	7.30	7.23	7.14	7.09
7	12.25	9.55	8.45	7.85	7.46	7.19	6.99	6.84	6.72	6.62	6.31	6.16	6.06	5.99	5.91	5.86
8	11.26	8.65	7.59	7.01	6.63	6.37	6.18	6.03	5.91	5.81	5.52	5.36	5.26	5.20	5.12	5.07
9	10.56	8.02	6.99	6.42	6.06	5.80	5.61	5.47	5.35	5.26	4.96	4.81	4.71	4.65	4.57	4.52
10	10.04	7.56	6.55	5.99	5.64	5.39	5.20	5.06	4.94	4.85	4.56	4.41	4.31	4.25	4.17	4.12
11	9.65	7.21	6.22	5.67	5.32	5.07	4.89	4.74	4.63	4.54	4.25	4.10	4.01	3.94	3.86	3.81
12	9.33	6.93	5.95	5.41	5.06	4.82	4.64	4.50	4.39	4.30	4.01	3.86	3.76	3.70	3.62	3.57
13	9.07	6.70	5.74	5.21	4.86	4.62	4.44	4.30	4.19	4.10	3.82	3.66	3.57	3.51	3.43	3.38
14	8.86	6.51	5.56	5.04	4.69	4.46	4.28	4.14	4.03	3.94	3.66	3.51	3.41	3.35	3.27	3.22
15	8.68	6.36	5.42	4.89	4.56	4.32	4.14	4.00	3.89	3.80	3.52	3.37	3.28	3.21	3.13	3.08
16	8.53	6.23	5.29	4.77	4.44	4.20	4.03	3.89	3.78	3.69	3.41	3.26	3.16	3.10	3.02	2.97
17	8.40	6.11	5.18	4.67	4.34	4.10	3.93	3.79	3.68	3.59	3.31	3.16	3.07	3.00	2.92	2.87
18	8.29	6.01	5.09	4.58	4.25	4.01	3.84	3.71	3.60	3.51	3.23	3.08	2.98	2.92	2.84	2.78
19	8.18	5.93	5.01	4.50	4.17	3.94	3.77	3.63	3.52	3.43	3.15	3.00	2.91	2.84	2.76	2.71
20	8.10	5.85	4.94	4.43	4.10	3.87	3.70	3.56	3.46	3.37	3.09	2.94	2.84	2.78	2.69	2.64
22	7.95	5.72	4.82	4.31	3.99	3.76	3.59	3.45	3.35	3.26	2.98	2.83	2.73	2.67	2.58	2.53
24	7.82	5.61	4.72	4.22	3.90	3.67	3.50	3.36	3.26	3.17	2.89	2.74	2.64	2.58	2.49	2.44
26	7.72	5.53	4.64	4.14	3.82	3.59	3.42	3.29	3.18	3.09	2.81	2.66	2.57	2.50	2.42	2.36
28	7.64	5.45	4.57	4.07	3.75	3.53	3.36	3.23	3.12	3.03	2.75	2.60	2.51	2.44	2.35	2.30
30	7.56	5.39	4.51	4.02	3.70	3.47	3.30	3.17	3.07	2.98	2.70	2.55	2.45	2.39	2.30	2.25
40	7.31	5.18	4.31	3.83	3.51	3.29	3.12	2.99	2.89	2.80	2.52	2.37	2.27	2.20	2.11	2.06
50	7.17	5.06	4.20	3.72	3.41	3.19	3.02	2.89	2.78	2.70	2.42	2.27	2.17	2.10	2.01	1.95
60	7.08	4.98	4.13	3.65	3.34	3.12	2.95	2.82	2.72	2.63	2.35	2.20	2.10	2.03	1.94	1.88
120	6.85	4.79	3.95	3.48	3.17	2.96	2.79	2.66	2.56	2.47	2.19	2.03	1.93	1.86	1.76	1.70
200	6.76	4.71	3.88	3.41	3.11	2.89	2.73	2.60	2.50	2.41	2.13	1.97	1.87	1.79	1.69	1.63
500	6.69	4.65	3.82	3.36	3.05	2.84	2.68	2.55	2.44	2.36	2.07	1.92	1.81	1.74	1.63	1.57
1000	6.66	4.63	3.80	3.34	3.04	2.82	2.66	2.53	2.43	2.34	2.06	1.90	1.79	1.72	1.61	1.54

[부록 4] t 분포표

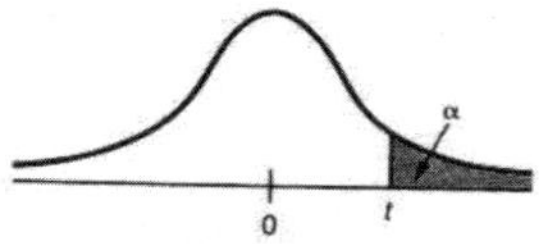

일방검증(One-Tailed Test)

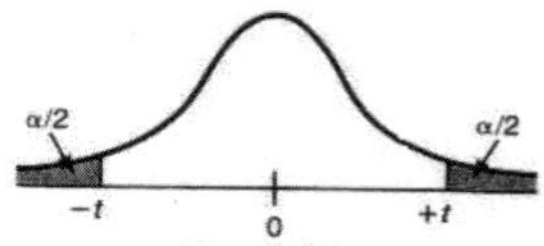

양방검증(Two-Tailed Test)

	일방검증의 유의수준(Level of Significance for One-Tailed Test)								
	0.25	0.2	0.15	0.1	0.05	0.025	0.01	0.005	0.0005
	양방검증의 유의수준(Level of Significance for Two-Tailed Test)								
df	0.5	0.4	0.3	0.2	0.1	0.05	0.02	0.01	0.001
1	1.000	1.376	1.963	3.078	6.314	12.706	31.821	63.657	636.619
2	0.816	1.061	1.386	1.886	2.920	4.303	6.965	9.925	31.599
3	0.765	0.978	1.250	1.638	2.353	3.182	4.541	5.841	12.924
4	0.741	0.941	1.190	1.533	2.132	2.776	3.747	4.604	8.610
5	0.727	0.920	1.156	1.476	2.015	2.571	3.365	4.032	6.869
6	0.718	0.906	1.134	1.440	1.943	2.447	3.143	3.707	5.959
7	0.711	0.896	1.119	1.415	1.895	2.365	2.998	3.499	5.408
8	0.706	0.889	1.108	1.397	1.860	2.306	2.896	3.355	5.041
9	0.703	0.883	1.100	1.383	1.833	2.262	2.821	3.250	4.781
10	0.700	0.879	1.093	1.372	1.812	2.228	2.764	3.169	4.587
11	0.697	0.876	1.088	1:363	1.796	2.201	2.718	3.106	4.437
12	0.695	0.873	1.083	1.356	1.782	2.179	2.681	3.055	4.318
13	0.694	0.870	1.079	1.350	1.771	2.160	2.650	3.012	4.221
14	0.692	0.868	1.076	1.345	1.761	2.145	2.624	2.977	4.140
15	0.691	0.866	1.074	1.341	1.753	2.131	2.602	2.947	4.073
16	0.690	0.865	1.071	1.337	1.746	2.120	2.583	2.921	4.015
17	0.689	0.863	1.069	1.333	1.740	2.110	2.567	2.898	3.965
18	0.688	0.862	1.067	1.330	1.734	2.101	2.552	2.878	3.922
19	0.688	0.861	1.066	1.328	1.729	2.093	2.539	2.861	3.883
20	0.687	0.860	1.064	1.325	1.725	2.086	2.528	2.845	3.850
21	0.686	0.859	1.063	1.323	1.721	2.080	2.518	2.831	3.819
22	0.686	0.858	1.061	1.321	1.717	2.074	2.508	2.819	3.792
23	0.685	0.858	1.060	1.319	1.714	2.069	2.500	2.807	3.768
24	0.685	0.857	1.059	1.318	1.711	2.064	2.492	2.797	3.745
25	0.684	0.856	1.058	1.316	1.708	2.060	2.485	2.787	3.725
26	0.684	0.856	1.058	1.315	1.706	2.056	2.479	2.779	3.707
27	0.684	0.855	1.057	1.314	1.703	2.052	2.473	2.771	3.690
28	0.683	0.855	1.056	1.313	1.701	2.048	2.467	2.763	3.674
29	0.683	0.854	1.055	1.311	1.699	2.045	2.462	2.756	3.659
30	0.683	0.854	1.055	1.310	1.697	2.042	2.457	2.750	3.646
40	0.681	0.851	1.050	1.303	1.684	2.021	2.423	2.704	3.551
50	0.679	0.849	1.047	1.299	1.676	2.009	2.403	2.678	3.496
100	0.677	0.845	1.042	1.290	1.660	1.984	2.364	2.626	3.390
∞	0.674	0.842	1.036	1.282	1.645	1.960	2.326	2.576	3.291

[부록 5] 표준정규분포표(z)

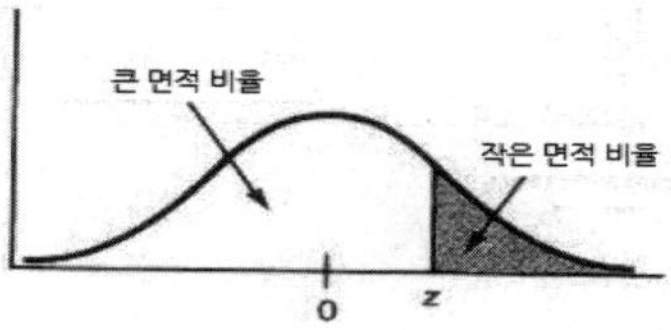

z	평균으로부터 z까지의 면적	큰 면적 비율	작은 면적 비율
.00	0.0000	0.5000	0.5000
.01	0.0040	0.5040	0.4960
.02	0.0080	0.5080	0.4920
.03	0.0120	0.5120	0.4880
.04	0.0160	0.5160	0.4840
.05	0.0199	0.5199	0.4801
.06	0.0239	0.5239	0.4761
.07	0.0279	0.5279	0.4721
.08	0.0319	0.5319	0.4681
.09	0.0359	0.5359	0.4641
.10	0.0398	0.5398	0.4602
.11	0.0438	0.5438	0.4562
.12	0.0478	0.5478	0.4522
.13	0.0517	0.5517	0.4483
.14	0.0557	0.5557	0.4443
.15	0.0596	0.5596	0.4404
.16	0.0636	0.5636	0.4364
.17	0.0675	0.5675	0.4325
.18	0.0714	0.5714	0.4286
.19	0.0753	0.5753	0.4247
.20	0.0793	0.5793	0.4207
.21	0.0832	0.5832	0.4168
.22	0.0871	0.5871	0.4129
.23	0.0910	0.5910	0.4090
.24	0.0948	0.5948	0.4052
.25	0.0987	0.5987	0.4013
.26	0.1026	0.6026	0.3974
.27	0.1064	0.6064	0.3936
.28	0.1103	0.6103	0.3897
.29	0.1141	0.6141	0.3859
.30	0.1179	0.6179	0.3821
.31	0.1217	0.6217	0.3783
.32	0.1255	0.6255	0.3745
.33	0.1293	0.6293	0.3707
.34	0.1331	0.6331	0.3669
.35	0.1368	0.6368	0.3632
.36	0.1406	0.6406	0.3594
.37	0.1443	0.6443	0.3557

z	평균으로부터 z까지의 면적	큰 면적 비율	작은 면적 비율
.38	0.1480	0.6480	0.3520
.39	0.1517	0.6517	0.3483
.40	0.1554	0.6554	0.3446
.41	0.1591	0.6591	0.3409
.42	0.1628	0.6628	0.3372
.43	0.1664	0.6664	0.3336
.44	0.1700	0.6700	0.3300
.45	0.1736	0.6736	0.3264
.46	0.1772	0.6772	0.3228
.47	0.1808	0.6808	0.3192
.48	0.1844	0.6844	0.3156
.49	0.1879	0.6879	0.3121
.50	0.1915	0.6915	0.3085
.51	0.1950	0.6950	0.3050
.52	0.1985	0.6985	0.3015
.53	0.2019	0.7019	0.2981
.54	0.2054	0.7054	0.2946
.55	0.2088	0.7088	0.2912
.56	0.2123	0.7123	0.2877
.57	0.2157	0.7157	0.2843
.58	0.2190	0.7190	0.2810
.59	0.2224	0.7224	0.2776
.60	0.2257	0.7257	0.2743
.61	0.2291	0.7291	0.2709
.62	0.2324	0.7324	0.2676
.63	0.2357	0.7357	0.2643
.64	0.2389	0.7389	0.2611
.65	0.2422	0.7422	0.2578
.66	0.2454	0.7454	0.2546
.67	0.2486	0.7486	0.2514
.68	0.2517	0.7517	0.2483
.69	0.2549	0.7549	0.2451
.70	0.2580	0.7580	0.2420
.71	0.2611	0.7611	0.2389
.72	0.2642	0.7642	0.2358
.73	0.2673	0.7673	0.2327
.74	0.2704	0.7704	0.2296
.75	0.2734	0.7734	0.2266
.76	0.2764	0.7764	0.2236
.77	0.2794	0.7794	0.2206
.78	0.2823	0.7823	0.2177
.79	0.2852	0.7852	0.2148
.80	0.2881	0.7881	0.2119
.81	0.2910	0.7910	0.2090
.82	0.2939	0.7939	0.2061
.83	0.2967	0.7967	0.2033

z	평균으로부터 z까지의 면적	큰 면적 비율	작은 면적 비율
.84	0.2995	0.7995	0.2005
.85	0.3023	0.8023	0.1977
.86	0.3051	0.8051	0.1949
.87	0.3078	0.8078	0.1922
.88	0.3106	0.8106	0.1894
.89	0.3133	0.8133	0.1867
.90	0.3159	0.8159	0.1841
.91	0.3186	0.8186	0.1814
.92	0.3212	0.8212	0.1788
.93	0.3238	0.8238	0.1762
.94	0.3264	0.8264	0.1736
.95	0.3289	0.8289	0.1711
.96	0.3315	0.8315	0.1685
.97	0.3340	0.8340	0.1660
.98	0.3365	0.8365	0.1635
.99	0.3389	0.8389	0.1611
1.00	0.3413	0.8413	0.1587
1.01	0.3438	0.8438	0.1562
1.02	0.3461	0.8461	0.1539
1.03	0.3485	0.8485	0.1515
1.04	0.3508	0.8508	0.1492
1.05	0.3531	0.8531	0.1469
1.06	0.3554	0.8554	0.1446
1.07	0.3577	0.8577	0.1423
1.08	0.3599	0.8599	0.1401
1.09	0.3621	0.8621	0.1379
1.10	0.3643	0.8643	0.1357
1.11	0.3665	0.8665	0.1335
1.12	0.3686	0.8686	0.1314
1.13	0.3708	0.8708	0.1292
1.14	0.3729	0.8729	0.1271
1.15	0.3749	0.8749	0.1251
1.16	0.3770	0.8770	0.1230
1.17	0.3790	0.8790	0.1210
1.18	0.3810	0.8810	0.1190
1.19	0.3830	0.8830	0.1170
1.20	0.3849	0.8849	0.1151
1.21	0.3869	0.8869	0.1131
1.22	0.3888	0.8888	0.1112
1.23	0.3907	0.8907	0.1093
1.24	0.3925	0.8925	0.1075
1.25	0.3944	0.8944	0.1056
1.26	0.3962	0.8962	0.1038
1.27	0.3980	0.8980	0.1020
1.28	0.3997	0.8997	0.1003
1.29	0.4015	0.9015	0.0985

z	평균으로부터 z까지의 면적	큰 면적 비율	작은 면적 비율
1.30	0.4032	0.9032	0.0968
1.31	0.4049	0.9049	0.0951
1.32	0.4066	0.9066	0.0934
1.33	0.4082	0.9082	0.0918
1.34	0.4099	0.9099	0.0901
1.35	0.4115	0.9115	0.0885
1.36	0.4131	0.9131	0.0869
1.37	0.4147	0.9147	0.0853
1.38	0.4162	0.9162	0.0838
1.39	0.4177	0.9177	0.0823
1.40	0.4192	0.9192	0.0808
1.41	0.4207	0.9207	0.0793
1.42	0.4222	0.9222	0.0778
1.43	0.4236	0.9236	0.0764
1.44	0.4251	0.9251	0.0749
1.45	0.4265	0.9265	0.0735
1.46	0.4279	0.9279	0.0721
1.47	0.4292	0.9292	0.0708
1.48	0.4306	0.9306	0.0694
1.49	0.4319	0.9319	0.0681
1.50	0.4332	0.9332	0.0668
1.51	0.4345	0.9345	0.0655
1.52	0.4357	0.9357	0.0643
1.53	0.4370	0.9370	0.0630
1.54	0.4382	0.9382	0.0618
1.55	0.4394	0.9394	0.0606
1.56	0.4406	0.9406	0.0594
1.57	0.4418	0.9418	0.0582
1.58	0.4429	0.9429	0.0571
1.59	0.4441	0.9441	0.0559
1.60	0.4452	0.9452	0.0548
1.61	0.4463	0.9463	0.0537
1.62	0.4474	0.9474	0.0526
1.63	0.4484	0.9484	0.0516
1.64	0.4495	0.9495	0.0505
1.65	0.4505	0.9505	0.0495
1.66	0.4515	0.9515	0.0485
1.67	0.4525	0.9525	0.0475
1.68	0.4535	0.9535	0.0465
1.69	0.4545	0.9545	0.0455
1.70	0.4554	0.9554	0.0446
1.71	0.4564	0.9564	0.0436
1.72	0.4573	0.9573	0.0427
1.73	0.4582	0.9582	0.0418
1.74	0.4591	0.9591	0.0409
1.75	0.4599	0.9599	0.0401

z	평균으로부터 z까지의 면적	큰 면적 비율	작은 면적 비율
1.76	0.4608	0.9608	0.0392
1.77	0.4616	0.9616	0.0384
1.78	0.4625	0.9625	0.0375
1.79	0.4633	0.9633	0.0367
1.80	0.4641	0.9641	0.0359
1.81	0.4649	0.9649	0.0351
1.82	0.4656	0.9656	0.0344
1.83	0.4664	0.9664	0.0336
1.84	0.4671	0.9671	0.0329
1.85	0.4678	0.9678	0.0322
1.86	0.4686	0.9686	0.0314
1.87	0.4693	0.9693	0.0307
1.88	0.4699	0.9699	0.0301
1.89	0.4706	0.9706	0.0294
1.90	0.4713	0.9713	0.0287
1.91	0.4719	0.9719	0.0281
1.92	0.4726	0.9726	0.0274
1.93	0.4732	0.9732	0.0268
1.94	0.4738	0.9738	0.0262
1.95	0.4744	0.9744	0.0256
1.96	0.4750	0.9750	0.0250
1.97	0.4756	0.9756	0.0244
1.98	0.4761	0.9761	0.0239
1.99	0.4767	0.9767	0.0233
2.00	0.4772	0.9772	0.0228
2.01	0.4778	0.9778	0.0222
2.02	0.4783	0.9783	0.0217
2.03	0.4788	0.9788	0.0212
2.04	0.4793	0.9793	0.0207
2.05	0.4798	0.9798	0.0202
2.06	0.4803	0.9803	0.0197
2.07	0.4808	0.9808	0.0192
2.08	0.4812	0.9812	0.0188
2.09	0.4817	0.9817	0.0183
2.10	0.4821	0.9821	0.0179
2.11	0.4826	0.9826	0.0174
2.12	0.4830	0.9830	0.0170
2.13	0.4834	0.9834	0.0166
2.14	0.4838	0.9838	0.0162
2.15	0.4842	0.9842	0.0158
2.16	0.4846	0.9846	0.0154
2.17	0.4850	0.9850	0.0150
2.18	0.4854	0.9854	0.0146
2.19	0.4857	0.9857	0.0143
2.20	0.4861	0.9861	0.0139
2.21	0.4864	0.9864	0.0136

z	평균으로부터 z까지의 면적	큰 면적 비율	작은 면적 비율
2.22	0.4868	0.9868	0.0132
2.23	0.4871	0.9871	0.0129
2.24	0.4875	0.9875	0.0125
2.25	0.4878	0.9878	0.0122
2.26	0.4881	0.9881	0.0119
2.27	0.4884	0.9884	0.0116
2.28	0.4887	0.9887	0.0113
2.29	0.4890	0.9890	0.0110
2.30	0.4893	0.9893	0.0107
2.31	0.4896	0.9896	0.0104
2.32	0.4898	0.9898	0.0102
2.33	0.4901	0.9901	0.0099
2.34	0.4904	0.9904	0.0096
2.35	0.4906	0.9906	0.0094
2.36	0.4909	0.9909	0.0091
2.37	0.4911	0.9911	0.0089
2.38	0.4913	0.9913	0.0087
2.39	0.4916	0.9916	0.0084
2.40	0.4918	0.9918	0.0082
2.41	0.4920	0.9920	0.0080
2.42	0.4922	0.9922	0.0078
2.43	0.4925	0.9925	0.0075
2.44	0.4927	0.9927	0.0073
2.45	0.4929	0.9929	0.0071
2.46	0.4931	0.9931	0.0069
2.47	0.4932	0.9932	0.0068
2.48	0.4934	0.9934	0.0066
2.49	0.4936	0.9936	0.0064
2.50	0.4938	0.9938	0.0062
2.51	0.4940	0.9940	0.0060
2.52	0.4941	0.9941	0.0059
2.53	0.4943	0.9943	0.0057
2.54	0.4945	0.9945	0.0055
2.55	0.4946	0.9946	0.0054
2.56	0.4948	0.9948	0.0052
2.57	0.4949	0.9949	0.0051
2.58	0.4951	0.9951	0.0049
2.59	0.4952	0.9952	0.0048
2.60	0.4953	0.9953	0.0047
2.61	0.4955	0.9955	0.0045
2.62	0.4956	0.9956	0.0044
2.63	0.4957	0.9957	0.0043
2.64	0.4959	0.9959	0.0041
2.65	0.4960	0.9960	0.0040
2.66	0.4961	0.9961	0.0039
2.67	0.4962	0.9962	0.0038

z	평균으로부터 z까지의 면적	큰 면적 비율	작은 면적 비율
2.68	0.4963	0.9963	0.0037
2.69	0.4964	0.9964	0.0036
2.70	0.4965	0.9965	0.0035
2.71	0.4966	0.9966	0.0034
2.72	0.4967	0.9967	0.0033
2.73	0.4968	0.9968	0.0032
2.74	0.4969	0.9969	0.0031
2.75	0.4970	0.9970	0.0030
2.76	0.4971	0.9971	0.0029
2.77	0.4972	0.9972	0.0028
2.78	0.4973	0.9973	0.0027
2.79	0.4974	0.9974	0.0026
2.80	0.4974	0.9974	0.0026
2.81	0.4975	0.9975	0.0025
2.82	0.4976	0.9976	0.0024
2.83	0.4977	0.9977	0.0023
2.84	0.4977	0.9977	0.0023
2.85	0.4978	0.9978	0.0022
2.86	0.4979	0.9979	0.0021
2.87	0.4979	0.9979	0.0021
2.88	0.4980	0.9980	0.0020
2.89	0.4981	0.9981	0.0019
2.90	0.4981	0.9981	0.0019
2.91	0.4982	0.9982	0.0018
2.92	0.4982	0.9982	0.0018
2.93	0.4983	0.9983	0.0017
2.94	0.4984	0.9984	0.0016
2.95	0.4984	0.9984	0.0016
2.96	0.4985	0.9985	0.0015
2.97	0.4985	0.9985	0.0015
2.98	0.4986	0.9986	0.0014
2.99	0.4986	0.9986	0.0014
3.00	0.4987	0.9987	0.0013
…	…	…	…
3.25	0.4994	0.9994	0.0006
…	…	…	…
3.50	0.4998	0.9998	0.0002
…	…	…	…
3.75	0.4999	0.9999	0.0001
…	…	…	…
4.00	0.5000	1.0000	0.0000

색 인

인명색인

내용색인

ㅁ

ㅂ

ㅅ

ㅇ

ㅎ

저자소개

임성택

[주요 학력 / 경력]

- 강원도 횡성 출생
- 강원대학교 사범대학 교육학과 및 대학원 졸업(학사, 석사; 교육심리학)
- 미국 뉴욕주립대(SUNY at Albany) 대학원 졸업(Ph. D.; 교육심리학)
- 한국청소년정책연구원 선임연구원, 책임연구원
- 순천대학교 사범대학 전임강사, 조교수
- 미국 Indiana University, Research Associate
- 現 강원대학교 사범대학 교육학과 부교수

[학위논문]

- 석사학위논문(1993). 교사효능감과 교사의 학생체벌관의 관계 분석.
- 박사학위논문(1998). The influence of justice and care moral orientations in teaching about a controversial moral issue.

[저서 / 역서]

- 청소년환경론(공저), 교육과학사(2004).
- The young adolescent and the middle school(공저), Charlotte, NC: Information Age Publishing(2007).
- 학업적 자기효능감-이론과 현장연구(공저), 학지사(2007).
- 심리학사(공역), 교육과학사(2009).
- 교사효능감. 강현출판사(2011).

교육, 심리, 상담연구를 위한

통계적 분석방법 해설

-구조방정식 모형의 논리와 적용-

2012년 8월 25일 인쇄
2012년 8월 30일 발행

저 자 임 성 택
발행자 박 준 식

발행처 도서출판 원미사
서울 성북구 장위 2동 65-192호 우남빌딩 202호
전화 : 02) 919-9630, 942-1276
등록 : 1994년 1월 18일(제6-192호)
E-mail : wonmisa9630@daum.net

정가 14,000원

ISBN : 978-89-5544-177-2